地域マーケティング
の核心 The Core of Place Marketing

—地域ブランドの構築と支持される地域づくり—

佐々木茂　石川和男　石原慎士 編著
Sasaki Shigeru　Ishikawa Kazuo　Ishihara Shinji

同友館

はじめに（執筆のねらい）

　本書の執筆者は，いずれも研究者の立場にあって，研究，教育，そして，地域貢献の視点から，地域活性化に深く関わってきた。これまでの研究と現場経験を踏まえると，地域活性化というテーマをめぐり，最終的にはそれが経済の活性化に結びつかない限り，地域が主体となって持続的に活性化事業を続けるのは難しいと痛感している。

　言い換えると，地域活性化に向けた事業には市場との関係を意識した議論が不可欠であるといえる。したがって，地域マーケティングという枠組みで，地域の問題を捉え，持続的な競争優位を獲得する方策を考える必要がある。

　その一方で，市場に立脚したからといって，地域の内部では，マーケティング対応力が不足する場合もあろう。地域活性化の取り組み方を大別すると，地域で内発的に課題解決（ソリューション）に取り組む場合と，地域外の力（国の補助金や地域外の機関による助言サービスなどのサポート）を活用する場合と，さらに，外部の事業者に委託する場合とがある。本書ではあくまでも，地域が主体性を持って，地域独自の個性を発揮し，他地域との競争優位を確立する内発的ソリューションをベースとして論じていく。

　より具体的には，地域マーケティングを中心に考察し，地域の活性化を直接，市場と結びつけて認知してもらうための地域ブランドという地域の製品開発を出発点とするフレームワークに焦点を当てて，議論を進めていくことにする。つまり，地域のアイデンティティを形成する役割を担う地域ブランド自体を多角的に議論し，それをマーケティングで説明していこうというのが，本書のねらいである。

　本書では，地域マーケティング，地域ブランド，地域産業について，網羅的に考察している。これらの視点には，多様な捉え方が存在しており，本書の中でも，さまざまな視点から論じているが，基本的には，次の考え方に基づいている点を強調しておきたい。

まず，地域マーケティングは，第2章での議論を中心に，以下のように捉えている。

　すなわち，地域マーケティングを実務的に捉えるならば，「まちづくりや地域の問題解決のためにマーケティングの理論や手法を適用すること」と定義することができる。

　また，地域マーケティングを理論的に捉えるならば，「ある特定の地域に対して，標的とする人々から，好ましい反応を獲得するための活動」，あるいは「標的とする人々の特定の地域に対する態度や行動を，創造・維持・変更しようとする活動」（Kotler 1972, pp.46-54）と定義されている。

　地域は，生活者にとっては，買い物や観光，居住の場として選択の対象となり，また，企業にとっては，オフィスや工場を含め生産活動を行う場として選択の対象になる。このことから，何らかの目的のために地域を選択する人々や組織に対して，他の地域ではなく，自身の地域を選択してもらうための活動，あるいは標的とする相手の望む地域価値を創造し伝えていく活動を地域マーケティングと捉えているのである。

　こうした地域マーケティングの観点に基づき，その中で展開される地域ブランドの考え方については，まちを他のまちと差別化し，顧客の共鳴を呼ぶアイデンティティ（Aaker 2000）によって，まちをマーケティングしようとする場合，まちの特徴を表現したコンセプトを伝えてくれるものが地域ブランドの特徴と捉えている。これをより具体化した定義として，第7章で紹介する「地域ブランドマニュアル」（中小企業基盤整備機構）を基本的な視点としている。

　(1)「地域に対する消費者からの評価」であり，地域が有する無形資産の1つである

　(2) 地域そのもののブランド（Regional Brand）と，地域の特長を生かした製品のブランド（Products Brand）で構成される

　(3) 地域ブランド戦略とは，これら2つのブランドを同時に高めることにより，地域活性化を実現する活動のことである

　また，本書では，地域マーケティングや地域ブランドの実施主体の一つとして，地域産業を取り上げている。これは，第4章で取り上げるように，地域産業を「特定の地域に集積・定着し，その地域の経済を支えている産業」と位置づける。

　さて，本書の制作は，2009年3月に高崎市特別奨励研究費（2008年度）の研究で，佐々木茂（当時：高崎経済大学，現：東洋大学）が「八戸前沖さばブランド形成事業」の発起人であり，当時，八戸大学に勤務していた石原慎士（現：宮城学院女子大学）を訪問し，地域ブランドに関する議論を始めたことがきっかけである。その後，東日本大震災が発生し，被災した企業に対する支援活動に着手したため，この地域ブランドに関する研究活動は一時的に中断を余儀なくされたが，産業復興のあり方を議論する段階で石川和男（専修大学）が加わり，3名が中心となって地域マーケティングと地域ブランドに関する研究会を設立することになった。

　この研究会の活動で，地域ブランドの考察にはマーケティング分野以外の研究者にも参加してもらう必要性が提起され，経営学・商学分野に加え，法学や自然科学など，多様な専門分野の執筆陣にも加わっていただき，より多角的な視点に基づく議論に発展していった。

　現段階で1つの形にまとめたが，実際には，地域ブランドが何かという点についての統一見解を導出するのは容易ではない。そのため，地域ブランドが何かについては，本書をお読み頂く読者によって，さまざまな解釈がなされるのではないだろうか。しかし，それこそが，地域という多種多様な人々や文化，風土が取り巻く環境への理解といえるのかもしれない。拙速に，結論を導くのではなく，これからも多くの方達との議論を展開しながら，より有効性の高い考え方へと発展させていきたいと強く願う次第である。

　最後になったが，本書執筆の機会を与えていただき，編集作業を担当して頂いた同友館の佐藤文彦氏には，とくに感謝の意を表したい。

2022年1月

編著者　佐々木　茂

石川　和男

石原　慎士

Arker, D.A. and Joachimsthaler, E. (2000) *Brand Leadership: Building Assets In an Information Economy*, Free Press.（阿久津聡訳『ブランド・リーダーシップ－見えない企業資産の構築』ダイヤモンド社，2000年）

Kotler, P. (1972) "A Generic Concept of Marketing", *Journal of Marketing*, Vol.36, (April), pp.46-54.

中小企業基盤整備機構（2005）『地域ブランドマニュアル』

序章
本書の構成と概要

　日本列島は，北から南まで，実に多彩な四季で彩られた美しい国である。外国に出かけ，一定期間生活してみると，自国の良さに気づかされることも多い。

　文明が急速に発展し，国力が大きくなっても，歴史の浅さゆえに文化にまで昇華し切れていない国があるかと思えば，歴史だけはとてつもない長さがあり，国土も果てしなく拡がり，人口が溢れんばかりでも，過去の文化を否定し続けた国もあり，いずれも超大国となっても，地域に個性があるとはなかなかいえない。日本の中を旅する瞬間にさえも，こうしたことに気づかされることがある。

　柳宗悦氏の『手仕事の日本』を読むと，そんな感動に出会える地域が次から次へと登場し，地方的な郷土の存在が現代日本に果たす役割の大きさが強調されている（柳宗悦 2004『手仕事の日本』岩波文庫, pp.239-240）。こうしたものづくりの思想が地域の人々の根底にあり，工芸品に留まらず，農水産物一つ取ってみてもさまざまな工夫が施されていることによって，日本の地域の個性は醸成されてきた。

　では，こうした素晴らしさは，上手く現代の日本人に伝わっているのだろうか。それは，外国の人にも理解されているのだろうか。

　米国では，近代の文明から生み出された産物でも，その意味づけや伝え方の的確さから，国内はもとより，海外に展開し，広く受け入れられてきた商品が多数存在する。コカ・コーラしかり，マクドナルドしかり，ナイキしかりであ

る。ポップ・ミュージックや一部の文学などにもその傾向がある。

　このように価値のあるものを価値があるものとして多くの人に認めてもらうために，ブランドという概念が発展したのである。それは，今や消費財市場のみならず，産業財の分野でも，地域間の競争においても重視されるようになった。

　こうした問題意識に加えて，東日本大震災によって破壊された幾多の地域資源の復興にあたっても，地域ブランドの形成に向けた取り組みが，今後の復興に沢山の示唆を与えてくれるものであり，その点についても章を設けて解説する。

　また，できるだけ多くの事例を盛り込むことで，身近な取り組みを思い浮かべながら理解が進むようにしている。第1章以降では，ケース・スタディも用意し，具体的な取り組み方を示している。さらに，ディスカッション・トピックスも掲載したので，まちづくりの現場でのアイディア創出に活用されたい。本書を通じて，地域発展の基礎的視点を理解していただければ幸いである。

　本書は，全体を2部構成とし，初学者にも使いやすいようにした。新版刊行に際しては，初学者が学習する際の手順を見直すとともに，地域マーケティングや地域ブランドに関する内容を拡充および再編集した。第1部は，地域マーケティングの基本編とする。第1章では，「地域」の概念を明確化するとともに，地域と都市の比較を通じて，地域のとらえ方について考察する。本章は，「地域マーケティングを学ぶ前に地域の概念をしっかりと把握する必要がある」という編著者の合意から新版では第1章に位置づけることにした。ここでは，「地域は多義であり，地形や文化など行政区分では認識されないため，明確に規定することは難しい。また，当該地域の対象が同じでも，人々の認識で異なる。ただ地域は，そこで生活する人間には，生産や生活の糧を得るところであり，衣食住，教育，医療など生活に必要なものを入手する生活基盤であり，コミュニケーションをする基盤でもある」という認識の下で，地域を捉えている。

　続く第2章では，マーケティングと地域マーケティングの基本的な概念や考え方について考察する。第3章は，新版刊行に伴い新設した章である。この章では，「まちのとらえ方と商店街」と題し，都市の機能からみた平仮名で表される「まち」の考え方と活性化に向けた方策について考察する。中心市街地の活性化に向けた取り組みが各地で展開されているが，「都市」という言葉が意味することや「まち」の機能について考えながら，地域活性化のあり方について考えていきたい。

　第4章では，「ブランド」についての考え方について学ぶ。この章では，ブランドの概念とともにマーケティングとの関係性についても考察していく。第5章では地域産業の概念と近年の様相，産業クラスターの概念について考察し，第6章では，地域内の多様な人々や企業や団体が連携する地域ネットワークについて学ぶ。

　第2部は，地域ブランド戦略に焦点を当て，多様な視点で考察する。第7章では，中小企業基盤整備機構の『地域ブランドマニュアル』（2005）を元に，地域ブランドは，「地域に対する消費者からの評価で地域が有する無形資産である場所としてのブランド」と，「地域の特長を生かした商品としてのブランド」で構成されると規定した。地域ブランド戦略は，これら2つのブランドを同時に高めることにより，地域活性化を実現する活動のことである。そして，地域ブランドが創出するブランディング機能（農水産物，加工品，商業地，観光地，生活基盤の各ブランド化）を，青木（2004）の知見に依拠して提示する。

　経験価値の意義についても取り上げ，コモディティから価値あるブランドへの転換を図る必要性を強調する。

　第8章では，地域内でブランドに対する思いを共有するために，インターナル・マーケティングの考え方を応用したインターナル・ブランディングやインターナル・コミュニケーションについても考えることにする。

　第9章では，地域ブランドが登場した社会的背景に触れながら，地域を代表する資源に着目する取り組み方を論じている。一般製品のブランド構造を参考にしながら，ブランドの発展プロセスにおけるブランド拡張，そして，ブラン

ド間の関係を見るために，傘ブランドからサブ・ブランドという垂直的構成と，広域連携も含めた水平的な構成を考え，ブランドの傘と梃子の原理に触れ，これらを応用して，地域ブランドのブランド構造を説明する。さらに，地域ブランドのステークホルダーについても解明し，地域ブランドの発展型としての常用市場への展開についても触れる。

第10章では，一般の製品のブランドと地域ブランドの形成に向けた取り組み方の相違を分類し，地域ブランドにおけるブランド・プロジェクトの立ち上げ方について説明する。ワーキング・グループの立ち上げに始まり，対象地域の選定，地域資源の把握と評価へと続き，地域ブランドを具体化する。この中でブランド化の過程を明示し，それに基づいて，マーケティング戦略視点を検討し，最終的に何を地域ブランド化の対象にするか，その決定要因を考える。

第11章では，地域ブランド・マネジメントを検討する。本章では，地域ブランドの構築に不可欠な学際的なアプローチを紹介する。そして，先の東日本大震災からの復興を目指した，さまざまな取り組みを踏まえて，BCP（Business Continuity Plan）の構築の必要性について論じる。製造業復興の立場から，生産体制の復活の第一歩としての異業種間連携による建物・設備診断，被災地の人々の日々の生活を支える大きな役割を担っている商店街の再興，そして，科学的観点に基づくブランディングを検討している被災地の事例を考察し，今後の大震災に備えるためのリスク・マネジメントのあり方について提起する。また，地域経済に価格面での競争圧力を加えているグローバル競争に対抗して，地域経済単位による非価格面での国際競争力が求められていること，その対応策として地域ブランドの必要性が高まっていることを指摘し，WTOルールと地域経済の問題も取り上げ，セーフガードと知的所有権の貿易関連の側面に関する（TRIPS）協定の意義を解説する。

第12章では，国際競争の激化を受けて，地域からの国際化に貢献する地域ブランドの取り組みを通じた観光や農業も含めた地域産業全体の活性化の方策について提言する。

さて，本書が刊行されて7年余りが経過し，地域課題も様々に変化している。

そこで，第13章では，ここ数年で地域の課題としてクローズアップされるようになったテーマを取り上げて，より多面的な考察に取り組んでいる。すなわち，1.地域課題として取り組むSDGsについては，地域におけるSDGsの視点，地域の大義に根差したコーズ・リレイテッド・マーケティング，持続可能な開発目標と地域における環境問題について検討する。次に，2.地域におけるダイバーシティへの取り組みとして，女性・高齢者・障がい者の働きやすい職場環境実現と外国人・LGBTQによるクリエイティブな地域実現を考える。3.高齢化社会における地域の取り組みでは，ヘルス・ツーリズムの視点や地域における高齢者のフレイル予防についても言及する。4.地域における事業承継の課題と解決にも目を向け，我が国における課題として，企業数の減少と経営者の高齢化に注目して，事業承継停滞の背景，企業の休廃業を指摘したうえで，地域における事業承継課題の解決の方向性を示す。5.アートによるまちづくりでは，各地のアート・プロジェクトの試みから，芸術祭と地域活性のあり方を考える。6.地域課題の解決に向けたDXの推進では，地域コミュニティの機能低下に対する国や地方自治体の取り組みを見ながら地域課題解決に向けた方向性を提示する。そして，最後に7.被災地における地域ブランドの形成に向けた取り組み方について，東日本大震災後の被災地「宮城県石巻市」の最新の状況を見たうえで，地域マーケティングの実践例として，地域性を生かした「おでん」の開発の取り組みを紹介し，産業復興におけるソフト事業の重要性を提言する。

地域マーケティングの基本

ここでは，地域マーケティングを考える上で必要となる基本的な視点を学ぶことにする。

第1章

地域と都市：地域のとらえ方

はじめに

- 「都市」や「地域」という言葉が持つさまざまな意味やそれらを観察する多角的な視野について取り上げる。

- 「ゾーン」「スペース（空間）」「場（所）」の概念について整理し，それぞれ何を示しているかを概略的に取り上げる。

- 「場（所）」の持つ役割について整理し，そこにおける経験の重要性を取り上げる。

1. 都市と地域

（1）都市とは

① 都市の性質

　一般に産業や企業が集まるところに資本と人口が集積し，都市が形成される。これまで都市は，さまざまな分野で定義されてきた。英語では「**都市**」をUrban Areaといい，対義語はRural Area（田舎）である。都市は「市」と同義とされることもあるが，市は行政・政治的概念であり，日本では1888年に市政が布かれて以降の概念である（黒田他 2008）。また市は，地方自治法の第2編第1章第8条「市となるべき普通地方公共団体」である。

　日本では，1953年の「町村合併促進法」により，多くの農村部が市に編入された。さらに1999年の「市町村合併の特例に関する法律（旧合併特例法）」の改正により，人口規模等の一時的要件緩和や合併推進の財政措置が行われたため，多くの町村が市となった（黒田他 2008）。したがって，現在，市といわ

れてもかなり違和感のあるところが多くある。

　郊外都市開発を論じたジャーナリストのJ.ジェイコブズは，都市を多種多様な人々が集まり，接触して相互に刺激し合い，独創的なアイデアや新技術が誕生することで持続的成長が可能なところととらえた。また，土地は非農業的利用が圧倒的に多く，第2次・第3次産業の経済活動が集中する。そして，この性質を持つところが都市，都市域である（黒田他 2008）。これまで，生活の場としての都市は，多様性，差異性，創造性，イノベーションの坩堝とされてきたが，最近は**ヒューマン・キャピタル**（人的資本），消費，ライフスタイルや娯楽地区として関心が持たれるようになった（Florida 2005）。つまり都市は，限定されたところに多くの人々が居住，労働し，生計に必要な所得を得て，相互に関係を持ち，文化の創造，維持を図るところである。

　人々が豊かな経済生活を営み，優れた文化を持ち，魅力ある社会を安定的に維持可能にする社会的装置を社会的共通資本という。まさに都市には**社会的共通資本**としての姿が求められる（宇沢 2005）。そのため，今後の都市にもさまざまなモノやコトが集中・集積し，そこで新たな発見や新しい思考が可能となるのが理想である。

② 都市に働く「力」

　都市には，中心部への集中，周辺への分散という反対の力が働いている。都市の構造は，この2つのバランスで形成され，国土利用の構造は，都市への集中と地方への分散の力で決定する。集中の力が働いていると考えられがちだが，背後には両方のバランスがある。日本では高度経済成長期には急速に工業化し，都市への人口集中が起きた。一方，いわゆるバブル経済時代には郊外への分散の力が強く働いた。工業が盛んなところは，生活と分離し，大都市では郊外化が進み，ニュータウンが形成された。こうした都市への集積が，産業発展の原動力となるのは世界的現象である（伊藤 2003）。

　また，都市化は，従来，都市でなかったところが都市となるため，土地利用に変化が起こり，既存都市の土地利用や人口等が高密度化する。都市化ととも

に，都市内の空閑地には商業施設や住宅が建設され，低層住宅が高層住宅，低層の住・商・工の混在地域が，再開発で高層ビル化するなど土地利用が高度化する。そして，都心の昼間人口密度が高くなり，外縁部の夜間人口密度が高くなる空間構造変化もある（黒田他 2008）。日本では千代田区の昼間人口と夜間人口が適例である。

　過去の都市研究は，ある一都市の変化を中心としていた。1950年代から都市経済学が発達し，1960年代は都市間関係に焦点を当てた都市システム研究や国際比較，1970年代はベトナム反戦運動や人種差別に反対する公民権運動が活発になり，新都市社会学が台頭した。1980年代は世界都市論，エスニシティやジェンダー等の視点が増加し，1990年代は社会主義崩壊の影響で，ポストモダン，脱構造主義の影響を受けた文化論的な都市研究が増加した。一方，**エッジ・シティ**（周縁都市：大都市郊外のオフィス空間と商業スペースを有した新都市）や第3の空間，**コンパクト・シティ**研究なども見られる。他方，国境の意味が低下し，**都市間競争**の激化により，都市を新たな国際競争の地理的単位としたり，都市経済の再生が取り上げられている（松原 2009）。つまり，都市学はこの半世紀で多種多様な研究成果を出し，世界各地で都市が持つさまざまな問題解決を図ろうとしてきた。さらに都市の持続可能性や**創造都市**，イノベーションなど次々と新しい課題も出てきている。

（2）地域とは
① 地域を観察する視点

　地域，空間，場所の議論は，地理学の中心的課題である。地域は，広辞苑では「区切られた土地。土地の区域」とされ，既決の単位である。英語では，**District，Region，Area，Zone**であるが，それぞれ意味が異なる。Districtは，行政・司法など明確に区分された区域である。市町村などはこれであり，一般的に統計データの集計・公表はこの単位で行われる。Regionは気候・地理・文化等の特徴で区分され，明確な境界のない地方，地帯・地区，中央に対する周辺で一定の特徴を持つ区域である。Areaは，ある範囲の特定用途（境

界は不明確）区域であり，ZoneはAreaとは反対に境界が明確な区域である（稲田 2012, p.33）。また，日本では地域とは3大都市圏以外を指し，地方都市群を含む極めて広範なエリアとされることもある（山本 2008）。さらに地域は当該住民の創意工夫と共同による内発的産業振興を基本的原動力として形成され，「経済活動の容器」として，総合的・具体的に管理する自治体や政府の活動が必要ともされている（中村 1990）。

　このように，地域も都市と同様に多義であり，地形や文化など行政区分では認識されないため，明確に規定することは難しい。また，当該地域の対象が同じでも，人々の認識によって異なる（稲田 2012）。ただ地域は，そこで生活する人間には，生産や生活の糧を得るところであり，衣食住，教育，医療など生活に必要なものを入手する生活基盤であり，コミュニケーションをする基盤でもある（古川 2011）。

　地理学では，主に地域を研究対象としてきた。そこでは，地域を空間概念よりも個別・具体的で，地球表面の一定範囲としている。それを切り取る根拠は，河川や山地などの自然，民族や文化などの社会・文化，政治や行政などの政治や歴史的な条件の差異である（松原 2009）。また地域は，政治的課題としても注目されるが，それ以前から，遺跡などの発見でその重要性が指摘されている。古代史研究者の森浩一は，地域主体で歴史や文化をとらえる「地域学」を20年以上前から唱え，「関東学」「東海学」など地域学研究の裾野を拡大した。さらに地域史は，都の存在や役割を重視しつつも，各地域に軸をおいて地域の歴史を考えている（日本経済新聞 2010年8月28日）。

　一方，地域を所与とし，単に自治体として便宜的，統計単位とすることもある。先にあげた市町村単位でのとらえ方と同様のものである。ただ，地域を所与とする地域経済論と区別するために，所与ではなく，経済現象の中で形成される地域を表すために経済地域という言葉を使用することもある。そして，経済地域の形成には，「圏域型」と「ネットワーク型」がある。前者は，中心と面，つまり生産拠点や流通拠点中心に空間的に区切った圏域からなり，後者は，点と線，都市や産業集積からなるノード（結節点）とネットワークで構成

される。人々やモノは，通勤圏や商圏のように，通常は中心から周辺へと順次拡散し，面的に拡大する。また，地域的流動を支えるインフラは，圏域型では鉄道や道路が中心であるが，ネットワーク型は，コンピュータ・ネットワークである（松原 2009）。図表1-1は，経済地域を圏域型とネットワーク型に分けて比較しているが，地域を経済地域としてみた場合，成立根拠から学説的背景まで2つのタイプで大きく異なっている。

図表1-1　経済地域の2類型

経済地域	圏域型	ネットワーク型
成立根拠	空間克服上の摩擦 （輸送費・交通費・通信費）	集積の不利益 （地代の上昇，混雑現象）
形態的特徴	生産・流通の中心と圏構造	ノード（都市・産業集積）と ネットワーク
流動の種類	ヒト・モノ	情報・カネ
インフラ	鉄道・道路	コンピュータ・ネットワーク
拡散の特徴	近接拡散（距離減衰）	階層拡散
成長要因	域内市場	域外交易
学説的背景	局地的市場圏論	遠隔商人の研究

（出所）松原（2009），p.123（一部改）

② 地域の形成と経営

　地域の認識や理解はさまざまであるため，その形成についても議論は分かれる。ここでは地理学者のパーシが提示した地域の形成過程を取り上げる（Paasi 1991）。パーシは，その過程を次の5段階に分けている（松原 2009, p.119）。

● テリトリーが形成される段階
● 地域名のような観念的シンボルがつくられ，住民の地域意識が鮮明になる段階
● 地域制度が機能し，分業に基づく地域の実質的成長が見られる段階
● 制度が持続され，地域意識が再生産される段階
● 地域的アイデンティティが形成される段階

　この形成過程を見ると，それぞれ形成される地域は時間軸が異なっている。

図表1-2　地域経営の対象

地域経営	自治体経営
・地域全体 ・地域における諸活動が対象 ・地域の発展が目的	・自治体の諸活動が対象 ・自治体におけるカネと人

地方自治体

税金，地方交付税，補助金，
産業振興予算，人事政策，
人事管理，研修，
コーチング等

自治体　　企業
経済団体　　NPO　　住民
企業従業者　etc

(出所) 海野（2004），p.6（一部改）

またそこの住民だけではなく，他地域からの当該地域に対するイメージが形成
されるまでには時間がかかる。そして，それを維持することが重要となる。

　現在，日本の地方における地域の状況は，地方中枢・中核都市等の自立的発
展と地方中小都市・農山漁村等の人口減少により，都市間競争が激化してい
る。経済停滞や地方交付税など地方財源や市町村合併問題など，業務の見直
し，行政評価など自治体経営の改革が迫られている。とくに中山間地域では，
過疎化，高齢化の進展で地域としての生き残り，存続が問われ続けている（海
野 2004）。つまり，種類や性質は異なっているが，課題や問題を抱えていない
地域はない。図表1-2は，地域経営と自治体経営の対象や目的などの相違を表
し，地域経営の特徴を示している。自治体の場合，かなりシステム化されてい
るが，地域は対象の範囲や人々の認識に違いがあるため，多角的な視点での経
営が必要である。

③ マーケティングにおける地域

　最近，「○○マーケティング」とマーケティングに多くの接頭辞がつけられ
る。それらの内容が大きく異なるのと同様，企業と地域のマーケティングは異
なっている。ある地域を1単位とすると，その地域は地域外の需要を取り込み，

収益をあげなければならない。また，地域で付加価値の高いモノを生み出し，地域外に販売しなければ，長期的に衰退することになる（古川 2011）。したがって，地域マーケティングでは地域外の需要をいかに取り込むかが重要である。

　マーケティング論では，エリア・マーケティングの分野が特定地域を研究対象としてきた。そこでは市場を1つの大きな塊ととらえるマス・マーケティングではなく，各地域の市場特性に合わせてマーケティング活動を展開する。つまり，地域は市場細分化基準の重要な変数の1つであり，地理的変数として気候，人口密度，地方，行政単位など，地域による顧客ニーズの違いが重視される時に用いられる。一方，P.コトラーらのMarketing Places（地域のマーケティング）は，地域を外部環境要因とせず，地域自体の「場」をマーケティング対象としている。そして，地域を訴求するために地域イメージの確立，観光客・企業誘致，輸出拡大，市民誘致まで視野に入れようとしている。そのため地域は，製品と同様にブランド化の対象となる。また，地域ブランドの対象地域の範囲は一定ではなく，ここでの地域は，**Place Branding**や**Place Brand Management**のように**Place**が用いられ，地域という場を包括的に示している（稲田 2012）。こうしてある特定の地域に対して，マーケティング手法を適用しようとしている。

2.「ゾーン」「スペース（空間）」「場」の概念

（1）ゾーニング

　ゾーニングとは，都市計画における概念であり，地域を用途別に区画することである。ゾーニングで区画されたところが**ゾーン**であり，商業，ビジネス，居住区画などに区分される。このように同じ機能を1カ所に集中させるのは，その機能をより発揮させるためである。ただ，同じ機能をまとめすぎると，かえって味気ない区画となることもある。したがって，単一機能だけでの区画ではなく，複数の機能を持ったゾーニングを考慮すべきであろう。とくに人々の

生活に直接関わる機能を持つところはそうである。

　最近では，**戦略的ゾーニング**といわれ，ブランド資産を基盤とし，地域内の再構築や地域外と連携し，地域独自の価値創造が試行されている。ゾーニング対象の地域レベルは，都道府県から市町村まで幅広く，1つのコンセプトでまとまる県もあれば，1つにまとまらない市もあり（電通 2009），土地面積や行政区でのゾーニングは難しい。そのため，ゾーニングの実施には，それぞれの対象の相違を踏まえなければならない。

　またゾーニングには，ブランド資産を基礎に地域を新しい軸でとらえ直し，価値を創造しようとする「**再構築型ゾーニング**」と，ブランド資産を基礎とし，市や県を超えた連携を図り，集合エリアとして新しい価値を生み出そうとする「**連携型ゾーニング**」がある。前者は地域を括り直し，後者は地域をつなぐことで，地域独自の価値を創造しようとする（電通 2009）。どちらも当該ゾーンでの住民や訪問者による経験が重要となる。そして両者とも，既存の地域を軸として，新しい価値を生み出そうとする試みである。

(2)　スペース（空間）

　空間や場（所）は，ほぼ同じところを意味していると考えられがちであるが，これらに明確な定義はなく，使用者によって意味が異なる。経済地理学では，場所は具体的であり，空間は抽象的なとらえ方をする。さらに空間は，位置や距離として理解される「**相対空間**」と企業や人々が活動する容器を意味する「**絶対空間**」に区分される。つまり空間は，「**場としての空間**」である相対空間と「**容器としての空間**」である絶対空間という2つの性格を持っている（原 1996）。

　「場としての空間」には，古代哲学者アリストテレスの考え方が反映されている（原1996）。本来，生活空間は時間や空間自体が持つ意味や力，あるいは人々の意思・欲望などが作用しあう場所である（齋藤 2011）。このような空間は，哲学をはじめ，立地論や空間経済学など抽象的理論での議論対象となってきた。一方，地理学での空間は，1950年代から1960年代に主流であった（物

事を数値で表現しようとする）計量主義に対抗し，それまで行われてきた地域の個性を記述することで，一般に通用する法則を用いようとしてきた（大城2011）。このように空間の理解や研究は，哲学にはじまり，自然科学，建築学，地理学，経済学など社会科学に至るまでさまざまな分野で議論されている。しかし，各分野内での考え方の相違や対立などもあり，他の研究分野に至る学際的な議論が高まるところまではまだ達していないようである。

（3）場（所）

① 場の持つ意味

　人々の生活は，学校，仕事場，家庭など具体的な「**場**」で営まれる。この場は，数学や物理学のように没個性的で無機質なものではない。そのために人々は，その場に固有の性質を認め，共同体間で共有してきた。人々の移動や移住が少なかった時代には，生活の場としての空間と，そこでの特定場所の意味は共同体内で共有していた（齋藤2011）。つまり，人々がある特定場所からそれほど離れず，移動しなかった時代には，当該共同体内ではその場所の持つ意味はほぼ同じであった。

　一方，現代の「場」には，公共空間での無数の「個室」と，共存を必要としない相手間で意味が形成される。本来，公共空間にはそこにいる人々が，その場の意味を共有する。しかし，公共空間で携帯電話（スマートフォン）を使用し，個人的な意味を生産する（私的な空間を作る）人々は，存在する場所が電車の中や教室などの公共空間にいても，実際にその場の意味を共有しない。大勢が参加した飲み会の席で一人携帯電話を操作している人はその典型である。他方，現在では会ったことも，実際に話したこともない時間的に共存しない相手とコミュニケーションをとることも可能となった。ただ，そこにおいて，価値が確実に生産され，意味が生まれるかは不確実である（齋藤2011）。つまり，現在の人々の生活の場は，新技術の誕生や発展により，これまでの長い歴史とは異なる意味を生産することになったといえる。

② 地理的空間と場所

　欧米の地理学では，場所を巡る議論が活発である。地域と同様，場所概念は具体的であり，通常は地表面上の比較的狭い範囲を指している。また，地域はより集団的で，民族性や歴史性があるが，場所は個人や企業によって意識的に意味づけされる（Agnew 1987）。経済活動と場所や空間との関係は，主に経済地理学で研究されてきた。その理論的基礎が立地論である。立地論では，企業立地を決定する多様な要因を費用と収入の2変数として単純に表し，理論化・モデル化しようと試みてきた。そして，距離の変化と費用や収入の増減関係をもとに，均衡論的に最適な立地点を議論した。つまり，立地論は，企業（産業）と場所（空間）との関係を理論的に説明しようとしてきた（川端2008）。

　経営戦略の大家であるM.E.ポーターは，場所の持つ付加価値が企業の競争力や成長力に影響することに言及した。そして，国際的な競争力やイノベーション力が，現実にその企業が立地する「場所」の経営環境から得られると指摘した。彼は費用と収入では説明できない因子が企業立地に影響する可能性を示したため，場所や立地をほとんど考慮してこなかった経営学者や経済地理学者にも影響を与えた。また，場所は企業に対しては，①費用節減（当該場所に立地する企業の生産費用や流通費用の削減），②収入増大（当該場所に立地する企業に収入増大），③付加価値増大（当該場所に立地する企業にイノベーション力，リスク回避力，ブランド性等を与える）を付与する（川端2008）。

　これらは場所が企業に対して付与するものであるが，企業だけではなく，当該住民や訪問者をはじめ，場所はあらゆる事象に対して影響を与える。さらに場所は，多くの影響を与えるだけではなく，これをマネジメントすることも必要となってくる。

3.「場」という舞台

(1)「場」の役割

　強い組織形成のために「場」をいかにつくるかは経営学の課題である。そのため，経営学や組織論では場のマネジメントに関心を持ってきた。そこで経営学者である伊丹敬之は，過去の経営の長所を見直し，その普遍化のために「場」の概念を提示した。そのなかで人間は適切に場が設けられれば，自律的に協働し，全体に調和した成果が上がると説明している（伊丹 1999）。

図表1-3　場のタイプと情報技術

	暗黙知の比重大	形式知の比重大
知識依存型事業の比重大	• コミュニティ型の場 • 硬質な知識創造，問題解決のための情報技術 例）知識創造の工場，ブルワリー	• サイバー空間型の場 • リアルタイムの知識結合プロセス支援のための情報技術 例）ヴァーチャル・デザイン・システム
知識依存型事業の比重小	• フェイス・トゥ・フェイス型の場 • 現場の問題解決支援のための情報技術 例）ビジュアル・コミュニケーションによる業務処理サポート	• ツリー・ネットワーク型の場（従来型の情報システムの発展形） • 定型的知的業務支援のための情報技術 例）オン・デマンドな知識（ノウハウ）サポート

（出所）紺野（1998），p.183（一部改）

　場は人々が集まり，コミュニケーションし，相互刺激するところである。そのため経営学では，特定の時空間や人々の関係性によって，知識が共有・創造されるところとして，場の役割を重視している。ここでの場は，知識の創造や活用，知識資産記憶の基盤になる物理的・仮想的・心的な場所を母体とする関係性を意味している。そこでは，物理的空間よりも社会的関係性に重点を置いている。図表1-3は，**知識依存型事業**の比重と「暗黙知（経験や勘に基づく知識）」と「形式知（文章や図表，数式などによって説明・表現可能な知識）」との比重によって場を類型化したものである。高度な**知識創造**の場合には，「コ

ミュニティ型」の場が対応し，「暗黙知」は本質的に「場」と切り離せない。それゆえ，場を発展させ，地域という概念で知識を把握する必要がある（松原2009）。とくにこれまで社会科学では，物事のプロセスを十分に分析してこなかったが，場においては，これまでのシステム論だけではなく，プロセスにも焦点を当てる必要があろう。

(2) 場における「経験」

おもしろい「場」をつくることで，そこに人々が集まり新たな価値を創造する「シリコンバレー現象」は，ハイテク，IT産業を牽引し，広範に影響を与えた。そして，**シリコンバレー**は，最先端技術全般や情報・知識生産のシステムに関係する「場所」（地域）として認識されるようになった。また，シリコンバレーという特定場所が世界中から「何か創造的なもの」を創造しようとする集団の拠点となり，情報資本主義のエンジンともなった。そこで多くの国がこの場所のシステムを模倣しようとした。ただ，さまざまな仕事をし，生活し，余暇を創造し，社会活動をする生活世界の場所で作用するメカニズムは模倣できない。日本でも「○○バレー建設」という構想は，ほとんど失敗に終わった（日本経済新聞 2002.8.14）。つまり，場にはそこに働くメカニズムが必要であり，システムを取り入れただけでは創造できず，その場での経験によるメカニズムを体得しなければならない。

ある場所に「行きたい」「住みたい」というような顧客と地域との関係づくりには，経験価値が必要となる（第4章第3節参照）。高次な価値を具体的な場を通した経験として提示することで，顧客との関係を構築し，ブランドが形成される。ブランド構築が経験価値マーケティングの深化とともに，ブランドの経験価値の重要性を高め，場の形成を越えた経験の場になろうとしている。地域ブランドの経験の場は，住民が生活する地域自体である。そこの自然，歴史，文化，伝統を基盤とし，地域らしさに根付いた価値の訴求が地域の差別化上，重要である（青木2004）。したがって，ある特定の場のブランドを考える場合，急ごしらえのモノやコトではなく，明確な裏付けがあり，差別化可能で

あり，それらが経験できることが必要となる。

4. 地域マネジメントの必要性

（1）地域創生政策

　最近，「地方創生」という言葉をしばしば耳にするが，これに関する法律は2つある。1つは「まち・ひと・しごと創生法」，もう1つは「地域再生法の一部を改正する法律」である。前者は，2014年11月に施行され，少子高齢化の進展について的確に対応し，人口の減少に歯止めをかけ，東京圏へ人口が過度に集中することを是正することが明記されている。したがって，この法律は人口減少対策と東京一極集中の是正を意図したものである。特に雇用対策と人材育成を中心とした施策であり，観光など地域資源を活用した産業振興策に取り組むことを意図している。後者は，2005年4月から施行され，持続可能な地域再生を促進させることが目的である。特に少子高齢化，産業構造の変化等による社会経済情勢の変化に対応し，地方公共団体による自主的・自立的な取り組みによる地域経済の活性化，地域での雇用機会創出，その他地域での活力の再生を総合的かつ効果的に推進しようとしている。そして，この施策がうまく運営されるように各省が管轄する地域活性化策を統合することを目的としている。

　これらの地方創成政策を推進していくために，内閣官房には「まち・ひと・しごと創生本部事務局」が，地方創生に関する政府の司令塔として設置されている。また内閣府では，「地域活性化推進室」を地方創生推進室に改組し，それまでの特区計画の認定，補助金の交付等に加え，地域住民生活等緊急支援交付金の交付，人的支援等も担当し，ブロック別の担当制による地方版総合戦略等の相談体制を新設している。このような動きは，これまでのままでは地方と呼ばれる地域自体が，衰退ではなく消滅するという危機感から出発したものである。

（2）地域創生を支える地域ブランド

　本書で検討する地域ブランドは，大企業が提供する製品やいわゆるサービスに他者と差別化するための名称（ブランド）をつけ，顧客に訴求するものではない。それはある限定された地域・場所から情報発信し，顧客に訴求するものである。したがって，発信主体が幅広く，複数存在する。また，一般のブランドとは異なり，顧客の認識にも相違がある。本章では，これまで概念が曖昧であった都市や地域，さらにゾーン，スペース（空間），場（所）の概念整理を試みた。さまざまな学問分野によって，これらのとらえ方には共通の認識がないため，ごく一般的な整理といえるが，おそらくこれから地域ブランドを見ていく際には，ある「ところ」のとらえ方について，考えをまとめる上で役立つだろう。

　また，ある「ところ」の理解には，さまざまな経験を重ねることが重要である。それにより，顧客自身のなかに当該地域のブランドが形成される。それゆえ，地域ブランドには「経験」が一般のブランド以上に重視される。顧客にそのような価値を提供するために当該地域のマネジメントが必要となる。

ケースに学ぶ　瀬戸内しまなみ海道

　瀬戸内しまなみ海道（しまなみ海道）は，広島県尾道市と愛媛県今治市を7本の橋で結ぶ全長約60kmの道路であり，西瀬戸自動車道，生口島道路，大島道路からなる。西瀬戸自動車道は，本四連絡架橋のうち，一番西に位置する延長46.6kmの自動車専用道路（今治ルート）であり，一般国道317号の新設・改築事業として建設された。本州と四国に架かる連絡橋3ルート（鳴門ルート，坂出ルート，今治ルート）は，1970年代に着工予定であったが，西瀬戸自動車道は1973年の石油ショックによる政府の総需要抑制策のため，着工が延期された。その後1975年に各橋梁の地域開発効果，工事の難易度などを勘案し着工方針が決定され，1999年5月に着工から四半世紀をかけ，ルートの全橋が完成供用された。さらに生口橋，大島島内の道路は，一般国道317号生口島道路（6.5km），一般国道317号大島道路（6.3km）

として国土交通省が整備し，2006年4月に暫定開通，全長59.4kmのしまなみ海道は，着工から31年を経て全体が結ばれた。

　しまなみ海道が結ぶ地域は，瀬戸内海特有の温暖で少雨の気候による柑橘類中心の農業が盛んであり，世界に誇る造船業の集積地でもある。また多島美を活かした観光産業も盛んである。さらに西瀬戸自動車道の各橋は，ほぼ自転車歩行者道とバイク道（125cc以下）が併設されている。そして沿線の島々では，広島・愛媛両県が自転車道の整備を進めてきた。西瀬戸自動車道の橋梁の自転車歩行者道とこれらの自転車道を合わせると，全延長は約80kmになる。車道路側には推奨ルートを示すブルーラインと距離標の路面標示整備がされている。宿泊施設をはじめ，沿線各地にレンタサイクルターミナル施設が設置され，乗捨てサービスなどを活用すると自由なコースでのサイクリングが可能である。そのためしまなみ海道は，島と島，本州と四国を結ぶ自転車歩行者道は，島嶼部住民の通勤，通学の生活道路だけでなく，日本初の海峡を跨ぐサイクリングロードとしても幅広く利用されている。

　しまなみ海道は，本州と四国を結ぶ連絡橋としては最後に完成したが，自転車歩行者道が設置されていない瀬戸大橋，明石海峡大橋・大鳴門橋とは大きく異なる。つまり，自動車や電車に乗ったままでしか，橋を渡れない鳴門ルート，坂出ルートは，瀬戸内を渡る風や島々をゆっくり眺め，また時には足を止めてその景色を堪能することはできない。他方，しまなみ海道は，訪問者は自転車や歩行者道では自らのペースでペダルを漕ぎ，また足を進めることができる。

　各地からのしまなみ海道を一度は自転車で走りたいというサイクリストの思いは，それぞれのSNSなどを通じて世界にも拡散され，新たなサイクリストを呼び込むことに繋がっている。しまなみ海道周辺には，瀬戸内海という海とそこに多く存在する島々しか存在しない。それはサイクリストが自らの瀬戸内の風景を思い思いに描き，しまなみ海道を走ったという各々の思い出を大切にし，それを多くの人に伝えることでサイクリストには一度は走りたい聖地となっているのである。またその聖地へは，現地でレンタルした自転車ではなく，自らの愛車を聖地へと持ち込み，それに乗り走ることが優先される。そのため，こうしたサイクリストのため，現地に向かうJR四国が運行する特別急行列車には，自転車を乗せるスペースがある。また高価な自転車の保管のため，自転車専用ロッカーなども設置されている。

　もともと四国といえば，「四国八十八ヵ所」を巡礼するお遍路のため，「お接待」文化が長く息づいてきた。それはしまなみ海道でも同様である。他

の2ルートとは異なり，自転車や歩行者も利用できるため，一般道を走行することもある。その一般道沿いには，世界から訪れるサイクリストのため，イベント時だけでなく，日常でもお接待が行われる。こうした地域住民との短い時間のふれあいでも，サイクリストを歓迎し，瀬戸内を堪能し，またその情報を発信してもらうことにより，訪問者にはさらに特別な場へとなっている。

　しまなみ海道は，サイクリストの視点からだけではなく，2016年4月に「"日本最大の海賊"の本拠地：芸予諸島―よみがえる村上海賊"Murakami KAIZOKU"の記憶」として，日本遺産に認定された。さらに日本総鎮守と呼ばれ，全国約1万社の分社を持つ「大山祇神社」が所在していることから「神の島」と呼ばれる大三島などの歴史遺産には事欠かない。また瀬戸内海に沈む夕陽や周辺で収穫された野菜や柑橘類，特産品なども豊富であり，いくつもの航路があるフェリーや観光船からはしまなみ海道は，見上げて観察することもできる場となっている。

【参考資料】
広島県観光連盟ウェブサイト：https://www.hiroshima-kankou.com/feature/island/shimanami（2021.8.20確認）
本四高速ウェブサイト：https://www.jb-honshi.co.jp/shimanami/about/（2021.8.20確認）

（　**ディスカッション・トピックス**　）

① 独特の顔を持った都市（特徴ある都市），独特の顔を持った地域（特徴ある地域）は，なぜそのような特徴を持つに至ったのかを歴史的な経緯を踏まえて検討してみる必要がある。また，そのような特徴を持つことが，他の地域に比べてどのようなアドバンテージを持っているかをさまざまな視点から議論してみよう。

② 特徴のある都市や地域について，ある面での成功が見られたとして，しばしば，多くの組織や人々が視察などにより学ぶ機会が以前から多くある。そのようにして学んだことを基にして，そのシステムを模倣して，同様のものを形成しようという努力も数多く見られる。ただ，多くはこれまでのところ失敗しているようである。なぜ失敗してしまうのか，その失敗要因について議論してみよう。

③ 過疎化がもたらすデメリットを複数あげ，それらを深刻な順に並べてみよう。その上で，地域の人々が操作可能な課題（自分たちで何とか解決可能な課題）と操作不可能な課題（自分たちでは解決が不可能な課題）について整理し，操作不可能な課題について，どのような機関の，どのような支援があれば，解決の糸口が見つけられるかを議論してみよう。

④ 地域の活性化には，地域の中から何かを起こすという内発的な取り組みも重要であるが，地域の外から何かを起こすという外発的な取り組みも重要とされる。そして，内発的な取り組みと外発的な取り組みが，うまく協業して地域の活性化が見られるようである。このような事例を取り上げて，その成功の鍵を検討してみよう。

【参考文献】

Agnew, John A. (1987) *Place and Politics: The Geographical Mediation of State and Society*, Allen & Unwin.

Florida, Richard (2005) *Cities and the Creative Class*.（小長谷一之訳『クリエイティブ都市経済論』日本評論社，2010年）

Kotler, P. and Armstrong, G. (1999) *Principles of Marketing* 12th edition, Printice-Hall.（和田充夫・青井倫一訳『マーケティング原理』ダイヤモンド社，1995年）

Paasi, A. (1991) "Deconstructing regions: notes on the scales of spatial life", *Environmental and Planning* A23(2), pp.239-256

青木幸弘（2004）「地域活性化と中小企業のブランディング」『日経ブランディング』2004年冬号

伊丹敬之（1999）『場のマネジメント 経営の新パラダイム』NTT出版

稲田賢次（2012）「ブランド論における地域ブランドの考察と戦略課題」田中道雄・
　　白石善章・濱田恵三編『地域ブランド論』同文舘出版

海野進（2004）『これからの地域経営』同友館

大城直樹（2011）「空間から場所へ」吉原直樹・斉藤日出治編『モダニティと空間の
　　物語』東信堂

川端基夫（2008）『立地ウォーズ』新評論

黒田達朗・田渕隆俊・中村良平（2008）『都市と地域の経済学（新版）』有斐閣ブッ
　　クス

紺野登（1998）『知識資産の経営』日本経済新聞社

齋藤美智子（2011）「生活時空間としての「場」」吉原直樹・斉藤日出治編『モダニ
　　ティと空間の物語』東信堂

電通abic project編（2009）『地域ブランド・マネジメント』有斐閣

中村剛治郎（1990）「地域経済」宮本憲一ほか編『地域経済学』有斐閣

原広司（1996）「空間の基礎概念と＜記号場＞—空間の比較社会学に向けて」『現代
　　社会学第6巻時間と空間の社会学』岩波書店

古川一郎編（2011）『地域活性化のマーケティング』有斐閣

松原宏（2009）『経済地理学（第2版）』東京大学出版会

山本久義（2008）『ルーラル・マーケティング戦略論』同文舘出版

吉原直樹・大澤善信監訳（2003）『場所を消費する』法政大学出版局

日本経済新聞 今井賢一「経済教室」2002年8月14日

日本経済新聞 伊藤元重「経済教室」2003年2月3日

日本経済新聞 宇沢弘文「やさしい経済学」2005年1月13日

マーケティングと地域マーケティング

はじめに

- マーケティング研究には1世紀以上の歴史があるが，いまだ新しい学問・技術である。マーケティングの誕生とその概念，マーケティング・マネジメントとして取り上げられてきた4Ps（製品，価格，流通，広告・販売促進）について明確にする。

- マーケティング・マネジメントの前段階であるマーケティング戦略，さらにはソーシャル・マーケティング，関係性マーケティング，サービス・マーケティングについても取り上げる。

- 地域マーケティングは，マーケティングの客体として，つまり「製品」として，地域を捉える考え方である。

- 地域マーケティングの顧客には，その地域の外からその地域を訪れるビジター，企業，住民，移出市場の4つのタイプがある。これらの顧客をいかにひきつけ維持するかが，地域活性化の鍵になる。

1. マーケティングとは

（1）マーケティングの誕生

マーケティングという言葉は，1902年のミシガン大学の学報で初めて登場した。また，最初のマーケティングの講義は，1905年にペンシルバニア大学で行われた。米国でマーケティングが誕生した背景には，この国の歴史が大きく影響している。米国は，ヨーロッパからの移民で形成され，彼らの夢を叶える場所であり，それはゴールドラッシュ，西部開拓という言葉で表された。主に彼らは農業に従事し，生産性の向上に傾注した。しかし，次第に過剰農産物

が問題となり，これらをどのように販売するかという過程でマーケティングが誕生した。そして，各地に分散していた市場がまとまり，北米市場というマーケティングの対象が形成されていった。

　20世紀になると，米国では次第に工業が発展した。そして，マーケティングは，自動車に代表される工業製品の市場対策手法として展開されるようになった。20世紀初頭，自動車王H.フォードは，大量生産（Model-T）により生産効率を上げ，逆に販売価格を次第に引き下げ，発売から15年後には1/3にした。しかし，米国の自動車市場を変化させたのは，General Motors（GM）であった。**Model-T**は，同じ型で同じ色（黒）であったため，豊かになった顧客には不満が高まった。GMはこのような顧客に，さまざまなスタイルや色の自動車を提供し，一気に米国の自動車市場を変化させ，世界一の自動車メーカーへと成長した。

　他方，このような顧客対応活動は，日本でも第二次世界大戦以前から行われていた。しかし，明確な形でマーケティングが導入されたのは，1955年の日本生産性本部による米国へのマーケティング視察であった。これ以降，日本では，一気にマーケティングという言葉が一般化し，マーケティングを導入しようとする企業が出はじめた。

（2）マーケティング概念（コンセプト）

　マーケティングについて概念を明確に規定しておきたい。マーケティングとは，簡単にいえば「市場対応」である。マーケティングでは，市場は消費者や顧客という言葉に置き換えられよう。また，マーケティングの展開過程において，その概念は時代とともに変化してきた。それは主にマーケティングの主体である企業の環境が変化し，一方で企業の市場に対する考え方も変化したためである。代表的な**マーケティング・コンセプト**の変遷は，**製品志向→販売志向→顧客志向→社会志向**である。

① 製品志向

　製品志向とは，製造業者（生産者）は，自らが製造する製品（商品）の最終顧客・使用者をあまり念頭におかず，製造に傾注することである。よい製品を製造すれば，それで十分とする考え方である。以前の製造業者は，研究開発過程で発見したシーズを製品へと転換させ，製品化することで満足していた。つまり，製造業者は，自ら製造したい製品を市場や顧客とは関係なく製造していた。そして，最終顧客や使用者を意識しなくても，製品が市場に受容された時代もあった。このように製品が受容されたのは，市場供給される製品が少なく，顧客の製品知識や消費・使用経験が乏しかったという背景があった。

② 販売志向

　市場に供給される製品の量が少なかった時代は，需要量が供給量を上回り，製造業者は販売業者に対して，製品を分け与えていた。しかし，製造業者の供給能力が向上すると，増加した製品を市場が受容しきれなくなった。そこで製造だけではなく，販売にも傾注しなければならなくなった。これが販売志向である。とくに高価な耐久消費財などは，販売信用を充実させるなど，さまざまな手段を駆使して販売しようとした。ただ，市場環境が大きく変化し，市場にそれらを吸収する力がなくなった。

③ 顧客志向

　市場が成長し，顧客の購買力が変化しなければ，製品志向，販売志向でも企業のマーケティング概念は大きく変化しない。しかし，競争業者が参入し，市場に製品が溢れはじめると，製品志向，販売志向は限界を迎えた。マネジメントの発明者P.F.ドラッカーは，「マーケティングの究極的目的は販売を不要にすること」といったが，マーケティングには，売れる仕組みづくりが求められはじめた。売れる仕組みの構築には，売り手は買い手を熟知しなければならない。また，現在の顧客だけではなく，将来の顧客も視野に入れなければならない。そのため，最終顧客である消費者を研究する学問分野も生まれた（消費者

行動論）。消費者行動論は，経済学的視点から消費者を一括りに考える消費行動ではなく，個別消費者の行動を社会学，心理学，経済学，文化人類学，人工知能研究などから学際的に研究し，マーケティング実践への貢献を念頭においている。このように顧客の購買行動に注意を払わなければならなくなったのは，製品志向や販売志向では解決できない問題が増えたためである。顧客志向は，顧客が求めている製品を起点としたため，それまでの製品志向，販売志向とは全く異なる志向である。

④ 社会志向

　マーケティングは，製造業者の市場対応を中心としたため，その活動には環境負荷の増大など，社会的マイナスもあり，社会にダメージを与えた企業もあった。そこで企業が存在することによって発生するマイナスの影響をゼロの状態にする社会責任，さらに企業が社会に対し，プラスの影響を与える社会貢献の側面でもマーケティングが影響するようになった。このようなマーケティングの次元は社会志向と呼ばれ，一般に**ソーシャル・マーケティング**として扱われる。

2. マーケティング戦略

（1）マーケティング戦略

　マーケティングでは，後で取り上げる経営者視点のマーケティング・マネジメントが先行した。ただ，マーケティング・マネジメントを行う前に，マーケティングの実践者であるマーケターが行わなければならない活動がある。それはマーケティング戦略の立案である。マーケティング戦略は，経営戦略と大きな相違がないといわれるが，マーケティングでは顧客，とくに最終顧客である消費者の行動を研究・活動対象としてきた歴史が長いため，市場戦略にはマーケティング戦略独自の視点を見ることができる。

(2) マーケティング戦略の立案

　マーケティング戦略は，その手順である英語の頭文字から「**STP**」と表される。**市場を細分化（Segmentation）**し，その細分から**標的を設定（Targeting）**し，そのターゲットに対して製品やサービスを位置づける（**Positioning**）。市場細分化は，**人口動態的特性**（性別・年齢・学歴・職業・ライフステージ・社会階層・地域など）と**社会心理的特性**（パーソナリティ・価値観・ライフスタイル・興味関心など）などの切り口で市場を区分する作業である。ただ，この市場細分の**測定可能性**，**到達可能性**，**維持可能性**，**実行可能性**に注意しなければならない（Kotler and Armstrong 1994）。標的設定は，細分化した細分の単数もしくはいくつかを自社の標的にすることである。そして，標的とした細分に対し，競合相手と異なる独自性と優位性を発揮可能にする。どの価値をどの方法で提供するかを行うのがポジショニングである。したがって，これら3つの基本戦略パターンは，マーケティング活動を行う大枠の選択肢を提供する（池尾他 2010）。このようにマーケティング戦略は，マーケティング・マネジメントを行う前段階として位置づけられる。

　また，経営戦略の大家M.E.ポーターは，企業の競争戦略では競争優位が重要とし，生産の効率化による**コスト・リーダーシップ**と，需要者への効果的対応による**差別化**に大別した。さらに標的を狭く限定し，**経営資源**を集中することでも競争力が高まる。この場合も，集中だけでは競争優位は得られず，コスト集中や差別化集中を達成してはじめて競争優位が得られる。

3. マーケティング・ミックスの諸要素

(1) マーケティング・マネジメント

　通常，マーケティング戦略の策定後にマーケティング・マネジメントが実践される。マーケティング・マネジメントは，マーケティング・ミックスを形成し，実践される。マーケティング・ミックスの諸要素には，製品（Product），価格（Price），流通（Place），広告・販売促進（Promotion）がある。これら

の要素は，その頭文字がPではじまることから，**4P（4Ps）**といわれる。「マーケティングとは4Pである」といわれてから半世紀以上になる。そこでこれらの要素を中心にその政策を取り上げる。ただ，4つの要素は並列ではなく，製品を中心としてそれらの価格，流通，広告・販売促進政策が形成される。

（2）マーケティング・ミックス

① 製品政策

　マーケティング・ミックスの中心は製品である。製品は，消費者や使用者（顧客）に対し，さまざまな**ベネフィット（便益・効用）**を提供する。1つの製品は，顧客にただ1つのベネフィットを提供するわけではない。ある顧客が求め，期待するベネフィットは別の顧客のそれとは異なることもある。また，1人の顧客でも複数のベネフィットを期待していることもある。製品は「ベネフィットの束」というのは，そのような状態を説明している。**製品の属性**には，ブランド，パッケージ，ラベル，デザイン，色，大きさ，品質，アフターサービス，保証などがある。とくに最近は，製品に付されたブランドが重要な役割を果たすようになった。

　ただ，製品は一度市場に送り出されると，半永久的に生き続けられるわけではない。「**製品ライフサイクル**」の考え方は，これを前提とし，導入，成長，成熟，衰退の各段階を示している。また，各段階に応じた政策が必要とされる。製造業者には，製品ライフサイクルが存在するため，企業存続には**新製品開発**が必要となる。それは，創業時の製品だけで市場拡大し，売上や利益が伸張している企業はごくわずかだからである。そのため，新製品開発の必要性に迫られるが，新製品のヒット率は非常に低く，製造業者はヒット率の上昇に傾注しなければならない。最近では，製品ライフサイクルの短縮化と「**コモディティ化（競合製品の差別化特性の喪失）**」の進展が著しく，常に競争業者の製品との差別化を意識した製品政策が求められる。

② 価格政策

価格は市場メカニズムによる需要と供給のバランスで決定する。ただ，価格は人為的に設定されることもある（小原 2004）。価格設定には，製造コストや競争を基準とする場合がある。製造コストには，**固定費**と**変動費**があり，前者は生産量に関係なく発生する費用であり，後者は生産量に伴って増加する費用である。**コスト基準**の価格設定は，固定費と変動費を考慮し，マージンを加算して設定される。したがって，設定する価格の下限は，これら総コストを下回らない価格となる。他方，**競争基準**の価格設定は，競争企業の同種・類似製品の価格を考慮した価格設定である。これについては，競争企業に対して，価格で優位に立とうとするためにほとんど利益が出ず，一時点ではあるが，製造コストを下回る価格設定をする場合もある。さらにこれらの価格設定だけではなく，顧客が受容しやすい価格を基準に設定することもある。そのため，製造業者や流通業者には顧客の受容価格を起点としてコスト計算し，利益が出るような方策を考慮しなければならない。

また，顧客の価格意識を踏まえた価格設定もある。たとえば**慣習価格**（価格が長期的に一定で，顧客が当該製品価格と確信している価格），**端数価格**（8や9を使用し限界まで価格引き下げをしているメッセージを発する価格），**威光価格**（高価格が高品質に結びつくことを意図した価格），**段階価格**（松・竹・梅など段階別に明確にした価格）などがある。さらには新製品の価格設定課題もある。新製品の価格設定には，発売当初高めに価格設定し，価格にこだわらない顧客を吸収しようとする**上層吸収価格政策**と新製品価格を市場導入当初から低めに価格設定し，市場占有率を確保しようとする**市場浸透価格政策**がある。

③ マーケティング・チャネル政策

各製造企業の販売経路をマーケティング・チャネルという。また，同種商品の販売経路全体を流通チャネルという。したがって，同種商品でもマーケティング・チャネルは多様である。チャネル政策には，チャネルの幅により，**開放**

的チャネル，**選択的チャネル**，**閉鎖的（排他的）チャネル**がある。

　開放的チャネル政策は，製造業者が自らの製品を扱いたい流通業者であれ
ば，誰とでも取引しようとするものである。通常，食品，日用品など最寄品の
製造企業が採用する。選択的チャネル政策は，製造業者に協力的な流通業者を
選択し，優先的に製品の取り扱いを任せるものである。家電製品や衣料品，化
粧品などで主に採用される。閉鎖的チャネル政策は，流通業者に自身の製品だ
けしか取り扱わせないものである。日本では自動車，楽器，家電製品などで採
用され，ブランド・イメージと価格維持を目的としている。閉鎖的チャネルに
近づくほど，製造業者の流通業者へのコントロール力が働く。このようなチャ
ネル政策に基づくチャネルは伝統的流通チャネルと呼ばれる。

　最近では，伝統的流通チャネルに対し，**垂直的マーケティング・システム**
（Vertical Marketing System：**VMS**）が形成され，チャネル管理を中心に長期
的関係が重視されるようになった。VMSは**企業型**，**管理型**，**契約型**に分かれ
る。企業型は，同一企業内で製造，卸売，小売の段階が結合される。多額のコ
ストがかかるが，マーケティング・チャネルを高度に操作したい企業が選択す
る。管理型は，製造業者，卸売業者，小売業者など，互いに支配関係のない企
業が，契約ではなく協調してチャネルを管理しようとするものである。契約型
は，資本的に独立した製造業者，卸売業者，小売業者が，契約により結合する
ものである。

　製造業者には，チャネルの長期的管理は重要な課題である。管理の目的は，
価格維持と協力や提携である。ただ，これまでチャネルの参加者間では摩擦が
しばしば発生した。しかし，製販同盟や戦略的提携，リテール・サポート（小
売業者支援）が日常用語となるなど，管理という言葉の意味からは少し離れる
が，協力や提携といった関係も見られるようになってきた。

④ 広告・販売促進（マーケティング・コミュニケーション）政策

　広告・販売促進は，企業におけるマーケティングの意思決定において典型的
なものである。広告や販売促進は，顧客とコミュニケーションをとるため，

マーケティング・コミュニケーションといわれることも多い。販売促進を目的としたマーケティング・コミュニケーションには，**人的販売**，**広告**，**販売促進**（Sales Promotion：**SP**），**パブリシティ**，**パブリック・リレーション**（Public Relations：**PR**）などがある。最近では，直接の顧客だけでなく当該企業の**ステークホルダー**（株主，供給業者（仕入先），流通業者，関係官庁，地域住民）などと関係を良好に保つコミュニケーションも重要である。

　1990年代からはこれらの活動は統合的にとらえられ，「**統合型マーケティング・コミュニケーション**（Integrated Marketing Communication：**IMC**）」として，位置づけられるようになった。また，これまでのコミュニケーション活動は，人的販売を除き，複数の受け手に対して行われてきたが，コミュニケーション手段の増加により，個人とのコミュニケーションが可能となった。

4. マネジリアル・マーケティング以降のマーケティング

（1）ソーシャル・マーケティング

　マーケティング概念の変遷でも取り上げたが，この半世紀で企業活動は世界的に拡大した。一方，顧客だけでなく，ステークホルダーに対して，公害問題や消費者問題などマイナスの影響が出ることも多くなった。そのため，それらマイナスの影響をゼロの状態にまで戻す社会責任のマーケティングが求められるようになった。さらにプラスへと転換する動きとして，企業による**メセナ**（文化芸術活動支援）や**フィランソロピー**（慈善活動）といわれる社会貢献活動が目指されるようになった。

　また，これまで営利企業の市場対応であったマーケティング手法を，非営利企業にも拡大させようという考えが，約40年前に提示された。これら営利企業の社会志向的な活動と非営利企業のマーケティングをあわせてソーシャル・マーケティングと呼んでいる。

（2）関係性マーケティング

　これまで売り手と買い手による取引は，1回の取引の成立・遂行が目的であった。しかし，供給が需要を上回ると，1回だけの取引よりも長期継続的な取引志向が顕著となった。それは1回だけの取引にかかるコストが大きくなり，売り手にとって，複数回の取引をしてくれる買い手と関係を築く方が，コスト・パフォーマンスがよくなったためである。そのため，最近のマーケティングは，1回だけの取引よりも，長期継続的な取引関係の構築・維持へと大きく変化した。そこで売り手は長期継続的な取引関係維持のため，さまざまな方策を行っている。小売業やサービス業が導入しているのがポイント・プログラムである。これが導入可能になったのは，ICT（Information and Communication Technology）やデータベースの整備が行われ，そのコストが低下したためである。また，**顧客との関係管理**は**CRM**（Customer Relationship Management）と呼ばれ，これらの顧客関係管理には，膨大なデータベースを使用している。

　また，いわゆるサービス業において，製品マーケティングの論理とは異なる固有のマーケティング論理が必要となり，そこで関係性概念が形成され，独自に発展してきた。その後，**関係性マーケティング**は，サービス・マーケティングから起こった関係性を志向する方向と産業財取引のネットワークに焦点を当てる2つの系譜がある（池尾他 2010）。さらに取引当事者間だけではなく，ステークホルダーとの関係性も重要となり，それらとの関係性を維持する活動が，PRやIR（Investor Relations）である。これらの活動は，すぐに企業の売上高や利益額の増加にはつながるものではないが，長期的に影響することになる。

（3）サービス・マーケティング

　マーケティングは，その誕生時から形あるモノ，製品を中心に展開されてきた。そして，半世紀前に提示された4Psにより，製品中心のマーケティング・マネジメントの基盤が固まった。しかし，サービス経済化が浸透し，顧客が購入する対象が，形あるモノや製品だけではなく，形のないコト（サービス）が

消費者支出の半数以上を占めるようになった。

　そこで，これまで製品を中心に展開されてきたマーケティングは，サービスも対象とするようになった。ただ，製品とサービスは異なり，サービスには**無形性，品質の変動性，生産と消費の不可分性，消滅性，需要の変動性**などの特性がある。そのため，いわゆるサービス業のマーケティングを4Psに当てはめると，製品とは異なる面が多くある。製品としてのサービスの幅も広く，サービスの受け手（人，所有物），サービス行為の本質（有形，無形）に分かれる。また，これらの価格には多様な用語が用いられる。そして，そのチャネルは，製品については製造業者が直接顧客に販売することはほとんどないが，サービスの場合，直接顧客に提供することが多く，短く単純である。さらにプロモーションは，製品はそれ自体プロモーションになるが，サービスは非常に抽象的なため，訴求しづらい面がある。

　また，サービス業ではプロセスが重要である。いわゆるサービスは，顧客とのインタラクティブな作業を経るという特徴があり，この双方の過程が顧客満足を形成する上で重要である。このようにマーケティングは，製品だけでなく，サービスもその範疇とすることで，その活動と対象の幅を拡大している。**サービス・マーケティング**でも貫かれているのは，いかに市場対応を行うかというマーケティングの基本である。

　そして，2004年以降，**サービス・ドミナント・ロジック**といわれる新たなマーケティング思想が形成され始めた。ここでは製品といわゆるサービスを区別しない。それは顧客が購入しているのは製品ではなく，サービスを購入しているととらえているためである。したがって，マーケターが提供するものすべてがサービスということになる。

5. 地域マーケティングとは

　第1節で確認したように，マーケティングとは，簡単にいうと「市場対応」ということができるが，もう少し詳しくいうと，「顧客にとって価値ある提供

図表2-1　マーケティングの一般概念

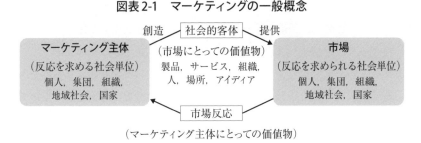

創造　社会的客体　提供

| マーケティング主体 |
| （反応を求める社会単位） |
| 個人，集団，組織，地域社会，国家 |

（市場にとっての価値物）
製品，サービス，組織，人，場所，アイディア

| 市場 |
| （反応を求められる社会単位） |
| 個人，集団，組織，地域社会，国家 |

市場反応

（マーケティング主体にとっての価値物）

（出所）東（2001），p.146

物を作り出し，その価値を伝え，顧客に提供するための，さまざまな活動」である。このマーケティングは，もともとは営利企業の活動と認識されてきたが，マーケティングの理論や技法を営利企業だけでなく，非営利企業やさまざまな客体に対しても適用しようとする試みが理論と実践両面でなされてきた。

　実践面においては，自治体においても業務の効率性や市民ニーズの多様化・高度化への対応などのために，民間企業の経営手法を取り入れる必要性が叫ばれるようになり，その中でマーケティングの必要性も高まっていった。こうした中で地域マーケティングを実務的に捉えるならば，「まちづくりや地域の問題解決のためにマーケティングの理論や手法を適用すること」と定義することができる。

　一方，理論面では，既に1970年代から地域マーケティングの考え方は登場している（Kotler 1972）。マーケティング概念を拡大解釈することにより，マーケティングとは，「何らかの客体に対して，標的とする人々から，好ましい反応を獲得するための活動」と定義された（図表2-1）。つまり，マーケティングとは，マーケティング主体が，市場（標的とする人々）から，市場にとっての価値物である社会的客体（製品・サービス・組織・人・場所・アイディア）に対する市場反応（好ましい反応）を獲得するための活動であるといえる。その中で，地域をマーケティングの客体として捉える考え方も提示され，地域マーケティングとは，「ある特定の地域に対して，標的とする人々から，好ま

しい反応を獲得するための活動」，あるいは「標的とする人々の特定の地域に
対する態度や行動を，創造・維持・変更しようとする活動」と定義されている。

　したがって，地域マーケティングにおいては，「誰」あるいは「何」の「ど
のような反応」を獲得しようとしているのかということが問題になる。そもそ
も，地域は，買い物や観光，居住の場として人々の選択の対象となるものであ
り，また，企業にとっては，オフィスや工場を含め生産活動を行う場として，
選択の対象になる。つまり，何らかの目的のために地域を選択する人々や組織
に対して，他の地域ではなく，自身の地域を選択してもらうための活動，ある
いは標的とする相手の望む地域価値を創造し伝えていく活動が地域マーケティ
ングということになる。たとえば，2020年のオリンピックの開催地に東京が
決定したが，オリンピックの誘致などは，地域マーケティングの最たる例であ
ろう。

　では，一般に地域を選択する目的としては，どのようなものがあるのだろう
か。地域マーケティングにおける顧客とはどのようなものがあるのか。あるい
は，地域は，どのような機能を提供しているのか。次節で取り上げよう。

6. 地域マーケティングにおける主要な市場

　P. コトラーらは，地域マーケティングにおけるターゲットとして，ビジター，
企業・産業，住民・勤労者，移出（輸出）市場の4つをあげている（Kotler,
Haider, Rein 1993）。東は，ビジター，企業・産業，住民・勤労者の誘致は，
市場サイドの地域からマーケター・サイドの地域に顧客の移動を引き起こすと
いう意味で「集客型地域マーケティング」，逆に，移出（輸出）は，マーケ
ター・サイドの地域から市場サイドの地域に商品の移動を生じさせる「移出型
地域マーケティング」と性格付けることができるとしている（東 2001）。以下
では，この4つの主要な市場について説明する。

図表2-2　地域マーケティングの領域

（出所）東（2001），p.145

（1）ビジター

　ビジターとは，そのまちの外からその地域を訪れる人々であるが，目的によって2つのタイプに分けられる。1つは，観光や買い物といった私的な目的のためにそのまちを訪れる人々であり，もう1つはビジネス上の目的のためにそのまちを訪れる人々である。他のまちからやって来て，買い物をしたり食事をしたり，宿泊をしてくれれば，その地域の企業にとっては，売上や利益の向上につながる。それは，そのまちにとっても，雇用や税収の増加につながるので，まちにとって，まちの外からやって来て消費をしてくれる人々は，重要な顧客であるといえる。

　ビジターを引き付けるためのマーケティング主体としては，一般に，観光・コンベンション協会があり，大きな都市では，別々に運営しているところもある。コンベンションとは，国際会議や学会，産業団体の大規模な会議，政府が開催する大規模な会議などである。また，この他に，コンベンションを含むMICEという言葉が定着しつつある。MICEとは，企業等の会議（Meeting），企業等の行う報奨・研修旅行（インセンティブ旅行）（Incentive Travel），国際機関・団体，学会等が行う国際会議（Convention），展示会・見本市，イベント（Exhibition/Event）の頭文字のことであり，多くの集客交流が見込まれるビジネスイベントなどの総称である。このような会合を誘致できれば，他の

国や地域から多くのビジターが訪れ，その地域への経済効果は非常に大きくなる。現在，多くの国や地域で，このようなMICEの開催・誘致に力を入れている。

（2）企業

　企業も地域にとって重要な顧客である。企業は，まちの税収に貢献するだけでなく，地域住民に対して雇用も提供する。また，その企業で働くためにそのまちに新たに引っ越してくる人もいるかもしれない。そのまちに住む勤労者が増えれば，住民税などのまちの税収も増えるかもしれない。このような点で，企業もまちにとっての重要な顧客であり，まちは企業の誘致や維持，育成に努めなくてはならない。

　大規模な工場や企業の本社の誘致に成功すれば，地域への経済効果は非常に大きいものになる。しかしながら，現在ではむしろ，国際競争の激化とともに，既存工場の閉鎖や撤退も多くなっている。また，多額の補助金を支給し誘致に成功しても，短期間で工場が稼働停止になる事例など，コストに見合った効果が得られるかも不透明になっている。そうした中で，補助金に頼らない企業誘致や，既存企業の維持や支援，あるいは新規企業設立の支援の重要性が増している。

（3）住民

　住民，すなわちそのまちに暮らす人々も，まちにとっての重要な顧客である。本来，そのまちに暮らす人々の満足度の向上が，まちのマーケティングの最終的な目標といえるかもしれない。そのまちの勤労者は住民税を払いまちの税収に貢献してくれるのであるが，働いていなくてもそのまちで消費してくれるだけでも地域経済への貢献は大きい。しかしながら，日本全体で考えたときに既に人口減少は始まっており，地方での人口減少はより深刻である。人口減少は最終的には地域経済の縮小につながるものであり，まちにとっては地域の人口を維持するためにも，他の地域から住民を呼び込み住んでもらうというこ

とは重要になっている。

　しかし，住民を移住させることは非常に難しい。それは仕事との関係である。高齢になり退職した人々であれば，地方への移住はしやすいかもしれない。また，大都市に通勤可能な地域であれば，現役世代の住民を誘致することは相対的に容易かもしれない。だが，大都市への通勤が不可能な地域に現役世代を誘致することは，非常に難しい。その地域で，生活の糧となる仕事を確保しなければならないからである。

　たとえば，北海道伊達市は，「伊達ウェルシーランド構想」として，高齢者が安心・安全に暮らせるまちづくりを進めるとともに，高齢者ニーズに応える新たな生活産業やそれに関わる雇用の場の創出，移住・定住政策による人の誘致に取り組んでいる（伊達市ウェブサイト）。千葉県流山市では，「都心から一番近い森のまち」，「母になるなら流山市」「父になるなら流山市」と謳い，子育て世代の誘致に力を入れている（流山市ウェブサイト・本章ケースに学ぶ参照）。いずれにしろ，移住してもらうためには，その人々にとってのその地域の魅力やベネフィットを明確にして，訴えていくことが重要であるといえるだろう。

（4）移出市場

　そのまちの企業や事業者の商品を買ってくれる他の地域の人々や機関も，そのまちにとっての重要な顧客である。間接的ではあるが，地元の企業や事業者の売上や利益が上がることによって，そのまちの税収や住民の所得が増え，まちが豊かになるからである。そのために，地元の企業が製品を他の地域や国で販売するのを支援することも重要である。たとえば，海外の展示会や商談会への出展の支援，海外販路開拓を支援するセミナーの開催など，地元企業の販路開拓のための支援を，自治体や関連機関が行っている。

　国内の人口が減少に転じている中で，多くの企業にとって，海外展開の重要性は増しており，自治体による支援の重要性も増している。

　このようにさまざまな顧客を引き付けたり，維持することにより，地域経済の活性化や雇用の増大，税収の増大といった効果がもたらされる。しかしながら，ビジター，企業，住民が地域に求めるものは異なる。たとえば，観光客は観光地としての魅力を求めるであろうが，住民はよりよい生活環境を求めるであろう。企業は，地域に対して，工場やオフィスの立地場所としてのよりよい立地条件を求めるかもしれない。そして，これらはしばしば対立するものとなる。観光地にとっての魅力的な観光地と，住民にとってのよりよい生活環境とが必ずしも両立しない場合も多い。あるいは，住民の間でも，若い単身者と子育て世代の家族，あるいは高齢者といった住民間の違いにより，地域に求めるものは異なるかもしれない。若い単身者にとっての良い生活環境が，高齢者にとってよい生活環境とは限らない。このように，地域に対するニーズは顧客によって大きく異なっており，またさまざまな利害関係者が存在する中で，地域全体をうまくまとめていくことが地域マーケティングにおける重要な課題である。

　ターゲットに設定した顧客に自身の地域を選択してもらうためには，ターゲットのニーズを満たすマーケティング・ミックスを展開していく必要がある。本章ケース・スタディでは，ターゲットを選択し，それに合わせて適切なマーケティング・ミックスを展開している千葉県流山市の事例を紹介している。

7. 地域マーケティングの難しさ

　よりよいまちをつくっていくためには，まちの将来のビジョン，そのビジョンへのまちの人々の合意，その実現のためのマーケティング戦略が重要であるが，それらを誰が行うのか，つまり，誰が地域のマーケターとなるのかを本節では考えていく。

　営利企業が製品やサービスのマーケティングを行う場合，主体は企業であり，市場は標的とされた消費者や顧客，マーケティングの客体は製品やサービ

スと捉えることができる。そして，マーケティングの客体である製品やサービスは，販売される前までは，企業のものである。しかし，地域をマーケティングの客体と捉える場合，地域が提供するものは非常に多岐にわたる。住民にとっては居住・生活の場であり，企業にとっては生産活動の場であり，観光客にとっては観光の場である。同じ地域が，さまざまなベネフィットを提供しているのであり，それによって，地域にとっての顧客も多岐にわたっており，さらに，マーケティング主体という面でも，難しい課題がある。それは，「地域は誰のものか」という問題に通じるものである。その意味で，行政だけでなく，市民や地元企業などさまざまな構成員からなるマーケティング主体としての組織づくりが必要となる。

　これは，その地域が，1つの観光地や商店街の一画から，1つの観光地全体や商店街全体，あるいは中心市街地全体，さらには市町村レベル，都道府県レベルと広域になるにつれて，利害関係者も多岐にわたり，さまざまな関係団体を含む組織づくりや官民の協力が必要になる。

　しかしながら，彼らをまとめ，同じ目標を設定し，地域全体を1つのグループとしてまとめていくのは，民間企業がマーケティングを行うよりもはるかに難しい。地域マーケティングにおいては，その主体の形成というレベルでも，企業のマーケティングと比べて困難を伴う。さらに，ターゲットの設定というマーケティングの基本も，地域マーケティングにおいては拒絶反応が示されることもある。ターゲットを設定するということは，ターゲットとしない層を設定するということでもある。平等や公正を重視する価値観が強い行政運営においては内部からの反発を受けることも予想されるし，住民誘致においては，誘致したい層に入っていない既存の住民層からは，自分たちのニーズが蔑ろにされる印象を受けるかもしれない。

　したがって，地域の将来ビジョンの策定やターゲットの設定を含めて，その実現のためのマーケティング戦略の策定は，地域住民や企業など，関係者の合意と協力を得ながら進めていかなくてはならない非常に長期的な仕事なのである。

ケースに学ぶ　千葉県流山市のDEWKS誘致

　地域のマーケティングを考える上で重要な点は，ターゲットの設定であろう。企業を誘致しようとするのか，住民を誘致しようとするのかによって，提供すべきマーケティング・ミックスは異なるのは当然であるが，住民誘致の場合でも，どのような住民を誘致しようとするのかによって，提供すべきマーケティング・ミックスは異なる。ここでは，千葉県流山市の取り組みを紹介しよう。

　流山市は千葉県北西部に位置し，東京から25キロの距離にあり，特色の少ない，知名度の低い街であった。しかし，民間シンクタンク出身の井崎義治氏が市長に就任後，2003年10月にマーケティング室を設置，2004年4月には自治体（市町村）では日本で初めて，マーケティング課を設置し，住民誘致や街のブランディングに取り組んできた。その結果，2016年4月時点で17万7000人と2003年に比べて2万5000人も人口を増やしており，中でも30代の若いファミリー世帯が増えている。このような成果は，2005年8月に「つくばエクスプレス」が開通したことで，都心から移動する際の所要時間が20〜25分に短縮されたことが大きく影響していることは間違いないだろうが，それに加えて，市の取り組みも大きく貢献している。

　流山市はもともとゆったりとした戸建て住宅が多く公園や緑地などの緑化資源も豊富であり，つくばエクスプレスの開通により都心にも近くなったことで，都心に勤務する子育て世帯にとって最も魅力的な環境となった。そのため，住民誘致のメインターゲットを共働きの子育て世帯であるDEWKS（Double Employed With Kids：デュークス）に設定し，街のブランドイメージを「都心から一番近い森の街」と設定し，DEWKSに選ばれる街になるために，比較的高級な住宅を整備し，子育て・教育環境の改善に力を入れてきた。許認可保育園の新設・増設により，定員数を大幅に増やしている他，2007年からは「送迎保育ステーション」を始めている。市内2ヵ所の駅前に送迎保育ステーションがあり，一時預り施設を併設しているため，親は通勤時に合わせて駅前のステーションに子供を預け，会社からの帰宅時にステーションで子供の帰りを待つ仕組みである。駅前のステーションと各保育園の間の送迎を，登録すれば1日100円で行政が行ってくれる。駅周辺の保育園は倍率が高く，駅周辺に住んでいながら郊外の保育園に入れざるを得ないこともあり，そうした世帯にとって非常に価値あるサー

ビスである。

　また，教育面でも国際化に対応するため，ALT（外国語指導助手）を全8校に配置し，小学校でもネイティブのスーパーバイザー（小学校英語指導員）3名が全15校をサポートしている。

　そして，こうした取り組みが軌道に乗ると，「母になるなら，流山市。」といったキャッチコピーの入ったポスターを東京メトロ・表参道駅や銀座駅など都内の主要駅に2010年から年1度張り出すイメージ広告も行い，都心に勤務する若い子育て世帯に訴えてきた。つまり，ターゲットにとって魅力的なプロダクトを整備し，それをターゲットに向けてプロモーションすることで，ターゲット層の人口増加につなげてきたといえる。

　しかし，ターゲットを設定することは，ターゲットとしない層を設定することでもあり，これらの取り組みは当初は市役所内の反発があったという。そのような中で取り組みを継続し成果をあげるためには，トップの強いリーダーシップは不可欠であろう。

【参考文献】

東徹（2001）「地域マーケティングの意義と課題」廣瀬牧人他編『地域発展戦略へのアプローチ』泉文堂，pp.143-156.

池尾恭一・青木幸弘・南知恵子・井上哲浩（2010）『マーケティング』有斐閣

小原博（2004）『マーケティング』新世社

衣川恵（2011）『地方都市中心市街地の再生』日本評論社

萩原誠司（2013）『コンベンションビジネス　未来を拓くナレッジパワー』ダイヤモンド社

Kotler, P. (1972) "A Generic Concept of Marketing", *Journal of Marketing*, Vol.36. (April) pp.46-54.

Kotler, p., Haider, D.H. and Rein, I. (1993) *Marketing Places: Attracting Investment, Industry, and Tourism to Cities, States and Nations*, Free Press.（井関利明監訳，前田正子・千野博・井関俊幸訳『地域のマーケティング』東洋経済新報社，1996年）

Kotler, P. and Armstrong, G. (1994) *Principles of Marketing*, 12th edition, Prentice-Hall.（和田充夫・青井倫一訳『マーケティング原理』ダイヤモンド社，1995年）

北海道伊達市ウェブサイト　http://www.city.date.hokkaido.jp/　2014.3.10アクセス

黒壁スクエアウェブサイト　http://www.kurokabe.co.jp/　2014.3.10アクセス
千葉県流山市ウェブサイト　http://www.city.nagareyama.chiba.jp/　2014.3.10アク
　　セス

第3章
「まち」の捉え方と商店街

はじめに

● 平仮名の「まち」の定義を取り上げながら，商店街の社会的機能について考察する。

● 1998年以降，中心市街地活性化法に代表される地域商業振興政策の限界を明らかにしながら，今日商店街における解決すべき問題について考察する。

● まちづくりの一環として行う商店街活性化の取り組みに必要な考え方を取り上げる。

1.「まち」の概念と商店街の社会的機能

　近年，日本において「まちづくり」という表現はさまざまな場面で使用されており，地域住民や行政関係者にも新しいビジョンを暗示する響きを持っている。たとえば，都市計画関係の分野で用いられている「まちづくり」という表現は道路整備を中心とした区画整備に重点がおかれている。また，福祉関係の分野で用いる「まちづくり」という表現は高齢者に対する公的な支援とそれを支える組織の体系化などに関連している（石原 2010, p.13）。特に，ほとんどの地方都市では「まちづくり」という表現をキーワードに，中心市街地に立地する商店街を整備・活性化させ，まち全体を活気づけようと取り組んでいる。現に，これほど多様な分野で「まちづくり」という表現が用いられているが，未だに平仮名の「まち」に関する明確な捉え方は見当たらない。事実，今でも漢字を用いた「街づくり」，「町づくり」という表現が多様な場面で使われている。

　そこで，2007年に筆者が独自に定義し発表した平仮名の「まち」を取り上げ，中心市街地と商店街の関係をみながら，中心市街地において中心的な存在である商店街が果たした社会的機能について述べる（李2007）。

(1) 平仮名の「まち」とは，

　地方自治法では，**市**となるべき普通地方公共団体は①人口5万人以上，②中心市街地の戸数が全戸数の6割以上，③商工業などの都市的業態に従事する世帯人口が全人口の6割以上，④他に当該都道府県が条例で定める要件を満たすことを条件としている（小六法2005, p.215）。しかし，多くの地方都市において人口が減少し，高齢化が進むなか，地域住民の生活圏が中心市街地から郊外へと移り変わりつつある現状を考慮すると，①と②の条件を満たす市は少ないだろう。つまり，法律で定めた都市としての「市」の定義と現実の「市」の実態が大きく乖離しており，都市という概念を把握する上でやや異質に感じられる。

　このような状況を踏まえて，日本語の「都市」，「**街**」，「**町**」の意味を明確化して行きたい。講談社の『類語大辞典』によれば，「都市は商業・文化の中心地で人口の多い地。町は，人が多く集まっている地域。街は，商店などが密集し，人が多く集まる地域」と記されている。また，武部良明によると，「街」は店などが道に沿って並んでいる所（Street）で，「町」は人の住む家が集まっている所（Town）と明確に定義している（武部1976, p.359）。一方で，英語のTownとStreetの意味を索引してみると，Streetは「通り」，「街路」，「街」という意味で町中の両側に建物が立ち並んだような道を指し，歩道，車道の両方を含むと説明されていて，日本語の商店街は「a Shopping Street」と表されている。また，Townは「町」，「都会」，「都市」という意味で，Village（村）より大きくCity（市）より小さいところであると説明されており，アメリカにおいて人口1万人以下の小都市は「a Small Town」と補助的な説明が付け加えられている。そして，「都会」を意味するTownのなかには，商業地区，繁華街の意味が含まれていると示されている（ジーニアス英和大辞典2001）。つ

まり，TownはStreetを包含しているため，上位概念として位置づけられると
いえよう。

　このような捉え方により，「町」と「街」は両方とも平仮名の「まち」とし
て解釈されることから，平仮名の「まち」はTownとStreetの両方の意味を包
括されていると見なされ，このことから「人が密集して住み，働き，遊ぶ」こ
とによっていつも人々が集う場所と定義づけられる。すなわち，平仮名の「ま
ち」とは都市の規模を問わず，広義な意味での「都市」と見なすことができよ
う。その他方で，都市という文字は「都（ミヤコ）」と「市（イチ）」という2
文字で構成されているが，都は政治・文化を，市は商業を表す意味を持つた
め，比較的中心市街地をイメージさせる言葉であるといえよう。先述したが，
平仮名の「まち」は広義な意味で用いられる「都市」であるため，中心市街地
をも含まれる。つまり，平仮名の「まち」には政治・文化・商業機能が集積
し，人々が日常生活を送る場所であると位置づけられる（李2007）。

　このような捉え方は，1998年6月に示された「中心市街地における市街地
の整備改善及び商業等の活性化の一体的推進に関する基本方針」においても示
されており，政府は「商業，業務，居住等の都市機能が集積した地域」と位置
づけている。さらに，その方針の中では**中心市街地**を「人が住み，育ち，学
び，働き，交流する生活空間」として重要な存在であると位置づけており，中
心市街地に立地する商業集積は，商業機能のみならず地域コミュニティの場と
しての機能を有していることから，中心市街地の商業全体を面的に捉えてその
活性化を図ることが重要であると説明している（総務省2004）。つまり，地域
の商店街は買い物の場所であると同時に，暮らしの広場，交流の場でもあると
いえよう。このような解釈により，政府は商店街を地域住民がより充実した生
活を実現するコミュニティであると見なしたのである。

（2）中心市街地における商店街の社会的機能

　実際に，**商店街**は今まで流通経済機能だけではなく，社会的機能も果たして
きた。森淳一は，商店街はただの物品販売の場所ではなく，「人々が商品を媒

介にして『つどいあい』，多様なコミュニケーションを行ってきたコミュニティであった。つまり，物の価値と結びついた情報交流が生れ商業文化が栄えた」場所であると指摘している（森 1981, p.129）。要するに，森は商店街を商業文化の発祥地として評価し，単なる都市施設の一部としての規定ではなく，まさに都市や地域を代表する「顔」であり「イメージ」であり，生活文化を反映する場所として捉えたのである。この見解は，商店街を伝統文化の保持・継承者として見なし，社会的機能のなかでも文化的機能を遂行することで，その地域の独自性が守られると唱えたのである。また，田中道雄は「過去，商業に関する文化は商店街から生まれてきた。大阪のミナミや東京の銀座に代表されるように，新たな文化や風俗は商店街から生まれ育ってきた。それは，古くから商店街が単なる買物空間としてのみ存在していたのではなく，イメージ誘発性を内蔵した情報中心地としての役割をも果たしてきたからにほかならない」と述べながら，商店街における社会的機能をより強調したのである（田中 1995, p.63）。

　以上のように，これらの既存研究は商店街を都市の一部として見なし，流通経済的機能のみならず，社会的機能の重要性を説いている。これは，まさに前項で定義づけた政治・文化・商業を媒介とする「ま・ち・」であり，商店街の「街」は平仮名の「ま・ち・」としての意味を内包している。

　一方，時を同じくして今の経済産業省の前身である通商産業省（通産省）は『21世紀に向けた流通ビジョン』を発表し，商業を「まち」の核として位置づけるとともに，商業に期待される役割として10項目を提示した。そのなかで，「①高齢化社会等への対応」，「②環境問題，景観保全への対応」，「③地域の伝統文化の保持・振興」，「④新たな技術に対応した地域社会の情報提供の場としての役割」，「⑤災害への機動的な対応」などは商店街に求められる役割である（通商産業省産業政策局 1995, pp.115-118）。このように，商店街は一体的な商業施設の範囲を超えた機能を果たしていることが明確である。田村明は文明評論家ルイス・マンフォードの話を用いて「マチは，異なる人と物と情報を繋ぎ合わせる人類の発明した素晴らしい装置だが，その中心は開かれたイチだっ

た」（田村 2005, p.30）とし，商店街における集客能力の重要性を示した。だからこそ，通産省は前述したような見解を示し，まち全体を活気づけるため，中心市街地に立地する商店街を再生・活性化することを奨励したのである。しかしながら，現在までのところ商店街の活性化に成功し，まち全体が活況を呈するようになったという真の成功事例は数少ない。その根拠は，後述するように公費の投入に対して，それに見合うだけのパフォーマンスが得られていないからである。

2. 商店街がかかえる問題

　現在，人口の減少や少子高齢化の進展，長期不況下での消費低迷，郊外大型店との競争の激化など，商店街を取り巻く諸環境は依然として厳しい状況で，地方都市を中心に，商店街の空き店舗問題が深刻化しつつある。たとえば，中小企業庁が2016年3月に発表した『商店街実態調査』によると，最近の景況に関する質問（有効回答数3,240件）では，「繁栄している」と答えた商店街が2.2％，「繁栄の兆しがある」と答えた商店街が3.1％であるのに対して，「衰退している」と答えた商店街が35.3％，「衰退の恐れがある」と答えた商店街が31.6％という結果が報告されている。実に，過半数以上の商店街が衰退ないし停滞している実態が判明した（中小企業庁 2016, p.10）。今まで政府をはじめ地元の商業者やその関係者は商店街を活性化させるためにさまざまな活動を行ってきたが，その努力も空しく，多くの商店街は窮地に立たされている。

　本節では，1998年7月に施行された中心市街地活性化法（正式名称「中心市街地における市街地の整備改善及び商業等の活性化の一体的推進に関する法律」，以下中活法とする）と2006年8月に施行された中心市街地活性化法（正式名称「中心市街地活性化に関する法律」，以下改正法とする）を振り返りながら，地域商業振興政策の問題点を明らかにするとともに，商店街が直面している本当の問題は何かについて考察していく。

（1）1998年以降の地域商業振興政策の限界

　地域商業は，中心市街地において人・モノ・情報などの交流の中核的担い手であるため，その空洞化は中心市街地全体の機能の衰退をもたらす。21世紀の活力ある経済社会を構築するためにも，中心市街地における商業・サービス機能の集積を図っていくことは，極めて重要な課題である。

　1998年7月に施行された**中心市街地活性化法**は，大規模小売業が郊外に立地されるのに伴い，中心市街地の衰退に歯止めをかけるのが目的であった（図表3-2を参照）。そのために，同法の制定に際しては商店街のなかでパワーのある小売店を育て，あわせてハードを整備するとともに，中心市街地を活性化させる狙いが打ち出された。そして，各市町村においてマスタープラン策定するとともに，総合的に中心市街地の再開発・運営・管理を行う「まちづくり機関（TMO：Town Management Organization）」の設置を義務づけた。**TMO**を設置するためには，市町村が基本計画を作成し，それに基づき地元の商工会議所や商工会，第3セクター（株主の2/3以上が中小小売業者などであること）などがまちづくりに関する活性化に向けた構想をまとめる。そして，市町村がTMOとして認定し，具体的計画（TMO計画）が国によって認めると，TMOは構想に基づいて補助金など財政面での支援が受けられる。TMOは，中心商業地を一つのショッピングモールとして整備し，その上で必要となる商店街などの合意形成や具体的なプロジェクトを運営・管理する役割を担うのである。支援措置としては，「①TMOによるキーテナント誘致のための施設整備・家賃補填などへの支援」，「②TMOの調整のもとで運営・実施されるソフト事業・施設整備事業に対する補助金の増額」などがある。また，どのようなプロジェクトを行うか，どのような機関を設置するかについて，市町村の自主性に基づき決定されるため，事業内容は多種多様であり，ある程度の自由度が保たれていた。

　ところが，中心市街地の衰退に歯止めをかけ，商店街の機能を回復させたという事例は少なく，地方都市においては「シャッター通り」と呼ばれる商店街が出現するなど，中心市街地の空洞化はますます加速する傾向がみられた。

2006年10月，会計検査院が発表した「中心市街地活性化プロジェクトの実施状況に関する会計検査の結果について」によると次の通りである。

（プロジェクト実施前1991〜1997年，プロジェクト実施後1997〜2004年）
- 商店数の推移
『プロジェクト実施前中心市街地▲1.20％（全国▲2.03％）』『プロジェクト実施後中心市街地▲4.50％（全国▲1.94％）』
- 年間小売商品販売額
『プロジェクト実施前中心市街地▲0.61％（全国▲0.63％）』『プロジェクト実施後中心市街地▲6.91％（全国▲1.46％）』
→全国平均と比較しても中心市街地における減少が目立つ。
- 空き店舗の推移：2004年度を比較して増加している地区が60.6％，逆に減少している地区が39.4％
- 歩行者通行量：同期間に平日通行量増加地区が18.3％，休日通行量増加地区が15.7％
→プロジェクト実施の効果は十分ではなかったといわざるを得ない。

（会計検査院 2006）

　このような結果の原因としては，長引く経済不況の下でまちづくりを牽引すべき自治体が税収減から財政の削減が迫られ，資金負担の重い市街地再開発事業に戸惑ったからである。また，地権者の合意形成の困難，リーダーシップを持った人材やまちづくりに詳しい専門家の不足も大きな問題であった。
　これに対して，2006年8月に施行された**改正法**は，中心市街地活性化を「総合的かつ一体的に推進する」と明記し，市街地の整備改善と商業等の活性化はもちろんのこと，「街なか居住」や「都市福利施設の整備」などの支援装置が追加された。そして，中心市街地活性化本部を設置するとともに，住民の意見をまちづくりに反映するため住民も参加する「中心市街地活性化協議会」の設置も義務づけた。また，自治体は，内閣府が管轄する中心市街地活性化本部が

定めた基本方針に従って基本計画を作成し，本部長である首相から認定を受けるという制度を整備した。なお，その基本計画には都市機能の増進，経済活力の向上等に関する具体的な指標（たとえば歩行者通行量や居住人口の増加，空き店舗率の改善等の具体的な数値目標）を提示するとともに，各種事業の計画期間を記載することが義務づけられた（南方 2012, p.86）。これによって計画が認定されると，財政支援はもちろんのこと，政府から税制優遇という手厚い支援が受けられることになる。

　しかし，このような政府の「選択と集中」を意識した支援は，高齢化や過疎化が進行している地方都市の問題にまで目が行き届いているとは言い難い。たとえば，2007年2月から2013年11月までの間，全国117自治体が策定した142計画が改正法の認定を受けたが，「人口規模が5万人未満（認定時点）のものは14市町」（中西 2014, p.100）に留まっている。

図表3-1　目標指標の達成状況（平成24年度フォローアップ）

【目標指標分野別の達成率】※達成率以外は認定指標数

	全体	通行量	居住人口等	販売額等	空き店舗等	施設入込数等	公共交通機関利用	その他
達成	26	10	3	2	1	6	0	4
未達成	69	21	14	12	7	11	2	2
全体	95	31	17	14	8	17	2	6
達成率	27%	32%	18%	14%	13%	35%	0%	67%

◀ 商業振興による活性

【取り組みの進捗状況と目標達成に関する集計結果】

	事業の進捗は順調	事業の進捗は順調ではない
目標達成	23指標【24%】	3指標【3%】
目標は未達だが，計画当初より改善	17指標【18%】	11指標【12%】
計画当初より悪化	27指標【28%】	14指標【15%】
計（取り組み順調率）	67指標【71%】	28指標【29%】

（出所）中西（2014），pp.100-101

　さらに，図表3-1のように内閣府が実施した追跡調査によると，「平成24年度末までに基本計画が終了した30の市町村において採用された合計95の目標

指標のうち，達成されたものは全体の約3割（27%）となっている。特に，販売額，空き店舗率等の『商業振興による活性化』に関する指標の達成率が低い傾向にある。一方で，事業の進捗状況は約7割が順調だとしていることから，当初計画されていた事業が数値目標の改善に必ずしもつながっていないことがうかがえる」と述べられている（中西 2014, p.100）。

　このように，図表3-1が示された2014年は，改正法が施行されてから7年が経過しているが，期待されたような成果は得られていない。同法で求めている基本計画の目標指標を達成するためには，適切なハード面における整備に加え，定期的なイベントの開催や販売促進事業などのソフト面における取り組みに力を入れる必要がある。また，改正法では国主導でこれらの活動をフォローアップし，PDCAサイクルに則ったマネジメントを機能させることが求められているが，中活法と同様に，マネジメントを担当する専門人材が不足しており，この問題を打開し，目標指標の達成率を高めていくためには，実現可能な事業から計画・実行するように人材育成を含めて指導していく必要がある。このような対応を講じれば，時間はかかると思われるが，自治体や中心市街地活性化協議会などが主体的な活動を通して，指標に応じた成果を収めることができるだろう。

（2）商店街の活性化に向けた課題

　本項では，中活法が施行された1998年以降に，商店街が直面している課題がどのように変化してきたかについて概観していく。図表3-2は，商店街における問題の変遷を示した表である。平成12年度の**商店街における問題**は微差ではあるが，高い割合で「大型店との競合」であったと回答した。しかし，平成15年度以降は「経営者の高齢化による後継者難」，「魅力ある店舗が少ない」，「集客力が高い・話題性のある店舗が少ない又は無い」といった問題が提示されており，大型店との競合といった外部的要因から内部要因にシフトしている傾向がみられる。

図表 3-2　商店街における問題の変遷

	1位	2位	3位	回答形式
平成12年度	魅力ある店舗が少ない（72.8％）	大型店との競合（72.3％）	商店街活動への商業者の参加意識が薄い（65.0％）	複数選択
平成15年度	経営者の高齢化による後継者難（67.1％）	魅力ある店舗が少ない（66.3％）	商店街活動への商業者の参加意識が薄い（55.7％）	複数選択
平成18年度	魅力ある店舗が少ない（36.9％）	商店街活動への商業者の参加意識が薄い（33.4％）	経営者の高齢化による後継者難（31.4％）	主なものを3つまで選択
平成21年度	経営者の高齢化による後継者難（51.3％）	魅力ある店舗が少ない（42.7％）	核となる店舗がない（27.2％）	主なものを3つまで選択
平成24年度	経営者の高齢化による後継者難（63.0％）	集客力が高い・話題性のある店舗が少ない又は無い（37.8％）	店舗等の老朽化（32.8％）	主なものを3つまで選択
平成27年度	経営者の高齢化による後継者難（64.6％）	集客力が高い・話題性のある店舗が少ない又は無い（40.7％）	店舗等の老朽化（31.6％）	主なものを3つまで選択

注：平成18年度以降は，回答数を3つまでに制限したため，4つ以上の選択が可能であった平成15年度以前の調査と比べ回答率が低くなっている。
（出所）中小企業庁（2016），p.12を基に筆者加筆

　2009年1月に発表された中小企業政策審議会中小企業経営支援分科会商業部会の答申によると，「商店街を構成する個店の活性化なくして商店街全体の活性化は実現できないことから，この観点に立った個店の活性化も取り進める必要がある」（中小企業政策審議会 2009, p.4）と明記されており，今後強化する必要がある事業としては「個店の改善や活性化事業」の必要性を指摘している。実際に，近年の日本における地域商業振興政策は，商店街を構成している多くの中小小売業に対してあまり目を向けられることがなく，商店街全体の活性化を優先する傾向が強かった。また，商店街全体の繁栄は個店の発展にもつながるという風調もみられた。
　しかし，今日では図表3-2に示されているように個店の衰退に関する問題が

提示されており，経営者の個人利益を重視する現実と組織に対する全体利益を優先する思惑が混在しているような状況が垣間見える。このような問題については，古くから商業研究においても指摘されてきた。

　木地節郎は，「集積の利益は集積体として受ける利益と集積を構成する個別経営が受ける利益に分けられるが，最終的には個別経営が受ける利益にならなければならない」（木地 1988, p.85）と指摘し，集積よりも個店の利益を優先する見解を述べた。さらに，「集積の構成条件には集積を構成する個別店の経営水準と集積体である商業集団の組織的運営の問題がある。個別店の経営水準については，その経営体質が企業的経営として強化され，高度の経営技術が導入されていることが必要であるが，さらにその基礎として商業者自身の意識が近代化していなければならない」と強調している（木地 1988, p.91）。木地の見解は，経営者の意識向上と自助努力が商店街活性化の必要条件であることを意味しており，商店街の活性化を図るためには，個店相互間の複雑な利害関係を調整しながら，個店の発展が商店街活性化につながるといった発想の転換を図る必要性について説明している。つまり，行政や商業者，地権者，地元住民との相互扶助を通して，個店と商店街の独自性や魅力が強調され，他の商業施設との差別化を図る戦略を検討していくべきである（李 2007）。

3.「まち」の顔としての商店街活性化のあり方

　中心市街地は単なる商業施設ではない。情報を交換する場所として人々を集め，また回遊させることが必要である。このような行動を引き出すためには，中心市街地をまちづくりの戦略的な拠点として，「点」から「面・空間」へ捉え直す必要がある。そして，中心市街地から「まち」全体に広がる動線を描き，商店街の活性化が「まち」全体の盛況にもつながるというビジョンを明確にしていかなければならない。このような発想が商店街や地域全体の活性化を図るためのまちづくりには欠かすことができない視座であり，まちづくりにおいてその方向を定める羅針盤となる。要するに，人口構成の変化，人口の移

動，生活スタイルの変化，消費行動の変化などを綿密に分析した上で，商店街
には「どういう店が必要なのか」あるいは「どういう施設が必要なのか」を立
案し，それに基づいて，道路の整備も含めて「まち」の構造を考慮していくべ
きである。たとえ，商店街を対象にしたまちづくりであったとしても，「まち」
全体の将来を見据えた中長期計画の下で，まちづくりを地域住民と一緒に考え
ていかなければない。

　さらに，1節で述べたように商店街は，「経済的な効果」だけではなく，「社
会的な効果」を生み出す存在であり，近年の少子高齢化社会のなかで，コミュ
ニティを支える役割が期待されている。倉持裕彌はこのような観点について次
のように述べている。

　「中小企業庁の報告書で語られる商店街が担うべき，コミュニティあるいは**コ
ミュニティ機能**は，核家族化が進む以前に地域社会が持っていた子育てや高齢
者介護などの機能，近隣との付き合いや支えないなどをイメージしている。そ
れが失われつつあるために，アソシエーションとしての商店街が意図的に機能
獲得し，コミュニティの機能を補完する役割を担うことで，地域社会における
商店街の存在価値を高めようとするところに，コミュニティと商店街の活性化
が結びつく」（倉持 2010, p.38）。

　ところが，日本において最初に商店街のコミュニティ機能について言及した
のは谷口吉彦であるとされ，1938年に出版された『配給組織論』のなかで，
商店街を社会経済学の一部門として位置づけながら，社会的機能（慰安化）に
ついて次のように述べている。

　「現代都市住民の主要部分を構成する俸給生活者および勞働階級は，その生産
生活において，不安にして不快なるビジネスを強制されつゝあるから，人生の
愉樂は之を全く消費生活に求めねばならず，従つて消費生活の一部としての買
物は，現代人にとつては一つの慰安または享樂である。ビジネスに疲れた心身

をもつて，更にビジネスとしての買物をなさねばならぬことは，現代人には一つの苦痛である。そこでせめて買物だけは，散策氣分で安樂に享樂したいのは，必然の要求である。百貨店があらゆる慰安設備に心を砕くのも同じ理由である」（谷口 1938，p.321）。

　筆者は，現代における商店街の活性化に際しても谷口が提示するようなコミュニティ機能を形成する必要があると考えている。かつて，商店街を構成する個店の経営者らはそれぞれの分野の専門家となり，消費者のよきアドバイザーとして大いに地域社会に貢献していた。つまり，旧来の商店街は情報の収集・伝達機能を有しており，コミュニティ機能は自然的に形成されていたのである。しかしながら，「まち」は，異質で多様な価値観を有する人々の集合体であるゆえに，そこに集まってくる人々の目的は必ずしも一致するものではない。したがって，情報収集や伝達といった役割を機能させることによって，さまざまなニーズやウォンツをもつ多様な消費者へのきめ細かな対応が可能となり，満足度を高めることによって，さらに多くの来客を呼び寄せることができる（李 2007）。

　このような波及効果を引き出すためにも，地方都市が直面している諸問題に対して，取り巻く環境の変化を分析しながら，地元住民を含む関係者らがその解決策を協議・実践する必要がある。そこには，「都」という字が意味する「政治」活動から「文化」を創造するような活動に発展させていくことが求められる。このような活動を展開していくためには，同異業種間の交流や産学官協同といった組織間ネットワークを形成し，情報を交換していくことが求められるとともに，保有する資源を相互に結び付けながら，まちづくりに足りない資源を補完し合うという関係構築が望まれる。東京都大田区や大阪府東大阪市などの機械工業集積地で，互いに競争しながら技術の専門化を進め，また集積内の分業を通して技術補完をしたように，商店街においても情報交換を媒介にしながら，革新を起こすことが地域の活性化につながるのである。

ケースに学ぶ フランスナント市の文化創造による まちの活性化

　ナント市は，ブルターニュ（Bretagne）地方の南東部に位置し，ロワール・アトランティック県（Loire Atlantique）の県所在地である。また，フランス西部地域の最大都市で，国内の6番目の都市である。同市の地形は筆者が暮らしている石巻市と多少似っており，市街はロワール川によって南北に分かれ，川の中には「ナント島」と呼ばれる中瀬が浮かぶ。また，複数の川や運河が合流する地点に中心市街地が位置するが，大部分の運河は20世紀初頭に埋め立て，あるいは暗渠化されたという。

　ナント市は，古くから大西洋の玄関口として造船業をはじめとした工業と交易の都市として発展してきた。しかし，1970年代以降工場や港の移転，さらに国際競争の激化などによって，その多くが廃業に追い込まれ同市の経済は難局に陥ったのである。そして，地域経済の再生を目的に，1990年代以降当時の市長ジャン・マルク・エロー（Jean Marc Ayrault）氏の強力なリーダーシップの下で，文化を柱とした都市再生のためのプロジェクトが実施された。この活動には，市職員のみならず多くの市民や団体を巻き込んで行い，現在のような「文化都市」として蘇らせるのに成功したのである。その結果，今日ヨーロッパの中でも最も注目を集める都市の一つとして評価されている。たとえば，2001年，ナント島を同市の新たな文化拠点とすべく再開発が始まったが，その中心的な役割を果たしたのは技術者や彫刻家，建築家，クリエーターなどの人々が集まって立ち上げた団体

（機械の像に乗ってマシン・ド・リル（Les Machines de l'île）の工房を見学する様子）
（筆者撮影）

「ラ・マシン（La Machine）」である。同団体はナント島にある旧造船所の跡地に工房を新設し，機械仕掛けのアトラクションを制作・展示して，大人も子供も夢のような一時を楽しめる空間を作り出したのである。現在，この場所はナント市の新たな観光地として国内外から多くの人が訪れており，連日賑わいを呈している。

ディスカッション・トピックス

① 地方行政が刊行する調査報告書またはWebサイトで公開している統計資料を用いて，地元あるいは最寄りの商店街が繁栄した時の業種・業態を調べて，現在の状況と比較してみよう。そして，激減もしくは消滅してしまった業種・業態を明らかにし，その原因を探ってみよう。
② 各市の歴史を紹介する刊行物には，決まって昔栄えた中心市街地に立地する商店街の写真や絵などを添えている。これを参考に，当時商店街が賑わっていた背景を調べるとともに，商店街が果たした役割について議論してみよう。

【参考文献】

李東勲（2007）『経営目的から見る小零細小売業の課題』専修大学出版局

石原武政（2010）『まちづくりを学ぶ―地域再生の見取り図』有斐閣

会計検査院（2006）『中心市街地活性化プロジェクトの実施状況に関する会計検査の結果についての報告書（要旨）』
http://www.jbaudit.go.jp/report/zuiji/pdf/h18/request_h18.tmogai.pdf 2016.5.10アクセス

木地節郎（1988）『商業集積の立地―小売商業集積の成立と形成―』啓文社

倉持裕彌（2010）「商店街とコミュニティ―商店街活性化の視点から―」TORCレポート，No.33，pp.37-46

小西友七・南出康世編（2001）『ジーニアス英和大辞典』大修館書店

菅野和夫・江頭憲治郎・小早川光郎・西田典之編（2005）『小六法 平成18年版』有斐閣

総務省（2004）「中心市街地の活性化に関する行政評価・監視結果に基づく勧告」
http://www.soumu.go.jp/menu_news/s-news/daijinkanbou/040915_1_2.pdf

　　2016.4.1アクセス

武部良明（1976）『漢字の用法』角川書店

田中道雄（1995）『商店街経営の研究―潮流・変革・展望―』中央経済社

谷口吉彦（1938）『配給組織論』千倉書房

田村明（2005）『まちづくりの実践』岩波書店

中小企業庁（2016）『平成27年度商店街実態調査報告書 概要版』㈱アストジェイ

中小企業政策審議会中小企業経営支援分科会商業部会（2009）「地域コミュニティの
　　担い手」としての商店街を目指して―様々な連携によるソフト機能の強化と人
　　づくり」
　　http://www.chusho.meti.go.jp/koukai/shingikai/shogyo/2009/download/090130
　　Shiryou5.pdf　2016.2.17アクセス

通商産業省産業政策局・中小企業庁編（1995）『21世紀に向けた流通ビジョン』通商
　　産業調査出版部

中西信介（2014）「中心市街地活性化政策の経緯と今後の課題―中心市街地の活性化
　　に関する法律の一部改正する法律案―」立法と調査，No.351，pp.97-111

南方建明（2012）「地域商業振興政策変遷の歴史―社会的有効性とまちづくりを中心
　　として―」大阪商業大学論集，第7巻第3号，pp.73-88

森淳一（1981）「商業文化の復権」名東孝二編『生活者経済学の提唱』合同出版

第4章 ブランド

はじめに

- ブランドは「ベネフィットの束」といわれている。つまり，ブランドは顧客にとって利便性が高く，有益なものでなければならない。
- 顧客に支持されているブランドは，ディスカウントしなくても，広告経費を掛けなくても売れ続ける。ブランディングに際しては，マーケティングにおいて顧客に支持される価値を創出していくことが求められる。
- ブランドに関する歴史的な変遷について理解しながら，現代的なブランドの概念やブランディングの手法について考察する。

1. ブランドの概念

ブランドという語句は，「焼き印を押す」という意味を持つノルウェーの古ノルド語（Brander）から派生した言葉であるといわれており，自分が所有する家畜などに印をつけ，他人のものと区別・識別するための手段として用いられていた。その後，中世ヨーロッパにおけるギルド社会では，商業ギルドが品質を保証するための手段としてブランドを適用していた（小川 1994）。現代でもウイスキーの樽に焼印をつけたり，ワインの瓶にワックスキャップ（ロウによる封印）を施したりするが，このような行為はこの時代に確立された慣わしであると考えられる。つまり，旧来のブランドは類似品や紛い物との違いを明確にするための**標識性**（出所表示）や**保証性**を創出するために使用されていたのである。

　ブランドの意味や考え方が大きく変化したのは，1990年代に入ってからである。ブランドを企業が持つ**無形資産（ブランド・エクイティ）**と位置づけたD.A.アーカーは，後のブランドやマーケティングに関する考え方に大きな影響を与えた。アーカーは，ブランドについて「ある売り手あるいは売り手のグループから財またはサービスを識別し，競争業者のそれから差別化しようとする特有の（**ロゴ，トレードマーク，包装デザイン**のような）名前かつまた**シンボルである**」と定義しつつ，ブランド・エクイティを「ブランドの名前やシンボルと結びついた**ブランドの資産（あるいは負債）**の集合であり，製品やサービスの価値を増大（あるいは減少）させるもの」と説明している（Aaker 1991；邦訳書pp.20-23，Aaker 1996；邦訳書pp.9-11）。ブランド・エクイティに関する解釈については，さまざまな論者が多様な見解を発表しているが，アーカーの説明によれば，ブランドの構築に成功すると他社製品との差別化を図ることができ，さらにブランドを有することが資産価値（無形資産）の保有につながるということになる。

　1990年代にブランド・エクイティの概念が広がった後，多くの研究者や実務家が価値形成や顧客の視点を踏まえたブランドの定義や考え方について論じるようになった。鳥居は，「ブランドとは消費者が他社とは違う特徴と価値を認め，継続的に購入利用する意向のある顧客を持った商品やサービス」（鳥居 1996, p.62）という定義を述べている。D.E.ナップは，「顧客や生活者に認識された**情緒的・機能的ベネフィット**がもたらす印象の蓄積が，『こころの眼』の中でとんがった位置を占めること」（Knapp 2000；邦訳書p.36）という見解を述べている。

　その一方で，ブランドとマーケティングの関係性を踏まえた見解も増えてきた。田中は「ブランドとは，『**ブランドロイヤルティ**』ということばが象徴しているように，マーケティング活動にとって『製品が売れ続ける』ことを支える仕組みなのである」と述べながら，マーケティング活動との関係性を重視することや顧客にとっての**ロイヤルティ**（忠誠心）を醸成する必要性について強調している（田中 2002）。また，青木・恩蔵も「われわれが，通常，『製品ブ

ランド』と呼ぶものを捉え直すと，それはブランド要素によって識別・差別化され，かつ，マーケティング活動によって，その意味や価値が明確化された『ブランド化された製品』とでも呼ぶべきものにほかならない」（青木・恩蔵 2004, p.20）と述べつつ，商品に付与される価値のあり方やマーケティング活動との関係性について説明している。

　K.L.ケラーが，「ブランドのパワーと究極的な価値は，顧客によって決まることを認識しなければならない」と述べているように，近年のブランドは，言葉の起源となった商標や記号といった標識性機能や保証性機能の意味合いを超越し，「消費者の評価やイメージによって成立するものである」（Keller 2003；邦訳書p.79）という解釈が一般化しつつある。ブランドの構築に際しては，現代的なマーケティングで重視されている価値形成のあり方を十分に検討していかなければならない。

2. ブランド・アイデンティティ

　ブランド・エクイティを提唱したアーカーは，「ブランド・エクイティ戦略」（Aaker 1991）の続編となる著書（Aaker 1996）において，ブランド構築に際してブランド・アイデンティティを創出する必要性について述べている。ブランド・アイデンティティは，ブランド・エクイティを構成する1つの要素であり，ブランド・コンセプトとともに，ブランド連想の内容構造に位置づけることができる（和田 2002, p.51）。アーカーは，ブランド・アイデンティティについて「ブランド戦略策定者が創造したり維持したいと思う**ブランド連想**のユニークな集合である。この連想はブランドが何を表しているかを示し，また組織の構成員が顧客に与える約束を意味する」，「ブランド・アイデンティティは，機能的便益，情緒的便益，**自己実現的便益**を含む**価値提案**を行うことによって，ブランドと顧客との関係を確立するのに役立たなければならない」（Aaker 1996；邦訳書p.86）と説明している。さらに，「ブランド・アイデンティティを豊かで深みを持つものにするためには，企業はブランドを，①製

図表4-1　ブランド・アイデンティティ

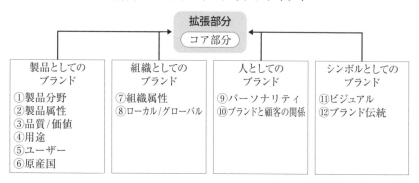

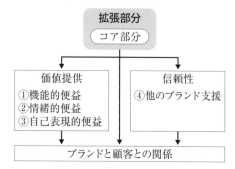

（出所）Aaker (1996)；邦訳書 p.98

品，②組織，③人，④シンボルと見なすべきである」と説明しながら，図表
4-1のように**ブランド・アイデンティティ・システム**という考え方を提示して
いる（Aaker 1996；邦訳書 p.97）。

　マーケティングの研究者として有名な P. コトラーも，「優れたブランドは，
合理的ベネフィットだけでなく**感情的ベネフィット**をももたらしてくれる」，
「ブランドが成功を収めると，ほかの製品にも同じブランド名を使いたくなる
ものである」（Kotler 2003；邦訳書 p.26）と述べつつ，アーカーが提示したブ
ランド・アイデンティティ・システムと同様の見解を論じている。

　アーカーは，「ブランドは製品以上のものである」と説明しつつ，「製品とブ

ランドの区別に失敗すると，製品属性に執着するわなに陥る」（Aaker 1997, p.92）と説明している。ブランドの構築に際しては，「良いモノは売れる」という**プロダクト・アウト**の発想を見直し，ブランド・アイデンティティ・システムを構成する諸要素を積極的に検討していかなければならない。

3. ブランドの価値

　AMA（米国マーケティング協会）が発表している「**マーケティングの定義**」（New Definition of Marketing）でも述べられているように，近年のマーケティング論では，客観的視点に基づく価値形成のあり方がとりわけ重視されている（American Marketing Association 2008）。このように，価値形成・価値伝達のあり方が重視されている近年のマーケティングおよびブランドの概念を考慮すると，マーケティングとブランドは表裏一体の関係にあり，ブランドはマーケティング活動の成果によって構築されるものであると解釈することができる。**マーケティング・ミックス**の観点についても，R.F. ラウターボーンが提唱した4C（4Cs：Customer Value＝顧客にとっての価値，Customer Cost＝顧客の負担，Convenience＝入手の容易性，Communication＝コミュニケーション）のように，顧客視点（**マーケット・イン**）の発想重視に転換していかなければならない（Schultz 1993）。

　近年のブランドを対象とした研究では，ブランドに付与すべき価値について述べられている。和田は，ブランドに付与すべき価値について，**基本価値**（製品の品質そのもの），**便益価値**（製品の購買・消費にかかわる内容），**感覚価値**（楽しさ，美しさ，心地よさなど），**観念価値**（ノスタルジー，ファンタジーなど）という**ブランド価値**を提示している。和田は，「真の意味でのブランド価値は，基本価値や便益価値を超えた観念価値と感覚価値にある」と述べながら，買い手の**自己関与度**が高い（売り手が関与しにくい）観念価値と感覚価値が形成されることによってブランドの価値が高まることを説明している（図表4-2）。

図表4-2　製品の価値構造と形態

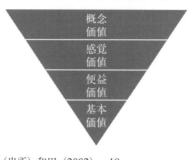

概念
価値

感覚
価値

便益
価値

基本
価値

（出所）和田（2002），p.19

　一方，MOT（Management of Technology）の研究者である延岡健太郎は，商品が持つ価値を「機能的価値と意味的価値の合計」と位置づけながら，それぞれの価値を次のように述べている（延岡2010）。

- **機能的価値**：商品が持つ基本機能により直接的にもたらされる価値である。つまり，商品の機能やスペックから客観的に決まる部分が機能的価値である。
- **意味的価値**：特定の顧客が商品の特徴に関して主観的な解釈や意味づけをすることによって創りだされる価値である。

　機能的価値とは，商品が持つ基本機能により直接的にもたらされる価値であり，機能とは商品そのものに特性として備わった働きである。商品に付与する機能はブランドの価値の源泉になると考えられる。つまり，機能的価値は「モノ」に関する価値であるといえる。一方，**意味的価値**は商品・サービスに対して顧客が感じた「コト」から生じる価値といえる。

　近年，**経験価値**という概念が注目されている。B.J.パイン・J.H.ギルモアは，経験を第4の経済価値と位置づけながら，「経験を買う人（ディズニー風にいえばゲスト）は，ある瞬間やある時間に企業が提供してくれる"コト"に価値を見出す」（Pine・Gilmore 1999；邦訳書pp.28-29）と述べている。また，B.H.シュミットは，経験価値を「製品やサービスそのものの持つ物質的・金銭的な価値ではなく，利用経験を通じて得られる効果や感動，満足感といった心理的・感覚的な価値」と位置づけながら，SENSE（**感覚的経験価値**：五感を

通じた経験)，FEEL（**情緒的経験価値**：顧客の感情に訴えかける経験)，
THINK（**創造的・認知的経験価値**：顧客の知性・好奇心に訴えかける経験)，
ACT（**肉体的経験価値とライフスタイル**全般)，RELATE（**準拠集団**や**文化**と
の関連づけ）という価値次元を提示している（Schmitt 1999)。

　それぞれの見解を照らし合わせてみると，和田が説明する感覚価値・観念価
値は，延岡が説明する意味的価値やパイン・ギルモアらが説明する経験価値と
共通している部分が多い。著名なブランド品についても，リピーターが多い
テーマパークにしても同様であるが，ユーザはその対象を単なるモノや場所と
捉えてなく，モノや場所といった認識を超越した感覚で価値を享受している。
感覚価値，観念価値，意味的価値，経験価値は，買い手側の関与が高く，顧客
の心象に基づいて形成されるため，売り手側が容易に形成できるものではな
い。しかし，真の意味でのブランドを形成していくためには，モノそのものの
価値に加え，ブランドのイメージや意義（つまりコト）を演出し，買い手側に
伝達していかなければならない。なお，本章では，製品がもたらす基本価値，
便益価値，機能的価値を「モノに関する価値」と表現し，顧客が抱く情緒的な
価値（感覚価値，観念価値，意味的価値，経験価値）を「コトに関する価値」
と表現する。

4. ブランドの構築

　ブランドを構築していくためには，顧客に価値が認められることを必須要件
と位置づけるのであれば，製品開発の段階から流通，販売に至るまでの価値伝
達の仕組みを構築していく必要がある。また，買い手側の関与が高い価値（観
念価値，感覚価値，意味的価値，経験価値）を形成していくためには，顧客と
の関係構築を意識していくことが求められるだろう。

　ケラーは，顧客視点に基づくブランド・エクイティ（Customer-Based
Brand Equity：CBBE）について，「あるブランドのマーケティング活動に対
する消費者の反応にブランド知識が及ぼす差別化効果」と定義しつつ，ブラン

図表4-3　ブランド・ビルディング・ブロック

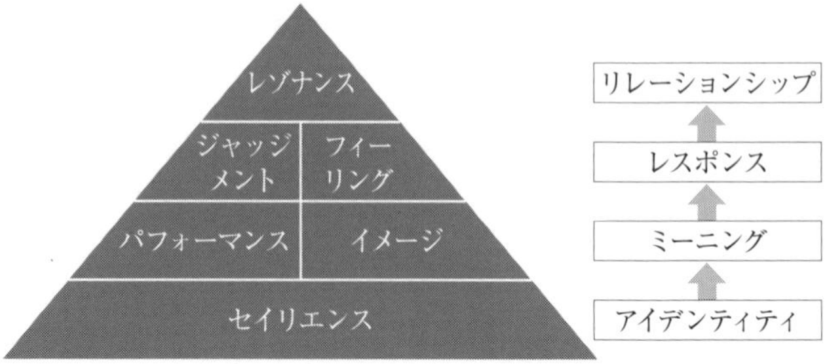

（出所）Keller (2008)；邦訳書p.68

ド・ビルディング・ブロックと称するブランド構築に向けた構造を提示している。そして，「ピラミッドの両側を上り詰めれば，最強のブランドが構築できる」（Keller 2008；邦訳書pp.66-68）と説明している。このブロックでは，ブランド・エクイティの創出に至るまでの流れとともに，4つの階層（ステップ），6つのブランド構築ブロック，各構築ブロックに応じた下位次元（属性やベネフィット，重要な観点，要素，タイプなど）が提示されている（図表4-3，図表4-4）。

図表4-4　ブランド・ビルディング・ブロックにおける下位次元

レゾナンス	
ロイヤルティ，愛着，コミュニティ，積極的な関わり	
ジャッジメント	フィーリング
品質，信用，考慮，優位性	温かさ，楽しさ，興奮，安心感，社会的承認，自尊心
パフォーマンス	イメージ
主要な成分とそれを補う特徴，製品の信頼性，耐久性，サービス性，サービスの効果，効率，共感，スタイルとデザイン，価格	使用者のプロフィール，購買状況と使用状況，パーソナリティと価値，歴史，伝統，経験
セイリエンス	
カテゴリー，アイデンティフィケーション，ニーズの充足	

（出所）Keller (2008)；邦訳書p.68をもとに筆者作成

　ケラーが提示した**アイデンティティ**（Identity），**ミーニング**（Meaning），

レスポンス（Response），**リレーションシップ**（Relationship）は，強いブランドを構築するための発展段階（ステップ）と位置づけることができる。一方，**セイリエンス**（Salience），**パフォーマンス**（Performance），**イメージ**（Imagery），**ジャッジメント**（Judgments），**フィーリング**（Feelings），**レゾナンス**（Resonance）は，各段階におけるブランディングの成果と位置づけることができる。

　第1段階のアイデンティティでは，ブランドらしさを創出する段階であり，ブランドの認知度を高めつつセイリエンス（突出性・顕現性）を確立することを目指す。この段階では，さまざまな購買・消費状況において，ブランドを構成する要素（ブランド名やロゴなど）が再認（認識したブランドを再認識すること），想起（認識したブランドを思い起こすこと）してもらえるかが重要な成果となる。

　第2段階のミーニングでは，ブランドに対するさまざまな連想を戦略に結びつける段階であり，顧客の心の中に生じたブランドを持つ・使用する意味を確立する段階である。この段階と次段階（第3段階）では，合理的なルート（左側の部分）と情緒的なルート（右側の部分）に分岐し，合理的なルートではパフォーマンス（性能），ジャッジメントというモノに関する価値の創出を，情緒的なルートではイメージ，フィーリングというコトに関する価値の創出を目指す。第2段階の合理的なルートに位置するパフォーマンスは，ブランドの製品・サービスなどの物理的な特徴に対する顧客の認識であり，ブランドに対する信頼性や独自性，機能性，サービス力といった価値を認識してもらうことが求められる。一方，情緒的なルートに位置するイメージは，顧客の心理的・社会的なイメージであり，個性や親近感，洗練性といった顧客の心層に潜む価値や購買・使用状況に関するイメージを正しく認識してもらうことが求められる。ケラーは，ブランド・イメージを創出する段階において，使用者のプロフィール，購買状況と使用状況，パーソナリティと価値，歴史・伝統・経験といった要素をブランドに結びつけることが重要であると説明している（Keller 2008）。

　第3段階のレスポンスでは，第2段階で形成されたブランドに対する連想を
もとに，親近感や肯定感など，顧客から適切な反応を引き出すことを目指す。
合理的なルートに位置するジャッジメントでは，品質，信用，考慮，優位性と
いった観点に対する評価を得ることが求められる。一方，情緒的なルートに位
置するフィーリングでは，温かさ，楽しさ，興奮，安心感，社会的承認，自尊
心といった情緒的・感情的な反応を得ることが求められる。

　第4段階のリレーションシップは，ブランドと顧客の関係性を構築する段階
であり，顧客から**ロイヤルティ**（忠誠心），愛着，コミュニティ，エンゲージ
メントといった観点に対する**レゾナンス**（共感）を得ることが求められる。本
章第1節で取り上げた概念のように，ブランド構築の目的を「売れ続ける仕組
みづくり」と捉えるのであれば，顧客との中長期にわたる関係構築は非常に重
要な意味を持つ。

　図表4-4で提示されている下位次元は，ブランド構築時における評価活動や
作業の進捗状況を確認するための**ベンチマーク**（どの段階まで構築作業が進展
したかという水準や指標）として利用することができる。アーカーは，ブラン
ド構築における評価活動について「顧客の満足と不満足に関する定期的なサー
ベイは，顧客がどのように感じているかを理解したり，製品やサービスを調整
するのに役立つ」（Aaker 1991；邦訳書p.69）と述べている。ブランドの構築
は，買い手の評価が成否の鍵を握るといっても過言では無い。顧客に対する評
価活動は，ブランド構築段階において定期的に実施していくべきである。

5. ブランド・ポジショニング戦略

　アパレルの分野において**セレブリティ**を対象としたブランドや若年層を対象
としたファストファッション・ブランドが存在するように，一概にブランドと
いっても高級志向のものから庶民向けのものまで実に多様である。ブランドの
構築に際しては，顧客の対象（**ターゲット**）を明確にする必要がある。しか
し，市場においては，同じ顧客層を対象に位置づけているブランドがいくつも

存在するものである。このため，他社ブランドとの間で明確な差異化を図ることができなければ，特別な価値を持たない**コモディティ**（大衆品）として認識されてしまう可能性も否めない。ブランドの構築に際しては，**ポジショニング**を行いながら，競合ブランドとの間で差異化・差別化を図っていくことが求められる。本節では，ブランドのポジショニング戦略について取り上げる。

　簗瀬は，「ブランド価値＝素材・技術価値×情報化価値×関係化価値」といったブランド価値を表す構成を提示しながら，ブランド価値形成のあり方について「製品やサービスそのものの価値」，「情報によって生み出される価値」，「商品やサービスの演出のされ方，その売られ方，期待，あるいは価格などによって形成される価値」を乗ずることによってブランド価値が形成されると述べている。さらに，「この3つの要素のウエートは，ブランドによって違ってくる。ブランドの持っている意味性，役割によって戦略的に決める必要があり，それによってマーケティング戦略は変わってくる」（簗瀬 2006, pp.35-37）と説明している。簗瀬が述べるようにマーケティング戦略においてブランドを構築していくことを視野に入れるのであれば，**STP**（Segmentation, Targeting, Positioning）を明確に位置づける必要がある。マーケティング戦略では，製品のコンセプトの検討に加え，市場を顧客別集合に細分化（Segmentation）し，製品，価格，チャネル，販売促進といった諸政策を展開しながらターゲットとなる顧客に製品の価値を訴求していくことが求められる。さらに，ターゲットとなる顧客を絞り込んでいく際には，市場における自製品のポジションを明確にしていく必要がある。簗瀬は，ブランド・マーケティングの基本戦略について，ポジショニング戦略（競合戦略），製品コンセプト戦略（製品戦略），**マーケット・セグメンテーション戦略**（ターゲット戦略），マーケティング・ミックス戦略（資源配分戦略，マーケティング諸手段への費用配分戦略）という4つの戦略を提示した上で，「すべてのマーケティング戦略を考える上で，先行してポジショニング戦略で大枠を決めなければならない」と述べながら，ポジショニング戦略を上位概念に据える重要性について説明している。

　また，L.B.アップショーは，「ブランド戦略の起源であり，ブランド・アイ

デンティティの最も重要な構成要素」と説明した上で，ブランド・ポジショニングの重要性について述べている。そして，包括的なブランド・アイデンティティは，ブランド名，マーケティングコミュニケーション，プロモーション（マーチャンダイジング），製品・サービスのパフォーマンス，販売戦略，ブランド・ロゴといったブランド要素と連携させることによって形成されると述べている（Upshaw 1995, pp.22-24）。ブランドのポジショニングについては，I.ムーティーも「何のためのブランドか（あなたのブランドの意味は?）」，「誰のためのブランドか（最も収益性の高いセグメントは?）」，「いつのブランドか（購買ないし消費が行われる時期は?）」，「誰に対抗するためのブランドか（ブランドのマインド・シェア，市場シェアを脅かす直接的ないし間接的な競合相手は?）」という検討事項を提起しながら，ブランドのポジションを明確にする必要性について説明している（Mootee 2005；邦訳書p.132）。一般的に，製品やサービスは，製品特性や対象顧客，生活様式などによって，購買層が異なるものである。近年では，市場環境の変化や顧客との関係を管理することがとりわけ重視されており，不特定多数の需要者の広がりを捉える市場の局面と特定の需要者との結びつきを捉える関係を明確に分類しながらマーケティング活動を展開していく必要性が叫ばれている。このような風潮を考慮すると，特定顧客の需要に着目し，需要に応じたブランド戦略を検討していくことはますます重要になると考えられる。

ケースに学ぶ　フランスの美しい村・ワンについて

　　フランスの自治体は，人口が500人未満のコミューンが988カ所も存在するなど，規模の小さな地域が少なくない。そうした条件下にあっても，地域の特色を活かす工夫が随所に見られる。たとえば，世界で最も美しい村連合会や世界で最も美しい湾クラブ，国際美食都市といった取り組みがその代表といえよう。ここでは，世界で最も美しい村連合会（http://www.lp-bvt.org/france/2018.11.26取得）についてみてみよう。

　フランスの最も美しい村の取り組みは，1981年にコロンズ・ラ・ルージュ市の市長チャールズ・セイラックが，フランスの村の非常に優れた遺産を保護し促進することに情熱を注ぎ，農村が存亡の危機から脱出するために行った提案をきっかけに始まった。2003年にフランス，イタリア，ベルギー各国の最も美しい村協会によって「世界で最も美しい村協会」が設立された。2010年に日本も参加している。

　世界で最も美しい村連合会は，高質な地域文化を堪能し，もてなしが感じられる世界へと導いてくれる。この貴重な地域に住む人々と共に，連合に加盟している各地域の協会は，自然，芸術，文化，あるいは料理の美味しさが広く共有されるように，各国の中で最高の村を選別している（佐々木茂「地域観光におけるDMOの戦略的位置づけ」『観光学研究第18号』，2019年，pp.1-12）。

　具体例として，フランス・リヨン市郊外のボジョレー地域にあるワン（Oingt）村を紹介したい。筆者がこの村を訪れたきっかけは，リヨン在住の長年の知人である畠山智博氏（Restaurant TOMOオーナーシェフ）のワインの買い付けに同行する機会に恵まれたことによる。

　同氏によると，ボジョレーは隣のブルゴーニュに比べると格は落ちるが，ブルゴーニュに接するボジョレー北部のワインは，クリュボジョレーと呼ばれ，昔から高い評価を受けているという。村の周りはほぼ全面がブドウ畑である。

　陶芸家の一人Annie D'Oreficeは村中の表札の制作も手掛け，これ自体も村の魅力の一つになっている。畠山氏がこの村を初めて訪れた際，家々にかかるこれらの表札に一目惚れし，リヨン市内に経営する3つのレストランの看板も彼女に依頼した。

　ワンを紹介するサイトによれば，黄金色に輝く石造りの村で，ローマ時代から中世にかけてソーヌ川とローヌ川の街道を守るために造られたとあ

る。現在の村の形は，13世紀に建てられた要塞がベースになっている。ワンの村には，画家，書道家，ジュエリーやステンドグラスのデザイナー，陶芸家，織物職，ワイン生産者など15人の職人やギャラリーオーナーがおり，彼らの洗練されたワークショップの存在が，さらに人々を魅了している。

　村の頂上からは，アゼルグの谷間やリヨンの山々，そして晴れた日には遠くのアルプスまで見渡せる素晴らしい景色が広がっている。サン・マチュー教会の旧チャペル・カストラルには，ワン家の顔を模した多色刷りの彫刻がある。また，この村は樽型オルガンと機械音楽でも注目され，国際フェスティバルにも力を入れている。ボジョレーは，その地質学的特異性から「ユネスコ世界ジオパーク」のラベルを世界で初めて取得したブドウ産地であり，遺産，ワインのテロワール，自然という豊かな資源に出会える地域である。110km以上ものハイキングコースを歩けば，地域の魅力を存分に楽しむことができる。さらに，ワンを拠点に，ビルフランシュ＝シュル＝ソーヌでボジョレーの中心地のルネッサンス時代の遺産を堪能したり，リヨンでグルメと文化の旅に出かけることもできる。

村の建物には，Annie D'Orefice制作の表札がかかる

リヨン市内の畠山氏のレストランにかかるAnnieの表札

【注】
本ケースで掲載している写真は，すべて畠山智博氏撮影（2021.04.08）。
【参考】
https://www.les-plus-beaux-villages-de-france.org/fr/nos-villages/oingt/

ディスカッション・トピックス

① ブランドとして知られている商品をいくつか提示し，その商品の「モノ」に関する価値と「コト」に関する価値について述べなさい。

② ブランディングにおいて，消費者の意見や反応について調査するとき，どのような方法で調査を行うべきであろうか。また，顧客との関係を構築するためには，どのような手法で顧客に歩み寄っていくべきであろうか。

③ ブランドを構築していくためには，かなりの時間を要する。しかし，ブランドは，企業などで不祥事が生じると一瞬で失墜する。ブランドが失墜した事例を提示し，不祥事が生じた背景や原因について述べなさい。

【参考文献】

Aaker, D.A. (1991) *Managing Brand Equity*, The Free Press.（陶山計介・中田善啓・尾崎久仁博・小林哲訳『ブランド・エクイティ戦略―競争優位をつくりだす名前，シンボル，スローガン』ダイヤモンド社，1994年）

Aaker, D.A. (1996) *Branding Strong Brands*, The Free Press.（陶山計介・小林哲・梅本春夫・石垣智徳訳『ブランド優位の戦略―顧客を創造するBIの開発と実践』ダイヤモンド社，1997年）

American Marketing Association (2008) The American Marketing Association Releases New Definition for Marketing.
http://www.marketingpower.com/AboutAMA/Documents/American% 20Marketing% 20Association% 20Releases% 20New% 20Definition% 20for% 20Marketing.pdf

Keller, K.L. (2003) *Strategic Brand Management And Best Practice In Branding Cases*, 2nd Edition, Pearson Education Inc.（恩藏直人研究室訳『ケラーの戦略的ブランディング』東急エージェンシー，2003年）

Keller, K.L. (2008) *Strategic Brand Management* 3rd Edition, Pearson Education Inc.（恩藏直人監訳，株式会社バベル訳『戦略的ブランド・マネジメント第3版』東急エージェンシー，2010年）

Knapp, D.E. (2000) *The Brandmndset*, BrandStrategy, Inc. Blackwell.（阪本啓一訳『ブランド・マインドセット―ブランド戦略の原則とその実践法』翔泳社，2000年）

Kotler, p. (2003) *Marketing Insight from A to Z; 80 Concepts Every Manager Needs to*

Know, John Wiley & Sons International Rights, Inc.（恩藏直人監訳・大川修二訳『コトラーのマーケティング・コンセプト』東洋経済新報社，2003年）

Mootee, I. (2003) *60-minute Brand Strategist*, John Wiley & Sons, Inc.（青木幸弘訳『60分であなたもブランド戦略家』宣伝会議，2005年）

Pine, B.J.II, Gilmore, J.H. (1999) *The Experience Economy*, Harvard Business School Press.（岡本慶一・小高尚子訳『［新訳］経験経済―脱コモディティ化のマーケティング戦略―』ダイヤモンド社，2005年）

Schmitt, B.H. (1999) *Experiential Marketing*, The Free Press.（嶋村和恵・広瀬盛一訳『経験価値マーケティング』ダイヤモンド社，2000年）

Schultz, D.E., Tannenbaum, S.T. and Lauterboen, R.F. (1993) *Integrated Marketing Communications*, NTC Business Books（有賀勝訳『広告革命米国に吹き荒れるIMC旋風―統合型マーケティングコミュニケーションの理論』電通，1994年）

Upshaw, L.B. (1995) *Building Brand Identity*；*A Strategy for Success in a Hostile Marketplace*, John Wiley & Sons, Inc.

青木幸弘・恩藏直人編（2004）『製品・ブランド戦略』有斐閣アルマ

小川孔輔（1994）『ブランド戦略の実際』日経文庫

鳥居直隆（1996）『ブランド・マーケティング―価値競争時代のNo.1戦略』ダイヤモンド社

延岡健太郎（2010）『価値づくりの技術経営―意味的価値の重要性―』一橋ビジネスレビュー（2010.SPR.），pp.6-19

簗瀬允紀（2006）『ブランドマーケティングマネジメント入門』創成社

和田充夫（2002）『ブランド価値共創』同文舘出版

第5章 地域産業

はじめに

● 日本の高度経済成長期を支えてきた地域産業は，海外製品との価格競争や流通構造の変化に伴い，収益性が低下する傾向が見られる。本章では，地方社会における地域産業の状況を把握する。

● 従来までの地域開発は，域外資本による外来型開発に依存してきた部分が大きい。しかし，近年は国際競争の激化に伴い，地方に進出した工場が撤退し，雇用機会が失われている状況も確認できる。地域産業の活性化をはかるためには，内発的発展の方策も検討していくことが求められる。

● 市場が成熟化し，国際競争が激化する今後においては，企業間や地域間競争がますます激化することが予想される。経営資源が限られている中小零細企業は同業種や異業種との連携体制を構築しながら，それぞれの強みを生かしたビジネスを開発していく必要がある。

1. 地域産業

地域産業という産業概念は，一般的に「特定の地域に立地，存在している産業」と解釈されるが，実のところ，その概念の意味は明確になっていない。地域産業と類似した言葉に地場産業という表現が存在する。地場産業の定義については，1985年（昭和60年）版中小企業白書において，「地元資本による中小企業群が一定の地域に集積し，原材料，労働力，技術等の地域内の経営資源を活用し生産・販売活動を行っている産業」と記されている（中小企業庁1985）。

　この定義は，ものづくりを担う製造業を中心に据えた表現になっているように思えるが，製造業を中心に考えてみても，その取引関係や**サプライ・チェーン**を考慮すると，地域には多様な産業が存在することになる。たとえば，食品製造業を想定してみると，原材料を生産する農業，水産業といった第一次産業に加え，卸売，資材包装，輸送といった業種も関連する。さらに，地域内部に対する流通や販売について考慮すると，販売事業者や飲食事業者といった業種との関連性も認められる。伊藤正昭は，地域産業の定義について「広くとらえれば，商業やサービス業もまた地域に存在し，その社会に深くとけ込んだ存在であるから，これら多様な産業もまた地域産業（Local Industry）である」（伊藤 2011, p.36）と説明している。本章では，伊藤が説明している概念を踏まえ，地域産業を「特定の地域に集積・定着し，その地域の経済を支えている産業」と位置づける。

2. 第一次産業の様相

　第一次産業は，生産者が高齢化するとともに経営体数が減少する傾向にある。2010年世界農林業センサスによると，自給的農家を除く販売農家数は163万1千戸と5年前に比べて16.9％減少している。また，販売農家の高齢就業人口（65歳以上）は，160万5千人であり，就業人口全体の61.6％となっている。**耕作放棄地**（遊休農地）の面積についても，販売農家の農地については減少傾向にあるものの，この20年で（1990年から）約82％増加しており，2010年時点で39万6千ヘクタールと埼玉県の面積（379,725ヘクタール：国土の約1.0％）とほぼ同等の面積が耕作放棄地になっている。このように，農業が衰退する背景には，収益性の低下が影響している。農産物の販売金額規模別でみた農業経営体数は，年間1億円以上販売する農業経営体は5年前（2005年）と比較して増加しているものの（9.5％増），1億円未満の農業経営体は減少しており，中でも100万円以上500万円未満の経営体は20.9％も減少している（農林水産省 2011）。

水産業についても，生産業務にあたる漁業経営体，漁業就業者が減少する傾向にある。2008年の漁業経営体数は11万5千経営体と，20年前（1988年）の約60％まで減少している。漁業就業者数も，22万2千人と20年前（1988年）の約57％まで減少しており，個人経営体における70歳以上の基幹的漁業従事者数の比率は，全体の32.8％まで高まっている。

3. 第二次産業の様相

地域に製造業が集積する形態には，いくつかの類型が存在する。中小企業庁は，**産業集積**を「地理的に接近した特定の地域内に多数の企業が立地するとともに，各企業が受発注取引や情報交流，連携等の企業間関係を生じている状態」と定義しつつ，図表5-1のような類型を提示している（中小企業白書2007）。

図表5-1　産業集積の類型

類型	集積の特徴
〔1〕**企業城下町型集積**	特定大企業の量産工場を中心に，下請企業群が多数立地することで集積を形成。
〔2〕**産地型集積**	消費財などの特定業種に属する企業が特定地域に集中立地することで集積を形成。地域内の原材料や蓄積された技術を相互に活用することで成長してきた。
〔3〕**都市型複合集積**	戦前からの産地基盤や軍需関連企業，戦中の疎開工場などを中心に，関連企業が都市圏に集中立地することで集積を形成。機械金属関連の集積が多く，集積内での企業間分業，系列を超えた取引関係が構築されているケースも多い。
〔4〕**誘致型複合集積**	自治体の企業誘致活動や，工業再配置計画の推進によって形成された集積。誘致企業は集積外部の系列に属する企業が多く，集積内部での連携が進んでいないケースも多い。

（出所）中小企業庁（2007）

日本の地方都市における製造業は，産地型集積に加え，誘致型複合集積が多く存在している。地方都市に誘致型複合集積が増加した背景には，「拠点開発方式」の実現を目指した全国総合開発計画（一全総）に基づいて1962年に制

定された新産業都市建設促進法と1964年に制定された工業整備特別地域整備
促進法が関係している（これらの法律は2001年に廃止されている）。その後
も，地方自治体が企業誘致に関する条例を相次いで施行し，近年では企業誘致
に力を入れている自治体が増えてきた。大手メーカーなどの誘致に成功する
と，地域に雇用機会が増えるとともに，若年層を中心とした人口流出を防ぐこ
とができる。また，大手メーカーに部品などを供給する事業者の誘致に加え，
地域の製造業にとっても業務を下請けできる機会が増える。

　しかし，国際競争が激化し，海外に生産拠点がシフトする様相を呈する近年
は，地方に進出したメーカー系の工場が撤退したり，事業を縮小したりする
ケースが散見される。そして，メーカー系の工場の撤退や事業縮小によって，
部品などを供給していた下請け業者は，事業機会を失い，苦境に立たされてい
る。このような状況によって，日本の製造業における事業所数，従業者数は減
少傾向にあり，2008年時点の事業所数は1990年の約61％，2008年の従業者
数は1990年の約74％まで減少している（経済産業省 2011）。

　産地型集積についても，食料品製造業に属する水産加工業は，水産資源の減
少や海外メーカーとの競争激化，デフレ経済の影響，大手量販店などのバイイ
ングパワー（価格交渉力）の強化といった諸要因によって生産量や収益性が低
下している。漁業センサスによると，2008年の水産加工場数（10,097事業所）
は，5年前の同調査から11.9％減少している。水産加工場の従業者数について
も減少傾向にあり，2008年の従業者数は5年前（2003年）から7.4％減少して
いる（農林水産省 2010）。

4. 第三次産業の様相

　近年，大型量販店や**総合スーパー（GMS）**が郊外の地域に建設される傾向
が見られる。経済産業省が公表している「我が国の商業」（商業統計）による
と，2007年時点の小売業の商店数（約114万店）は，1991年から30％程度減
少しているものの，従業者数は8％程度増加している。このように商店数が減

図表5-2 「まちづくり三法」の構成

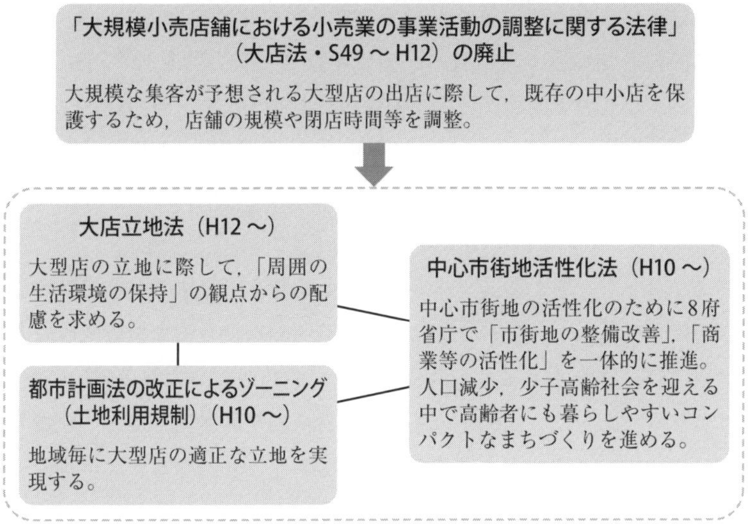

「大規模小売店舗における小売業の事業活動の調整に関する法律」
（大店法・S49 ～ H12）の廃止

大規模な集客が予想される大型店の出店に際して，既存の中小店を保護するため，店舗の規模や閉店時間等を調整。

大店立地法（H12 ～）

大型店の立地に際して，「周囲の生活環境の保持」の観点からの配慮を求める。

中心市街地活性化法（H10 ～）

中心市街地の活性化のために8府省庁で「市街地の整備改善」，「商業等の活性化」を一体的に推進。人口減少，少子高齢社会を迎える中で高齢者にも暮らしやすいコンパクトなまちづくりを進める。

都市計画法の改正によるゾーニング（土地利用規制）（H10 ～）

地域毎に大型店の適正な立地を実現する。

（出所）地域総合整備財団「まちなか再生ポータルサイト」をもとに筆者加筆
http://www.furusato-zaidan.or.jp/machinaka/project/3lows/progress.html　2013.6.16
アクセス

少し，従業者数が増加している状況は，中小規模の商店が減少し，大型店に商業機能が集約されている状況を如実に表している（経済産業省 2009）。

　このほか，チェーン店やフランチャイズ形態の店舗についても郊外のロードサイドに進出する傾向が見られる。日本フランチャイズチェーン協会の統計によると，2011年の店舗数は1990年比で約94％増加しており，売上高についても約2.4倍程度伸張している（日本フランチャイズチェーン協会 2012）。

　その一方で，全国的に中心市街地が衰退する傾向が見られる。このような状況に対して，政府は1998年以降に，「**まちづくり三法**」と称する改正都市計画法・大規模小売店舗立地法（大店立地法）・中心市街地の活性化に関する法律（**中心市街地活性化法**）を相次いで施行・改正し，土地の利用規制の促進や大型店の出店調整の仕組みを定めるとともに，中心市街地の空洞化抑制や活性化に向けた活動を積極的に支援するようになった。

しかし，中心市街地の活性化策については，一部の地域や商店街でそれなり
の成果が見られるものの，依然としてさまざまな問題を抱えている。中でも，
最寄り品の取り扱いが多く，徒歩・自転車などで買い物を行う近隣型商店街
は，商店街あたりの店舗数が減少する傾向にあり，商店主の高齢化，後継者の
不在により廃業する店舗が増えている。商店街における空き店舗の比率も高く
なる傾向にあり，2012年の空き店舗率（14.62％）は2002年（8.53％）比で
171％まで増加している（中小企業庁2013）。

モータリゼーションが進展する近年の社会状勢を考慮すると，無料の駐車ス
ペースが確保され，かつワンストップで購買活動ができる大型量販店の方が中
心市街地で買い物をするよりも利便性が高い。しかし，大型量販店の多くは，
地域外の資本であることが多く，地域の消費活動が活発化しても，地域で得ら
れた金銭は域内に循環せず，域外に流出していくことになる。大型量販店の進
出や商店街の衰退という現象は，全国的に見られる構造的な問題であるが，地
域の商店街には，効率化や廉価化を主眼におく大型量販店とは異なる商品や
サービスが存在する。小さな食堂であっても，チェーン店とは異なるオリジナ
リティが存在するはずである。今後の地域産業の活性化に際しては，大型量販
店やチェーン店との差異化を図りながら，地域の独自性を創出していくべきで
ある。

5. 内発的発展と地域主義

前節まで述べてきたように，我が国の地域産業は衰退する傾向にある。昨今
では，**TPP**など関税の自由化に向けた議論がなされるなど，国際的な競争は
今後ますます激化していくことが予想される。従来までの地域産業は，大手企
業などの外来型の産業に依存してきた部分が大きい。外来型の開発は，地域の
関連産業に事業機会を与え，そして雇用の機会を創出してきた。しかし，国際
間の競争が激化し，人口減少に伴って事業環境が劇的に変化する今後に際して
は，外部の資本ばかりに依存せず，地域が主体となる産業発展の方策を模索し

ていくことが求められる。

　中央集権的な発想や外部資本のみに依存せず，地域が自立していかなければ
ならないという発想は，都市の「過密」と地方の「過疎」が問題になってきた
1970年代頃から研究者らによって唱えられてきた。経済学者の玉野井芳郎は，
1976年に**地域主義**（Regionalism）という概念を提唱した。

　　「『地域主義』とは一定地域の住民が，その地域の風土的個性を背景に，その
　　地域の共同体に対して一体感をもち，地域の行政的・経済的自立と文化的独立
　　性とを追求することをいう」（玉野井 1990, p.29）

　また，1977年に日本で初めて**内発的発展論**を発表した社会学者の鶴見和子
は，その概念を次のように説明している。

　　「内発的発展とは，目標において人類共通であり，目標達成への経路と，その
　　目標を実現するであろう社会のモデルについては，多様性に富む社会変化の過
　　程である。共通目標とは，地球上すべての人々および集団が，衣・食・住・医
　　療の基本的必要を充足し，それぞれの個人の人間としての可能性を十分に発現
　　できる条件を造り出すことである。それは，現在の国内および国際間の格差を
　　生み出す構造を，人々が協力して変革することを意味する」（鶴見・川田 1989,
　　p.49）

　地域主義・内発的発展という概念が発表された1970年代は，大分県知事を
務めた平松守彦の手によって「**一村一品運動**」が始まった時代でもある。この
運動は，一つの自治体に一つ以上の特産品をつくり，一次産業を加工すること
で付加価値を付け，地域振興策として定着させようという取り組みであるが，
モノづくりだけではなく，モノづくりを担う人づくりの重要性も説いた（平松
2006）。

　「一村一品運動」は，後に海外への波及をもたらし，現在では**グローカリ**

ゼーション（Glocalization）の象徴的な取り組みとして認識されている。グローカリゼーションは，グローバリゼーション（Globalization）とローカリゼーション（Localization）を組み合わせた造語であり，ローカルな生活圏を基本に据えつつも，同時にグローバルな生活世界を視野に持っている（"Think Globally Act Locally"）。つまり，地域に適合した技術を生かしながら，地場産品や原材料の供給を通してグローバルなつながりを持つことがグローカリゼーションの方向であると位置づけられている（片木・藤井・森 2008）。

　1970年代から提唱されてきた地域主義・内発的発展やグローカリゼーションのように，今後の地域産業の活性化に際しては，企業誘致といった外来型開発に依存するだけではなく，地域のオリジナリティや個性を重視しつつ，地域社会で連携しながら地域の課題に対する解決策を主体的に模索していくことが求められる。

6. 産業クラスターと地域ブランド

（1）産業クラスターとは

　ある特定の国，地域，都市が特定の産業において国際的成功をおさめるのはなぜかという問題に対して，M.E.ポーターはクラスターという概念を用いて詳細に説明した（Poter 1990）。産業クラスターとは，特定分野における関連企業，専門性の高い供給業者，サービス提供者，関連業界に属する企業，関連機関（大学，規格団体，業界団体など）が地理的に集中し，それらが相互作用する中で**シナジー効果**が発揮され，集中した地域内で競争しつつ同時に協力している状態であり，次のような競争優位をもたらすとされる。

① クラスターの形成による生産性の向上

　クラスターが存在するところに立地することにより，特殊な専門性を持った労働者，専門的なスキルや知識を持った人材，専門的な情報へのアクセスが他の地域よりも容易になり，より効率的に付加価値の高い商品を生み出すことを可能にする。また，洗練された要求水準の高い顧客の存在も，地域の企業が先

進的な顧客情報にアクセスすることを容易にし，競争優位性の創出につなが
る。関連・支援産業の存在も，高品質の部材やサービスを効率よく，迅速に，
効果的に調達することを可能にし，生産性を向上させる。さらに，地域内の競
合企業間の激しい競争も，企業に対して生産性向上へのインセンティブを与え
るだろう。このような要因により，産業クラスターが形成されるとほかの地域
に立地していた場合よりも高い生産性が実現される。

② イノベーションの促進

クラスターに存在するレベルの高い顧客および関連・支援産業や専門的組
織・機関は，イノベーションの契機となるようなアイディア，技術，部品，機
器，知識をもたらす場合がある。これらの要因が産業のイノベーションを促進
させる。

③ 新規事業の形成

新規事業の多くは既存のクラスター内部で形成される。クラスター内部で
は，市場機会についての情報が豊富であり，新たに事業を起こす場合に必要な
資産，スキル，投入資源，人材なども，ほかの場所よりも容易に調達できる。
また，潜在的な顧客が多いことや起業家にとって既存の人脈を生かせることな
どの理由で，その地域での新規事業の形成を促進する。

（2）産業クラスターの地域ブランドへの効果

産業クラスターは，前述のような効果をもたらすわけであるが，クラスター
による地域への効果はそれにとどまらない。特定分野においてクラスターが形
成され，生み出された商品やサービスが一定の評価を獲得して国内外に紹介さ
れることを通じて，当該地域の産業クラスターの知名度・認知度が向上し，地
域のブランド力を向上させることもある。

このことは，産業クラスターという概念が登場する以前から存在する特定の
商品の産地あるいは集積地の事例を考えれば理解できるであろう。優れた商品
の産地や集積地としての名声を確立することにより，当該商品を通じて地域の
知名度・認知度が向上し地域のブランド力を向上させる。たとえば，IT企業

の集積地として世界的に有名なシリコンバレーは，その先端性，創造性といったブランド・イメージが構築されている。また，産地としての名声を確立することは，同時に優れた産地の商品として，すなわち地域ブランドとして当該商品の心理的差別化にも寄与する。かつて，家電製品やカメラの「メイド・イン・ジャパン」が諸外国の消費者に対して高品質をイメージさせたような効果をもたらすのである。

　さらに，産業クラスターの集積としての側面のみを考えても，地域のブランド・イメージに大きな貢献をしていることが理解できる。たとえば，有名な温泉地には，温泉旅館や関連施設が集積しているし，中華街にも中華料理店が集積している。それが，その地の知名度・認知度を向上させ，地域のブランド力を向上させている。またその一方で，その地に立地することにより，単独で立地した場合よりも多くの顧客を引き付けることを可能にしているかもしれない。

　このように，クラスターとしての名声を確立することにより，当該地域のブランド力が高められたり，当該商品や施設・店舗のブランド力が高められたりするという効果がある。地域団体商標制度も，地域に集積した事業者の団体が，統一商標を，1つのカテゴリーの商品に付与するということを考えると，特定産業のクラスターによる個別商品の地域ブランド化の取り組みと同じ性格を有している。

7. 地域産業クラスターとアライアンス

　地域産業は，一定の地域に同業種や異業種が集積して成立している。たとえ，企業城下町型集積のように大企業が中核を担う場合であっても，部品を供給するメーカーや輸送を担う事業者が存在しなければ事業を営むことはできない。このような特徴は産地型集積の場合も同様であり，主要業種の集積に加え，その業種をサポート・バックアップする異業種の存在が欠かせない。このように地域産業を存続していくためには，同業種による水平型の集積とともに

に，サプライ・チェーンを構成する垂直型の集積が求められる。

　産業集積に関する研究については，A.マーシャルが著書『経済学原理』（1890年）において産業の地域的集中化について取り上げ，経済学的な分析・検討を行ったことが最初であるとされている。その後も，さまざまな研究者らが時代に応じた考察を行っており，近年では，ポーターが提唱した**産業クラスター**の概念（前節参照）を踏まえた考察がなされる傾向が見られる。

　その一方で，伊丹敬之は，中小企業の集積で継続性が生まれる要件として，需要搬入企業の存在と分業集積群の柔軟性が求められることを指摘している。そして，柔軟性保有のための基礎要件として，加工技術，設計能力，デザイン能力等の技術蓄積の深さ，分業間調整費用の低さ，創業の容易さの3点を提示している。さらに，柔軟性要件を満たすための分業・集積要件として，分業の単位が細かく，分業の集まりの規模が大きく，かつ企業の間に濃密な情報の流れと共有環境が求められると説明している（伊丹・松島・橘川1998）。産地型集積や都市型複合集積のように中小企業が集積している地域は，事業環境が急激に変化する近年の状況を考慮すると積極的に技術革新を図っていくことが求められるが，地域が一体となって新しい取り組みを行っていくことは容易なことではない。しかし，地域産業の継続性を重視するのであれば，伊丹が説明するように，柔軟な発想を持つ企業間ネットワークを構築していくべきであろう。

　他方で，ブランドの研究では企業が相互に連携しながら事業に取り組む**戦略的アライアンス**（Alliance）という考え方が紹介されている。アーカーは，ブランド構築における戦略的アライアンスについて次のように述べている。

　　「ブランド提携とは，複数の企業が共同で，効果ある戦略的または戦術的ブランド構築プログラムに取り組んだり，共同ブランドの製品やサービスを創造したりすることを指す」
　　「共同ブランドは，異なる企業（あるいは同一の組織内であっても明らかに異なる事業単位）のブランドが結合して製品やサービスを生み出す際に生じるブ

ランドのことであり，各ブランドがドライバーの役割を果たす。（中略）製品や
サービスが2つのブランド・エクイティを活用することができ，それによって提
案する価値を増大したり，差別化ポイントを強化したりできる」

（Aaker 2005, pp.206-208）

　地域の同業種・異業種などが相互に連携する必要性については，近年の産業
施策でも重視されている。農林水産省と経済産業省が推進している**農商工連携**
事業では，「地域経済活性化のため，地域の基幹産業である中小企業と農林漁
業が連携をとりながら，それぞれの経営資源を有効活用して行う新商品の開発
などを促進する」という趣旨が記されている（農商工等連携促進法2008）。
　近年，地方に進出したメーカー系の企業が規模を縮小したり，撤退したりす
る傾向がみられる。このような状況により地域内に創出されてきたイノベー
ション機能や産業集積内に蓄積されてきた取引ネットワークシステムは，弱体
化している。地域産業が衰退している状況に際しては，新しい発想をもって，
新しい連携体制を構築しながら，新しい地域産業の姿を追求していくべきであ
る。

　ディスカッション・トピックス

① 政府機関や自治体などが発表する白書やWebサイトで公表されている統計資料
　を用いながら，衰退傾向にある日本の地域産業（農業・水産業・製造業・商店街
　など）の動向について調査しなさい。
② 前項の調査結果に基づき，日本の地域産業が衰退する原因について説明しなさい。
　また，日本の地域産業を再生するためには，どのような対応を講じることが求め
　られるだろうか。内発的発展，地域主義の考え方を踏まえながら，このことにつ
　いて述べなさい。
③ 企業どうしが相互に連携し，商品開発を行っている事例を挙げ，それぞれの企業
　が得ているメリットについて説明しなさい。

【参考文献】

Aaker, D.A. (2005) *Brand Portfolio Strategy*, The Free Press（阿久津聡訳『ブラン
　　ド・ポートフォリオ戦略』ダイヤモンド社，2005年）

Porter, M.E. (1990) *The competitive advantage of nations*, Free Press.（土岐坤・中辻
　　萬治・小野寺武夫・戸成富美子訳『国の競争優位（上・下）』ダイヤモンド社，
　　1992年）

Porter, M.E. (1998) *On Competition*, The President and Fellows of Harvard College
　　（竹内弘高訳『競争戦略論Ⅱ』ダイヤモンド社，1999年）

伊丹敬之・松島茂・橘川武郎（1998）『産業集積の本質―柔軟な分業・集積の条件』
　　有斐閣

伊藤正昭（2011）『新地域産業論―産業の地域化を求めて』学文社

片木淳・藤井浩司・森治郎（2008）『地域づくり新戦略』一藝社

玉野井芳郎（1990）『地域主義からの出発』学陽書房

鶴見和子・川田侃（1989）『内発的発展論』東京大学出版会

平松守彦（2006）『地方自立への政策と戦略』東洋経済新報社

経済産業省（2009）『平成21年版我が国の商業』
　　http://www.meti.go.jp/statistics/tyo/syougyo/dms/2009/index.html　2013.6.16ア
　　クセス

経済産業省（2011）『工業統計調査―我が国の工業～変化を続ける製造業』
　　http://www.meti.go.jp/statistics/tyo/kougyo/wagakuni/2011.html　2013.6.16ア
　　クセス

中小企業庁（1986）『1985年（昭和60年）版中小企業白書』，第5章第2節地場・産
　　地における中小企業の活力ある展開
　　http://www.chusho.meti.go.jp/pamflet/hakusyo/S60/index.html　2013.6.16アク
　　セス

中小企業庁（2007）『2006年版中小企業白書』，第2部<テーマ分析［1］>東アジア
　　経済との関係深化と中小企業の経営環境変化第1節地域産業集積の類型と分析の
　　枠組
　　http://www.chusho.meti.go.jp/pamflet/hakusyo/h18/H18_hakusyo/h18/html/
　　i2410000.html　2013.6.16アクセス

中小企業庁（2013）『平成24年度商店街実態調査報告書』
　　http://www.chusho.meti.go.jp/shogyo/shogyo/2013/0329Jittai1.pdf　2013.6.16
　　アクセス

『中小企業者と農林漁業者との連携による事業活動の促進に関する法律（農商工等連携促進法）』（2008）

http://law.e-gov.go.jp/htmldata/H20/H20HO038.html　2013.6.16アクセス

農林水産省（2010）『2008年漁業センサス結果の概要』

http://www.maff.go.jp/j/tokei/census/fc/2008/kekka_gaiyou.html　2013.6.16アクセス

農林水産省（2011）『2010年世界農林業センサス』

http://www.maff.go.jp/j/tokei/census/afc/about/2010.html　2013.6.16アクセス

日本フランチャイズチェーン協会（2012）『2011年度JFAフランチャイズチェーン統計調査報告』

http://www.jfa-fc.or.jp/folder/1/img/20121015163549.pdf　2013.6.16アクセス

第**6**章

地域ネットワーク

はじめに

- ブランディングの検討にあたり，地域ネットワークにおけるソーシャル・キャピタル（SC）の役割に注目する。

- SCの6つの要素，すなわち，情報へのアクセス容易性の向上，地域住民の満足度の向上，ワン・トゥ・ワン・マーケティング，取引コストの低下，知識の共有，SCを育む「場」について考察する。

- SCが社会的ネットワークを支える役割について検討する。

- SCというネットワークの考察から地域コミュニティについて考える。

- 知識創造に貢献する地域ネットワークを地域資源，地域ブランド，ブランド拡張，地域への適応の4つの視点から検討する。

1. 地域ネットワークにおけるソーシャル・キャピタルの役割

　地域ブランドの構築にあたって，地域を代表するような特定の製品や地名に強力なブランド・イメージがすでに存在している場合には，それらを中心に，さらなるブランディング努力が積み重ねられることによって，しっかりとした地域ブランドが形成され，持続的に地域の成長に貢献してくれるはずである。

　しかし，通常は，ブランドの構成要素は多様であり，個別の製品だけでは，なかなか地域のイメージが伝えきれないことの方が多い。こうした場合には，地域内での協力関係が必要となる。地域ブランドを構築する主体を考えると，その枠組みは地域の企業，基礎自治体，農林業や水産業の団体，NPO，観光

協会，地元の有志など，さまざまである。さらに，地域内だけでは，資源が不十分な場合には，他地域とも連携した地域ブランドの構築が求められる。

　こうした地域内外との連携，つまり，地域ネットワークの中で，地域ブランド構築に取り組む場合には，地域内外の人と人のつながり，すなわち，**ソーシャル・キャピタル**について検討しておく必要がある。

　ソーシャル・キャピタル（Social Capital；SC）とは，特定の目的のために参加する人々の間での「信頼」を基軸として，相互の個人能力を認め合いながら，連携する社会的関係性と捉えることができる（佐々木2006）。

　そこで，このSCの根幹となる要素について検討することによって，地域ネットワークにどのような影響を与えているか考えてみることにしよう。

2. ソーシャル・キャピタルの根幹をなす6つの要素

（1）情報へのアクセス容易性の向上

　D.コーエンとL.プルサックは，社会的ネットワーク分析によって得られる知見として，4点をあげている。ここでいう，**社会的ネットワーク**とは，R.D.パットナムによると，ソーシャル・キャピタルにおける個人間のつながりのことを指している（Putnam 2006）。

● **知識**：「他の人が何を知っているか」がどれだけよく知られているか。「あの人は適切な最新の知識を持っている」というメンバーについての評判が，どれだけ高く，また正確な根拠に基づいているか。

● **アクセス**：知識集約型の環境では，「時間」の制約から，職場内のどの先輩に聞くのが最適かについての判断が出来なかったり，仮に見つかっても上手く連絡が取れなければ，彼らの豊富な経験や知識が利用できないことがある。

● **積極的関与**：問い合わせに対して積極的に耳を傾け，その人やその人の抱えている問題に協力し，膨大な情報をただ投げ渡すのではなく，本当に役立つ知識とアドバイスを提供する。他のメンバーや問題となっているテーマに対

する「つながり」意識を持っているということは，単なる知識量よりも大切
である。

●**安心感**：比較的平等で上下関係のない社会的ネットワークにおいても，人々
は権力・地位の持つ意味や個人的な信頼性に対して敏感である。これらのメ
ンバーは，情報を求める前に，自分の無知を認めることへの安心感，またそ
うした無知が自分の不利になるように逆用されないという安心感を持つ必要
がある（Cohen & Prusak 2001；邦訳書pp.122-123）。

　N.リンは，この情報へのアクセスについて，次のように指摘する。通常の
市場環境の中では，特定の立地における，あるいは，社会階層における共通の
立場での社会的な結びつきは，それがなければ手に入らないような，機会と選
択肢についての有効な情報を個人に提供してくれる。同様にこれらの結びつき
は，（生産や消費市場にいる）組織，そのエージェントやコミュニティに対し
てさえ，それ以外の方法では認識されることのない個人の利用可能性と関心に
ついて注意を促してくれる。こうした情報によって，スキル，技術あるいは文
化的な知識を備えた人材を採用するための組織の取引コストが削減され，個人
にとっては，彼らの資本を有効に活用でき，それに対して適切な報酬を提供で
きるよりよい組織を見つけることができるようになる（Nan Lin 2001）。

　つまり，地域の人々のつながりから，地域ブランド開発に必要とされる情報
へのアクセスが容易になると考えられる。

（2）地域住民の満足度の向上

　地域ブランドにおいて，重要な役割を演じる構成員の1人が地域住民である。
地域住民の満足度については，次節のインターナル・ブランディングで詳しく
取り上げることにする。

　コーエン＆プルサックは，地域住民の満足度に類似の概念として，企業の
従業員の満足度を取り上げ，より離職率を低下させ，退職関連コストや採用・
研修費用を低下させ，頻繁な人員交代による不連続性を回避できるとして，ソ
フトウエア企業のSAS社の取り組みに触れている（Cohen & Prusak 2001）。

「すなわち，転職率が低いおかげで，年間7000万ドルのコストを節約している。顧客維持率は98％。顧客からの要請の85％は製品に反映されている」。こうした記述から地域の重要な課題として考えられるのは，定住促進に向けた課題である。地域への愛着があり，地域内での社会的ネットワークが充実していると，地域ブランドの開発にあたっても，適材適所の人材へのアクセスが容易になることが予想できる。

（3）ワン・トゥ・ワン・マーケティング

　ワン・トゥ・ワン・マーケティングは，個々の消費者との対話から，それぞれの消費者の要望に応えていく考え方である。従来のマーケティングでは，市場細分化基準に基づいて，消費者ニーズをマスとして捉えて製品・サービスを提供してきた。ところが，そうした従来型の手法では，現代の消費者動向に対応できないばかりか，的確な需要予測が成り立たない状況であり，加えて，製品開発担当者のモノ作り中心の開発スタイルが消費者に受け入れられないという事態が大量の在庫を生み出し，それが社会的コストの負担にまで発展している。

　ワン・トゥ・ワン・マーケティングでは，ITを駆使して行われる手法と従来以上に個々の消費者との直接的な店頭での対話から生まれるものがある。前者は，情報通信によって行われるものが中心となる。後者も，消費者と直接対話をするのは従業員自身ではあるが，その対話から得られた情報に基づいてマーケティングを実行するには，やはり情報システムの構築が必要となる。たとえば，1990年代初め頃から北米の多くの小売業者が導入している店頭での顧客への在庫確認システムがある。さらに，米国においてCS（顧客満足）で名高いノードストローム社は，消費者の望む商品ならば，たとえそれが他店に品揃えされている場合でも調達して提供することで個（客）への対応を充実させている（佐々木2003）。

　個客を重視し，ロイヤルティを高めることにより，個客との関係性が深まる。信頼関係に裏打ちされた状態は，顧客との間でSCが形成されていると見

なすことが出来よう。この関係性の中では，顧客は，自らの好みを企業に伝えることで，企業はそれに応えるというものであるから，企業の側は，顧客のニーズが具体的に分かった上で行動できる。顧客も企業に対してどのような要求を出せば自分自身のベネフィットになるかわかると同時に，企業にとってもプロフィットになることを理解していれば，双方の関係は長期的に持続することが期待される。さらに，満足度の高い顧客の発信するメッセージによって，当該顧客の人的ネットワークで繋がっている友人が顧客となることも想定される。個客を重視することが，より多くの顧客を獲得するメディアの代替となり，プロモーションの役割を果たすのである。

　たとえば，京都西新道錦商店街では，ファックス・ネット（ファックスを利用した注文の受注）で，地域のお年寄り一人ひとりとのつながりを深め，コミュニケーションの機会を拡大したことで，お年寄りが商店街に出てくるようになった。また，湯布院では，個々の宿泊客との関係作りが今日の発展の原動力になっている。さらに，1つの旅館が顧客を囲い込むのではなく，さまざまなイベントごとに地域内の能力を持った人々の協力によって個別客をもてなしている。

（4）取引コストの低下

　パットナムは，企業内及び他企業や顧客・パートナーとの関係で，高いレベルの信頼と協力精神が生まれることにより，**取引コスト**が低下するということを指摘している（Putnam 2001）。つまり，信頼関係の存在は，無駄な在庫や取引プロセスにおける検査回数の低下や取引に必要な書類のやりとりを削減させてくれるのである。アローも同様に，他人へ一定の配慮を払う暗黙の協定（規範）が，社会の存続にとって必須のものであるとし，「裏切り」といった社会的意識の欠如によって生じる経済的損失を指摘している（Arrow 1976）。

　この種の規範で最も重要なのが，**互酬性**である。パットナムは，次の2種類の互酬性があると述べている（Putnam 2001）。

● **均衡のとれた互酬性**：同じ価値品目の同時交換，たとえば，会社の同僚がク

リスマス休暇中にプレゼントを交換し合う行為や，国会議員が議案通過のために相互取引する行為などを指す。

● **一般化された互酬性**：ある時点では一方的あるいは均衡を欠くとしても，今与えられた便益は将来には返礼される必要があるという，相互期待を伴う交換の持続的関係を指す。たとえば，友人関係など。

また，一般化された互酬性の規範は，SCのきわめて生産的な構成要素である。この規範に従う共同体は，機会主義をより効率的に抑制し，集合行為に関連した諸問題を解決できる。

たとえば，米国ワシントン州のタコマ市では，市民の能力を自治体が把握することで，個々の事業ごとに適切な能力を持った人材を結びつけていき，市民の力で街を再生している。一度壊れてしまったSCを自治体の支援で再生した。8つに区分した近隣地区ごとに市の職員が担当し，それぞれのまちづくりに携わり，スピーディに問題解決が図られている（佐々木 2001）。

（5）知識の共有

企業内での信頼関係が形成されていない，いわばSCが未成熟な状態を放置したままでは，社内の情報共有は進まず，結果として，取引コストの増加をもたらしかねない。筆者の大学院の研究室に所属するA氏は，かつてシステム・エンジニアとして携わった電機メーカーB社において情報共有化のシステムを整備し，稼働させたものの，一向に業績の回復が見られなかったという。不審に思ったA氏が原因を追及していくと，ほとんどの営業担当者が自身の顧客についての情報を社内で公表しようとしていなかったそうである。

コーエン&プルサックは，信頼に基づく関係性と情報共有，共通の目標が確立されることにより，知識の共有が改善されるとして，UPS（米国の貨物運送会社）のワーキング・ランチを取り上げている。UPSのドライバー達はランチ時に公園のベンチに集まり，仕事の話も含め，何でもかんでも話し合っている。たとえば，配達しにくい荷物の届け方の相談や勤務経験の浅いドライバーが経験の長いドライバーから目印のない通りや住所の見つけ方を教わる

(Cohen & Prusak 2003)。その意味で，噂話は社会的・組織的に重要な役割を
果たすこともある。集団が自らの価値観や行動について主張し合意する1つの
方法である。信用できて仕事もでき，加えて勤勉なのは誰で，そうでないのは
誰かという点についても，噂話を通じて合意が形成される。これは，組織内の
みならず，さまざまな口コミの場面にもあてはまるのではないだろうか。人々
がお互いに出会うような交流のための空間（場）を提供し，そのことによっ
て，会話が正当化されると，情報共有が促進され，SCが進化するものと考え
られる（Cohen & Prusak 2003）。

　たとえば，Yosakoi Soran祭り組織委員会の長谷川岳氏によれば，同委員会
では，商工会議所会頭と副会頭に理事になってもらい，NPOと株式会社Yosa-
netを立ち上げ，NPOの運営資金を自前で稼げる仕組みを整えた（佐々木
2005）。これは，北海道という支店を中心とした経済構造に不景気が重なって，
協賛金が得にくくなったことが発端になっている。

　今では，日本全国のみならず，ゲストも海外から参加する。国内各地にこの
祭りに向けたチームが編成され，Yosakoi Soranによって培われたSCが，各
地の地域起こしの駆動力ともなっている。いわば，Yosakoi Soran祭りが情報
共有化を促進する**ポータル・サイト**の役割を果たしている。

（6）SCを育む「場」

　こうした交流の場が，オープンなものであればあるほど，より大きなつなが
りへの拡大も期待されよう。社会的ネットワークもコミュニティも，定期的な
コミュニケーションとある程度の信頼・利他主義を特徴とする絆という意味合
いを持ち，社会的ネットワークよりもコミュニティの方が，目的意識がより明
確であるという意味で，人々の関係性が強く，情報を共有している環境である
(Cohen & Prusak 2003)。

　コミュニティには，村落共同体や共通の業務領域（場）といった「重心」が
ある。一方，社会的ネットワークには中心は必要ない。コミュニティは規範を
強制するが，社会的ネットワークは拡散しすぎていて強制されることはない。

コミュニティは境界のある閉じた社会だが，社会的ネットワークは，開かれており，相互に絡み合った「つながり」である（Cohen & Prusak 2003）。

　オープンなネットワークの中にSCが存在することで，参加と脱退が自由に行われ，より外部の人や若者が参加しやすい環境が形成される。**地域資源**の可能性に気づくのは，概してヨソ者や地域内外との**つながり**のある人からということが多いのである。

　では，これら6つの要素が支える社会的ネットワークについて考えてみよう。

3. 社会的ネットワークを支えるソーシャル・キャピタルの役割

　社会的ネットワークは，さまざまな役割を果たす人々によって形成される。コーエン＆プルサックは，次のような役割を提起している（Cohen & Prusak 2003, pp.120-121）。

①**調整役やつなぎ役**：外向的・友好的で，社会的ネットワークの参加者同士のつながりを生み出すことに時間と労力を費やす役割

②**橋渡し役**：誰が何を知っているかという情報を社会的ネットワーク外部のグループに広めるのが好きな性格の人

③**達人**：社会的ネットワークの任務や運営に関する特定の専門能力を磨き，他者からもそういう存在として認められている

④**伝道者**：社会的ネットワーク内の新たなアイディアや人材，プロセスに関する「よいニュース」を宣伝し，他者の間に情熱を呼び起こす

⑤**門番**：社会的ネットワークと外界との間で半透膜の役割を果たし，ネットワークに出入りする情報の流れを制御する

　たとえば，愛知県旧足助町（現・豊田市）の伝統的に培われてきた地域のSCを促進する取り組み（2004年度調査）では，役場が調整役やつなぎ役，橋渡し役，伝道者，門番の全ての役割を果たしていたことが分かる（調査協力：足助町役場（当時）企画課長青木氏）。

　まず，300年前に和尚さんが紅葉（もみじ）を植えた。その後，昭和30-40年頃にかけてまちの若い衆がさらに紅葉を増やしていく。そして，町並みを守る会が住民運動を起こし，それが連鎖反応を呼び，建物の周囲を護ろうという活動に発展した。ここでは，足助の川を守る会，香嵐渓を愛する会が発展して足助を守る会に統合され，他の会との協働・協力関係が明確になっていった。

　行政の関与としては，行政でなければできないことを中心に住民を後援している。

　全国「まちなみ」ゼミの第1回は足助町で実施した。足助町は，住民運動をゼミ活動を通じて，全国の人に評価してもらい，地域全体で共有できるようにした。これは，まさにオープン・ネットワークの典型的な事例であろう。

　足助町には，元々，住民がすきまを埋める土壌，つまり，SCが育まれてきた。たとえば，1ヶ月間，一般の家庭がおひな様を飾り，外から来た人達が観光の目玉としてみて廻ることが出来る。つまり，ホスピタリティが町民に行き渡っているのである。そのおかげで，最初は，5,000人が見学に来たが，30,000人，70,000人と年を追うごとに増加した。Asuke tourism 21（AT21）では，町内でお菓子や料理を作って軒先で観光客に振る舞う。また，ロシアとパートナー市提携をしており，料理や民謡の交流を行い，これらは万博のプレ・イベントとして位置づけられた。17ブロックそれぞれに1つ以上の会がある。たとえば，農ある生活（農ライフ）や遊休農地の活用の「会」である。このように，自治体がリード役になってはいるものの，昔から培われてきたSCを活かしたまちづくりは，市民の意識を高めるだけではなく，グローバルな拡がりさえ生み出すきっかけともなっている。

　こうしたさまざまな地域のつながりを重視した取り組みが，足助の地域ブランドの基盤となっているのである。

4. ソーシャル・キャピタルというネットワークの考察から分かること

　コミュニティの活性化や再生は，NPOを初めとして，ボランタリー・セク

ター（Voluntary Sector；以下，VS）として位置づけられる市民や行政の活動に加えて，社会志向性を備えた企業によっても取り組まれる課題である。このVSで，NPOや**コミュニティ・ビジネス**（Community Business：CB）の設立の中心となって活躍する人々を**社会起業家**（Social Entrepreneur：SE）と呼ぶ。SEはNPOに存在することが多いが，実際には，企業にも行政にも存在する。こうした社会起業家が中心となって，地域社会の抱えるさまざまな課題に対する取り組みがスタートすることで地域内のソーシャル・キャピタルがつながり，相互作用を生み出していくのである（佐々木 2004）。

　SCで結ばれたコミュニティでは，顧客も従業員も相互にニーズを提示しソリューションを考える。支えているのはICTであり，ネット・コミュニティへの役割期待も大きい。

　SCによって形成された緩やかなコミュニティの結合におけるコミュニティ・ビジネスや**事業型NPO**の立ち上げが活発化していく中で，いかなる競争関係が生まれ，各事業主体の競争戦略はどのような形態になるのかを考えるにあたっては，社会志向性マーケティングの考え方も取り入れる必要がある。

　近年，製販同盟や戦略的提携という企業間における長期的な関係性のもとでの，安定的な需要と供給の連鎖を作り出し，維持しようという取り組みが見られる。これらの発展形態として，**関係性マーケティング**という枠組みにも注目が集まっていることは，拙著『流通システム論の新視点』で詳述している（佐々木 2003）。しかしながら，実際の企業間取引においては，2社間の関係の維持すら，容易には進まない。ましてそれが，3社以上の協力となると，取り組みの事例は見られるものの，成功事例と呼べるものは未だに存在しない。その背景には，企業それぞれ内部における「信頼」の希薄化や部署ごとの固有の目標をめぐる**コンフリクト**から，企業間での取引様式の違いや目標をめぐるコンフリクトといった課題まで，社内外に対立が存在することがある。そこには，信頼を形成する取り組みが欠如しているのではないだろうか。さらにいうならば，信頼に基づく関係性の構築が，情報の共有化や安心感の醸成に促されて，トータル・コストの削減につながるという枠組みの未形成に問題の所在が

見て取れるのではないだろうか。

　その意味で，地域社会におけるSCの形成をきっかけとした多様な人間的つ
ながりを基に，地域の再生を図ることが必要であろう。また，企業間のコミュ
ニティにおいても，SC作りの取り組みが課題であるといった認識を持ち，関
係性について再度考えてみる必要があるのではないだろうか。

　では，こうしたSCのネットワークの中で，知識はどのように創造されるの
だろうか。

5. 知識創造に貢献する地域ネットワーク

　地域ネットワークをベースにした地域ブランドの形成のプロセスはどのよう
に捉えることができるだろうか。こうしたことを考えるに当たり，企業組織に
おいて，組織内の資源を適切に活用して，ブランドを構築するプロセスを説明
した知識創造の視点が参考になるのではないだろうか。

　知識を創造するのは個人だけであり，組織は，個人を抜きにして知識を創り
出すことはできない。組織の役割は，創造性豊かな個人を助け，知識を創造す
るためのよりよい条件を創り出すことにある。したがって，組織的知識創造
は，個人によって創り出される知識を組織的に増幅し，組織の知識ネットワー
クに結晶化するプロセスである。このような現象は，相互に作用し合う人々の
集団の中で起こる（野中 1996, pp.87-88）。

　これを地域活性化に当てはめて考えてみると，地域を主体的に変えようとす
るリーダーシップのもとに，既存の枠組みにとらわれない柔軟性を持った組織
が必要となることが分かる。こうした組織を地域内に立ち上げ，既存の組織や
集団との間でコミュニケーションを行うとともに，地域内外との交流を活発に
行い，固定観念や規制を超えて，地域の資源を活かした取り組みが行われるよ
うになると，図表6-1のような**SECIモデル**を通じた，地域イノベーションに
向けたサイクルが回転を始めるものと考えられる（野中 1996）。

　共同化（socialization）は，経験を共有することによって**暗黙知**から暗黙知

図表6-1　地域ネットワークで展開される知識創造プロセスによる地域ブランドの発展段階

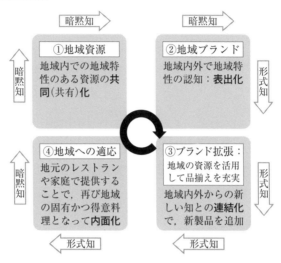

（出所）阿久津・野中（2001），pp.173-186を参考に筆者が加筆・修正

を作るプロセスである。

　表出化（externalization）は，個人の暗黙知を言葉やコードなどの**形式知**に変換するプロセスである。組織の中では，主に対話によって表出化が行われる。

　連結化（combination）は，表出化された形式知を分類したり，組み合わせたりすることによって，新たな形式知を生み出すプロセスである。部品や製品は，形式知の具現化された知識と考えることができる。部品を組み合わせることによって製品をつくることも連結化のプロセスである。

　内面化（internalization）は，表出化された形式知を再び個人の暗黙知に取り込むプロセスであり，内面化によってつくられる暗黙知は，マニュアルを実践したり，製品を使用したりすることによって個々人が体感し再び暗黙知となる。

　暗黙知から形式知への相互作用は，個人ベースで行われる。しかし，組織や他社との共有のスパイラルも必要である。

次に，SECIモデルの内容（(1)〜(4)）について考えていく。

(1) 地域資源

これは，地域内の誰もが知っている資源を指している。ただし，その資源が地域の人々にとっては，必ずしも価値の高いモノというような認識をされているとは限らない。また，地域内で気づかれていない資源の場合もある。そして，SCが形成されていることが，その後の地域内での知識創造に影響を与える。

島根県の海士町（詳しくは第9章第5節を参照）では，町の財政赤字に端を発して，何とか島の資源を島外に販売しようとしたときに，島では日常的に食している「サザエ」を具にしたカレーをレトルトパックにして東京など大消費地に販売したところ，年間で3万食ものヒット商品となり，以来，島の資源の開発が急速に進んでいくこととなった。こうした気づきの源泉が，後の**地域ブランド**開発への導火線となっている。

(2) 地域ブランド

ブランド化にあたり，外部の意見を聞く機会を意図的に設定する。これによって，外部刺激から地域ブランドに対する認知度を上げていく。

その一方で，地域内に強力なリーダーがいて，彼らの個性で，新しいチャレンジが行われるようであれば，内部パワーで改革に取り組む。

前述の海士町では，サザエカレーの後，イトーヨーカ堂など食品流通関係の事業者を多数，島に招き，食品流通のレクチャーを受けるとともに，食品加工についても学び，さらに，Iターンに注力することで，「よそ者」の視点を積極的に取り入れて，島の資源を発掘していった。

一方，横浜市の石川町にある元町商店街は，女性客をターゲティングしたさまざまな取り組みを自主的に行い，バックのキタムラやパンのポンパドールなど，横浜を代表するブランドを開発してきた（筆者訪問調査）。これは，内発的なものであり，各商店主の創意工夫に寄るところが大きい。横浜というモダンな街の空気（形式知）が自主独立の気風を育み，そこから地域ブランドが

育っていったと考えることができよう。

（3）ブランド拡張

　顧客やメディアの評価，口コミなどを通じて，当該ブランドの認知度が上がっていくと，同一のブランド名を使って，多様な商品をラインアップできるようになる。ここでは，内外からの提案が行われ，改良も行われるようになる。

　前述のYosakoi Soranでは，北海道大学の学生の札幌の活性化に対する思いが，地域の多様な人々を巻き込んで日本中を熱狂させる祭へと発展させた。ここでは，祭が札幌のポータル・サイトの役割も果たし，サイバー鳴子の開発・提供やモエレ沼公園の運営など多様な事業展開へと発展し，**ブランドが拡張**されている。

　また，群馬県川場村では，永井酒造（醸造メーカー）が，豊かな自然環境の恵みが産んだ素晴らしい水と，その自然の中で育まれた米を使って長年蓄積してきた醸造技術と杜氏の努力が世界23カ国への日本酒の販売という成果に結実した。この地域で育まれたブランドを川場地域とその周辺の農産物や特産物を活用して，さらに，内容の濃い地域ブランドへと発展させようと取り組んでいるのが「川場サミット」（2012年より開始）である。ここには，永井酒造の「水芭蕉」を常備する京都吉兆の徳岡料理長や日本橋ゆかりの野永料理長も参加して，地域の個性を活かした料理提案が行われ，地元の人たちに共有されはじめている。

（4）地域への適応

　他者からの認知が誇りになって，自主的な活動を増幅させ始める。公的機関やメディアによる表彰や評価も行われるようになり，ますます情報が外部に伝わりやすくなる。そして，こうした動きが，地域内の交流をさらに活性化させていく。

　地域ブランドの取り組みでは，**6次産業化**が注目されている。齋藤氏（All New Zealand Wines Limited代表）によれば，ニュージーランド（NZ）は，

ワインの歴史は30年ほどしかないが，1980年代にCloudy Bayというワイナリーが国際舞台でそのソーヴィニョン・ブランにより一世を風靡した。そこからNZのワインが国際的に知られるようになり，NZワインといえばマルボロのソーヴィニョン・ブランと言われるまでになっている。このマルボロ地域では，農家がワイナリーを経営し，そのうちの3割ほどは，レストランも併設しており，まさに6次産業が定着している地域である。それぞれの農家が独自の農法や製法を生み出し，ソーヴィニョン・ブランにもさまざまな種類が作られている。このワインに合う料理も多様であり，地域の味になりつつある。

　一方，我が国の取り組みでは，B級グルメが地域への適応例として代表的な事例といえよう。

　こうしたサイクルが回り出すと，地域は活性化していくのである。

地域の小規模事業者のつながり（ネットワーク）

　隣国豪州でさえジェット機で3時間を要するニュージーランド（NZ）は，430万人の人口にもかかわらず，高生産性産業を次々と創出する。観光に限らず，地域マーケティングを実践していくためには，地域が，地域内外の組織や人々とどの程度つながっていけるかが課題となる。

　ホエール・ウォッチングで地域再生を果たしたNZ南島のカイコウラという海辺の漁村では，捕鯨を中止したために厳しい失業率（一時は95%が失業）と貧困が発生した。これを克服するために，1987年に鯨を観光資源として位置づけよう，捕鯨の対象としてのみ考えられてきた鯨との共生をスタートさせた。カイコウラは海洋野生動物との出会いを提供するNZにおける体験型ツーリズムのリーダー的存在になった。単に，観光客に鯨を見せる船を仕立てるだけではなく，新しい宿泊施設，レストラン，カフェ，地元のアーティスト作品を集めたギャラリーへの投資も促進した。

　また，NZにおける観光ビジネスには，多様な企業の連携とツーリスト一人一人の要望にきめ細かく対応するワン・トゥ・ワンの取り組みが見られる。たとえば，個人旅行が増え，現地での情報提供への依存度が増大している。この現地情報をツーリストのニーズに合わせて詳細に提供してくれ

る"i-site"は，各市町村に必ず1カ所設置され，当該地域と周辺，NZ全域の情報を提供する。地域ごとにその見所やアトラクション，交通機関，宿泊施設などの情報提供や予約サービスを無料で行っている。

さらに，NZ南島のブレナム市を中心として行われる自転車のレースは，緩やかなつながりで気持ちのいい大会運営が行われている。イベント運営会社でイベント全体のオーガナイザーのTop of The South Events LTD.とスタートとゴールの会場を提供するForrestワイナリー，大会運営に要する費用の一部を負担するスポンサー企業，市民ボランティア，地元市役所や警察署に加え，協力企業として多数の旅行代理店がサポートする。イベント参加企業にとっては，参加者とのつながりをリアルに持てる場面となり，ワイナリーにとっては，自社ブランド発揚の場となる。一つ一つの組織は小規模でも，多種多様な協力者が関与してくれることによって，レース参加者は，低額な参加費用で，たくさんのサービスを享受することができる。

こうしたイベントは，地域経済の活性化にも貢献する。手軽に参加できるということもあって，世界中から参加者を集め，大会の一週間前から，ブレナムの町のホテルやB&Bは予約でいっぱいとなり，地域の商店やワイナリーの利用者も増大するのである。

【参考文献】

Arrow, K. (1974) *The Limits of Organization*, Norton. (村上泰亮訳『組織の限界』岩波書店，1976年)

Cohen, D. and Prusak, L. (2001) *In Good Company*, Harvard Business school Press. (沢崎冬日訳『人と人の「つながり」に投資する企業—ソーシャル・キャピタルが信頼を育む』ダイヤモンド社，2003年)

Putnam, R.D. (1993) *Making Democracy Work*, Princeton University Press. (河田潤一訳『哲学する民主主義—伝統と改革の市民的構造』NTT出版，2001年)

Putnam, R.D. (2000) *Bowling Alone*, Simon & Schuster. (柴内康文訳『孤独なボーリング』柏書房，2006年)

Nan Lin, N. (2001) *Social Capital-A Theory of Social Structure and Action*, Cambridge University Press.

阿久津聡・野中郁次郎 (2001)「ソニーのブランド戦略に見るブランド知識創造のケイパビリティ」『DIAMOND ハーバード・ビジネス・レビュー』2001年8月号

佐々木茂（2001）「地域住民主体による中心市街地活性化のための活動に関する調査研究：我が国の現状と今後の展開〜米・英の事例に学ぶ」産業基盤整備基金

佐々木茂（2003）『流通システム論の新視点』ぎょうせい

佐々木茂（2004）「社会志向性マーケティングの位置づけ—社会起業家とソーシャル・キャピタルの視点から」高崎経済大学産業研究所紀要，第39集（2），pp.19-33.

佐々木茂（2005）「地域づくりにおける日米比較」『文部科学省地域振興室マナビィ』2005, 8月号，巻頭言

佐々木茂（2006）「事業創造の新たな視点—ソーシャル・キャピタル，社会起業家，社会志向的企業と企業間連携」高崎経済大学附属産業研究所編『事業創造論の構築』日本経済評論社

野中郁次郎（1996）『知識創造企業』東洋経済新報社

地域ブランド戦略

ここでは地域ブランド戦略の基本的考え方から，理論的考察を踏まえ，多数のケース研究を通じて，実践的な視点にも触れることにする。

第7章

地域ブランドの概念と構成

● 地域ブランドの概念について，政府機関の考え方を踏まえながら
企業ブランドとの関係性について取り上げる。

● 先行研究における諸見解をもとに，地域ブランドの構築に際して
形成すべき要素・構成について考察する。

● 地域ブランドの構築に際し，ブランドの対象となるものに付与す
べき価値や機能について取り上げる。

● ブランドを「売れ続ける」，「支持され続ける」仕組みととらえる
のであれば，地域ブランドの形成に際しても，地域マーケティン
グの考え方を踏まえながら，顧客に支持されつづけるような価値
を構築していかなければならない。

1. 地域ブランドの概念

　日本において，地域ブランドに関する産業施策が広がるきっかけとなったの
は，2005年2月に内閣府知的財産戦略本部コンテンツ専門調査会の日本ブラ
ンド・ワーキンググループが発表した報告書「日本ブランド戦略の推進 - 魅力
ある日本を世界に発信」に記されている見解である。同報告書では，国家とし
てのブランド構築とともに，多様で信頼できる地域ブランドを確立する必要性
について述べられている。

　　「地域の豊かな生活文化を表す多様な地域ブランドをつくることが重要であ

り，また，国内外の消費者が安心し，信頼して地域ブランドを選択することができる環境づくりも不可欠である。そのためには，生産者は，産業観光の視点なども取り入れ地域性溢れる地域ブランドをつくり，また，消費者に産品の情報を正確に伝える環境をつくることに務める必要がある」（知的財産戦略本部コンテンツ専門調査会日本ブランド・ワーキンググループ 2005, p.10）

さらに，同報告書では「生産者，観光業者，大学等が連携しながら戦略的に取り組む」（地域内の連携・異業種間連携），「農林水産物に関する基準を整備・公開し，消費者からの信頼を得る」（信頼性・保証性の創出），「地方自治体と産地が一体となって情報発信する」（地域一体によるプロモーション），「地域ブランドの保護制度を整備する」（ブランドのマネジメント）といった地域ブランドの振興に向けた提言が記されている（知的財産戦略本部コンテンツ専門調査会日本ブランド・ワーキンググループ 2005, pp.11-14）。

公的機関が発表した地域ブランドに関する定義については，2005年に中小企業基盤整備機構（中小機構）が発行した「地域ブランドマニュアル」に記されている。同マニュアルに記述されている地域ブランドの定義は，次のとおりである（中小企業基盤整備機構 2005, p.3）。

(1)「地域に対する消費者からの評価」であり，地域が有する無形資産のひとつである
(2) 地域そのもののブランド（Regional Brand）と，地域の特長を生かした商品のブランド（Products Brand）で構成される
(3) 地域ブランド戦略とは，これら2つのブランドを同時に高めることにより，地域活性化を実現する活動のことである

従来まで，ブランドは企業ブランド（コーポレート・ブランド）や製品ブランド（プロダクト・ブランド）のように，単一の企業や組織などにおいて構築されることが一般的であった。しかし，日本ブランド・ワーキンググループが説明するように，地域ブランドの構築に際しては地域内における多様な連携の

図表7-1　地域ブランドの概念

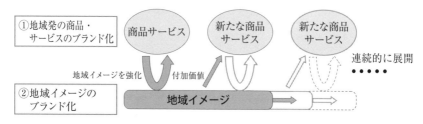

（出所）中小企業基盤整備機構（2005），p.2

図表7-2　地域ブランドと企業・製品ブランドとの関係

（出所）筆者作成

下，地域が一体となってブランドを構築していくことが要求される。全国の取り組みの中には，産品ブランドの構築を目指し，単一の業界団体や組合組織で地域ブランドを形成しようとする動きが散見されるが，地域ブランドは企業ブランドや製品ブランドを包含し，業種や業界のブランドといった枠組みよりもさらに上位に位置づけられる概念である（図表7-2）。地域ブランドの構築に際しては，業界・業種・事業団体間の垣根を取り払い，ブランドの形成を試みる地域でコンセンサスを形成しながら推進体制を設置していくことが求められる。

　信頼性・保証性の創出や地域一体によるプロモーションの方法，ブランドのマネジメント策についても，地域ブランドの構築を試みる際には，地域内の**合意形成**が求められる。合意が得られていない状況で地域ブランドの構築を図る

と，ブランド・アイデンティティやコンセプトが曖昧になったり，ブランドの価値内容が分散したりすることが危惧される。また，一社・一組織が起こした事故や不祥事が地域全体に悪影響を及ぼすといった危険性も懸念される。地域ブランドのマネジメント策は，こういった危険性を回避するためにも地域の合意の下，検討しておくべきである（第12章参照）。

2. 地域ブランドの構成

博報堂地ブランドプロジェクトは，地域ブランドを構成する領域として，「場に着目する観光地ブランド」，「モノに着目する特産品ブランド」，「そこに住む人や生活に着目するブランド」（暮らしのブランド）の3つを挙げ，それぞれのブランドを統合的に強化していくことで大きな相乗効果が生み出されると説明している（博報堂地ブランドプロジェクト 2006）。

その一方で，青木は，地域ブランドを「**地域資源ブランド**」（産品・加工品・商業地・観光地を対象としたブランド）と「**地域全体のブランド**」に分類しながら，「特産品や観光地といった地域資源のブランドは製品ブランドに対応し，地域全体のブランドは企業ブランドに相当する。したがって，新たに構築されるべき『地域ブランド』とは，一般企業における企業ブランドと同じく，個々の地域資源ブランドを束ね導いていく存在である必要があり，また，それぞれの地域資源ブランドと地域ブランドとが，互いに互いを強め合うような関係になることが強く求められる」（青木 2004a, p.15）という見解を述べている。

地域団体商標制度（第12章第6節参照）の創設によって，農協や漁協といった**協同組合**を中心に地域ブランドの形成を目指す傾向が散見されるが，地域全体の活性化をはかることを地域ブランド形成の目的に位置づけるのであれば，地域の異業種や多様な団体との連携も模索していくべきである。たとえば，**産品ブランド**の形成に際して，生産者・メーカー（製造業者）・小売事業者・観光事業者・飲食事業者といった異業種が相互に連携できるようになると，産品

の生産・販売から観光につながる（例「産品の販売・愛好がきっかけとなり観
光誘客につながる」）仕組みが醸成されるかもしれない。また反対に，観光事
業から産品の継続的な消費につながる（例「観光経験や土産品の購入，旅行時
の飲食がきっかけとなり，産品を愛好する」）仕組みが醸成されるかもしれな
い。

　地域ブランドの形成に際しては，地域住民から支持される仕組みを構築して
いくことも求められる。東北開発研究センターは，

　　　「『地域ブランド』とは，地域の本質的な価値の向上を目指すものである。地
　　域の本質的な価値とは，そこに住む人が誇りと自信を持って住めることである。
　　そのためには，『地域固有の資源（自然，環境，景観，産業，技術，伝統，文化，
　　人等）を活用して地域の魅力を創出，定着させることにより，地域住民が評価，
　　支持する価値』をつくることが必要となる」（東北開発研究センター 2005, p.9）

と説明している。

　企業におけるブランド形成の場合も同様であるが，組織内部の関係者に支
持・愛好されない商品は，ブランドとして成長できない。地域ブランドの形成
に際しては，地域外部に対するプロモーションとともに，地域内部に対するコ
ミュニケーション（インターナル・ブランディング）の方策についても検討し
ていくことが求められる。

3. 地域ブランドの価値と機能

　本書第3章で取り上げた諸見解のように，ブランドの構築に際しては，ブラ
ンドの対象となる基本的な価値に加え，買い手の関与が高い「顧客にとっての
価値」を創出していくことが求められる。つまり，産品ブランドの構築を想定
するのであれば「おいしい」，「安全」，「使いやすい」といったモノに付与すべ
き価値に加えて，「楽しさ」，「驚き」，「意外性」，「懐かしさ」といったコトに

関する価値を創出していくことが求められる。

　延岡が「機能とは，商品そのものに特性として備わった働きである」（延岡2008, p.3）と説明するように，ブランドの価値は商品が持つ機能からもたらされる。したがって，ブランドの構築を試みるためには，ブランドに付与すべき機能を検討しなければならない。青木は，農水産物・加工品のブランドを「**送り出すブランド**」，商業地・観光地・生活基盤のブランドを「**招き入れるブランド**」と位置づけながら，各ブランドが創出すべき機能を次のように説明している（青木 2004b, p.24）。

- **農水産物のブランド**：価値担保システム＋産地的正当性・独自性
- **加工品のブランド**：原料等の正当性・差別性＋加工技術の独自性
- **商業地のブランド**：集積性・空間構成の差別性＋経験価値の提供
- **観光地のブランド**：自然・歴史・文化の差別性＋経験価値の提供
- **生活基盤のブランド**：生活インフラの差別性＋経験価値の提供

　農水産物（一次産品）ブランドにおける「**価値担保システム**」は，品質維持をはかるための仕組みである。地域ブランドの事例として著名な大分県の「関さば」ブランドでたとえると，一本釣りで魚の損傷を防ぎ，人手に触れないで取引する。漁港内の生け簀で畜養する。出荷直前に活け締めするといった対応がこのことに該当する。また，「産地的正当性・独自性」は，対象となる産品と産地の関係が正当化されており，かつ独自性を有しているかということが問われる。「関さば」ブランドでたとえると，「潮流の速い豊後水道に生息しているサバなので，身が締まっている」ということが産地的正当性・独自性ということになるだろう。一次産品のブランド形成に際しては，品質を高めるべく対応策や産品と地域性との関係を探求していくことが求められ，このような対応が産品の機能的価値や意味的価値の創出につながるものと考えられる。

　加工品ブランドにおける「原料等の正当性」の創出に際しては，加工原料と生産地との関係性が問われることになる。この場合，加工原料は加工地と同じ地域で生産されていることが地域性を付与する上でも望ましいと考えられる。地域団体商標制度に認定された加工品の多くは，加工地と同地域で生産された

原料を用いていることを産品の特徴としている（特許庁 2006）。しかし，一次産業事業者の高齢化や担い手不足，**水産資源**の減少といった問題を考慮すると，今後，加工地と同じ地域で生産されている原料が調達できなくなるといったケースも考えられる。このような状況に陥ると，海外から輸入された原料を使用して，地域ブランドとして販売していくようなケースも想定される。製造技術を売りとし，ブランドを維持していくという考え方もあるが，地域ブランドとしての正当性を維持していくためには，生産者組織と連携しながら原料を調達していくべきであろう。

「加工技術の独自性」は，その地域で伝統的に取り組まれている生産手法のことである。加工品の生産に際して，旧来より地域に伝わる手法を適用していくことは，地域性を創出する上で有効である。しかし，多様化する消費動向や近年の「健康志向」，「安全志向」，「簡便化志向」といった消費志向を考慮すると，たとえ伝統的な生産方法であったとしても消費ニーズに基づき，アレンジを加えていくことが求められるだろう（日本政策金融公庫 2013）。

商業地，観光地，生活基盤のブランドは，いずれも場所を対象としたブランドである。「集積性・空間構成の差別性」，「自然・歴史・文化の差別性」，「生活インフラの差別性」の創出に際しては，他の地域と比較して優れている点やその地域にしかない個性，風土，地域らしさを強調していくことが求められる。地域の人間性といった観点も地域の個性であり，商業地ブランドの構築においては商習慣や商人の**ホスピタリティ・マインド**なども差別化のポイントになりうる。

「経験価値の提供」は，来訪客に対して，感動をもたらし，そこに訪問したことを誇らしく思えるような価値を提供する仕掛けである（青木 2004b）。日経リサーチが実施している「地域ブランド戦略サーベイ—地域総合評価編」では，**ブランド知覚指数**PQ（Perception Quotient）という評価尺度を適用しながら，「独自性」，「愛着度」，「購入意向」，「訪問意向」，「居住意向」という観点で地域ブランド力（場所のブランド力）を測定している（第12章第1節参照）。「自分の地域には資源がない」と嘆く人もいるかもしれないが，地域には

独自の地域資源や唯一無二の地域文化が存在する。山あいの棚田のように，日常見ている風景（日常景）が探勝景になるかもしれないし，日常的に食しているものが郷土食として評価され，愛好されるかもしれない。近年では，「**産業観光**」，「**グリーン・ツーリズム**」，「**エコ・ツーリズム**」，「**フード・ツーリズム**」，「**ヘルス・ツーリズム**」，「**文化観光**」といったニュー・ツーリズムに注目が集まっている。地域主導で観光の企画を行う着地型観光も評価されつつある。場所を対象としたブランド形成に際しては，地域資源を客観的に見つめながら，地域の「コト」を探索していくことが求められる。

4. 地域ブランドにおける経験価値

　消費財の中で，他商品との間で価値の優位性に明確な相違が認められない商品は**コモディティ商品**（大衆商品）と呼ばれている。地域ブランドについても，売り手側がブランドとして売り出していたとしても，価値の相違が認められずにコモディティ商品として認識されているものが多く見られる。このような現象は，たとえ高い品質が備わっていたとしても，価値が明確になっていなかったり，顧客が求める価値にマッチしていなかったりすることが多いためである。

　シュミットは，コモディティ商品に消費者がブランド間の差異を感じられない場合に，**経験価値**の創造力が効果を発揮すると説明している。経験価値とは，出会いや経験など，多様な生活環境からもたらされるものである。つまり，消費者は，感覚や感情や精神への刺激を受けると何らかの経験価値を感じるのである。また，経験価値は，企業とブランドとを，消費者の生活の中に位置づけられたものといえる。言い換えると，経験価値は，感覚，情緒，創造・認知，肉体・ライフスタイル，準拠集団や文化との関係性の中から，個々の消費者ごとのブランド・イメージを形成しているのである（Schmit 2000）。

　まさに，地域ブランドは，ナショナル・ブランドでもプライベート・ブランドでも対象となる商品やサービスが多い。一次産品の場合，たとえば，サバ

は，せいぜい水揚げ地やその地域名といった産地が明記されているに過ぎない
ものが小売店の店頭などに並んでいるが，その一方で，「関あじ」や「関さば」
のようにブランド化された産品は，ストーリーが付与されて消費者に価値が伝
わると，コモディティとは異なるモノとして認識されるようになる。さらに，
産品の良さを認識した消費者は，そのポジティブな経験をもとにリピーターに
なることが期待される。また，クチコミなどによって情報が拡散し，他の消費
者の行動にも影響を与えることも考えられる。

　繰り返しになるが，地域ブランドは，現状では産地側が「ブランドである」
と主張したとしても，実質的にはコモディティ商品と認識されていることが多
い。今までにも述べてきたように，ブランドが買い手側の認知・評価によって
成立するものであると考慮するならば，経験価値を創出することはブランド価
値を向上させたり，コモディティ商品との差異化をはかったりする上で重要な
意味を持つ。

　では，どのようにすれば，コモディティ商品の価値を優位に転換できるのだ
ろうか。図表7-3は，パインとギルモアによる経済価値の進展を，誕生日パー
ティに供するケーキの制作からパーティの実行までの流れを例に説明してい
る。材料というコモディティから，パッケージングされたケーキミックスとい
う製品，完成したケーキを提供するサービス，ケーキも含めてさまざまな趣向
で楽しむパーティという経験まで，経済価値の段階が上がるごとに，自分が本
当に求めている期待により合致する価値が提供される。それに伴い，消費者に
とっての満足度も大きく増加する（Pine & Gilmore 2005）。

　バラエティ豊かな経験価値を提供できる能力を持つ企業であれば，コモディ
ティ商品や競合する商品との差別化も容易なので，競合他社との比較で決まる
価格ではなく，自社の提供する特別な価格に見合うプレミアム価格を請求する
ことが可能になる。

　また，パインとギルモアは，経験を鮮明に知覚させるための領域として，図
表7-4の4E（エンターテイメント，エデュケーション，エスケープ，エステ
ティック）を使って，経験のステージ別に基づく領域を提示している（Pine

図表7-3　経済価値の進展

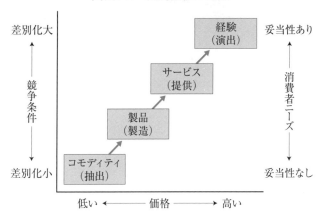

（出所）Pine & Gilmore（2005），邦訳書p.46

図表7-4　経験のステージングにおける4E領域

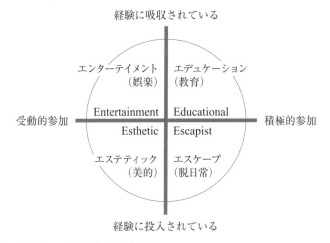

（出所）Pine & Gilmore（2005），邦訳書p.57

& Gilmore 2005）。

　まず，エンターテイメントは，最も古くからある経験領域である。日本では，声明，能，歌舞伎，落語というように，芸能と結びついた経験価値が伝統

といえよう。

　次に，エデュケーションは，エンターテイメント以上に，顧客個人の積極的
参加が不可欠なものとなる。何かを学び，知識やスキルを身につけるために
は，その人自身の心身両面での積極的な関わりが求められる（Pine & Gilmore
2005）。最近のエデュテイメント（エデュケーション＋エンターテイメント）
の動向にも注目したい。たとえば，キッザニアのように，子どもがリアルな職
業経験を通じて，企業社会を学び，同時に経験を提供する企業のブランディン
グを認知するようなサービスがそれに当たる。

　そして，エスケープ（脱日常）は，エンターテイメントやエデュケーション
よりもはるかに深く経験に入り込むものとなる。自分が登場人物になって，積
極的にイベントへ参加・関与するシミュレーション・ゲームなどがこれに当た
る。実際のサービスを受ける前に，インターネットを通じて疑似経験を提供で
きると，ブランド価値への関与度が高まるものと期待される。

　エステティック（美的）は，そこにいることを求めるものであり，対象は自
然でも人工物でも構わないとされている。エステティックの経験は，顧客に
とってリアルに実感できるものでなければいけない（Pine & Gilmore 2005）。

　パインらは，こうした経験価値を個別の顧客に合わせてカスタマイズするこ
とにより，さらに経済価値を最大化させることができると指摘している。

　次に，コモディティ商品の市場における経験価値戦略の位置づけについて検
討する。恩蔵は，コモディティ商品の市場における市場参入戦略として，4つ
のパターンを提示している。このパターンによると，新製品が既存カテゴリー
の延長線上にあっても，顧客にとっての知覚差異が明確であればパフォーマン
スの良さを認めてもらえることが期待できるので，品質価値戦略を採用でき
る。その一方で，知覚差異が明確ではなくても，既存カテゴリーとの違いを明
示できれば，カテゴリー価値戦略を適用することができる。カテゴリー価値戦
略の正否は，コモディティ化している市場において，新しいサブ・カテゴリー
が構築されたことを消費者に納得させられるか否かにある（恩蔵 2007）。この
考え方を応用すると，地域ブランドの場合には，どのような価値戦略が採用で

きるだろうか。地域ブランドを想定した価値戦略は，図表7-5のとおりである。

図表7-5　地域ブランドの4つの価値戦略

既存製品カテゴリーとの違い

	小	大
小 知覚差異	**(1) 経験価値戦略** ［ストーリーの明示化とコミュニケーションの徹底］ コモディティ化市場での新製品	**(3) カテゴリー価値戦略** ［商品カテゴリーの中で特定ニーズに絞り込んだサブ・カテゴリー創出］ コモディティ化市場での新製品
大	**(2) 品質価値戦略** ［ITやロジスティクスを活用して価値の差別化］ 中程度のコモディティ化市場での新製品	**(4) 独自価値（先発）戦略** ［ブランド名が代名詞になるほど浸透，ただし，行き過ぎに注意］ 新たに創造された市場での新製品

（出所）恩蔵（2007），p.41の図に加筆・修正

(1) 経験価値戦略

　地域ブランドは，商品自体はナショナル・ブランドでもプライベート・ブランドでも存在する。一次産品の場合，前述のようにサバという魚がブランディングされることによってストーリーが付与されて脱コモディティ商品となる。観光地などの地域の資源をブランディングする場合においても，ガイドが付き添って，地域の価値をビジターにわかりやすく伝えてくれると，地域の文化や伝統や習慣の意味が理解され，価値が伝わることによって地域ブランドとなる。

(2) 品質価値戦略

　後発である自社製品のほうが先発製品よりも品質的に優れていることを訴えようとする戦略である。地域ブランドの場合でいえば，農産物の生産者の携帯電話に，出荷した野菜の売り上げ情報が時々刻々と報告されるシステムを構築した愛媛県内子町の直売所「からり」の取り組みは，鮮度の良さという品質優位性を創出し，結果的に他の直売所を凌駕する売り上げに直結している。ま

図表7-6　庭から宿泊施設を臨む（湯宿さか本）

（出所）佐々木茂

た，島根県海士町が導入した冷凍技術「CAS」（Cells Alive System）は，獲れたての新鮮さに限りなく近い状態で凍結・解凍できるため，ロジスティクス面において品質優位性を高めることが可能であり，収益性を飛躍的に改善させることにつながっている。

（3）カテゴリー価値戦略

　一般的に新商品を開発する場合は，顧客に関心を抱いてもらえるようにプロモーションにおいてさまざまな工夫がなされる。そして，プロモーションによって情報を得た顧客は，能動的に独自のカテゴリーを創出しようとする。カテゴリー価値戦略では，自己に有利になるようにカテゴリーを限定し，その新しいカテゴリーを顧客に認知してもらうとともに，他社との競争を回避するような対応を講じる。ここでは，知覚上の差異を創出できるような技術が求められる。

　地域ブランドを想定すると，観光地が当該地域固有の特性を活かしながらも，さらにその特性を拡張して，新しい観光要素を付加するような取り組みがこれに該当するであろう。たとえば，ニュージーランドのクイーンズタウンは，自然環境の美しさから女王陛下が訪れるのに相応しいという意味で名付けられた観光都市であるが，地域の特性を生かしてバンジージャンプやジェット

スキーというアトラクションが導入された。現在では，Adventure Capitalという地域のコンセプトが設定されるようになった。近年では，このようなスポーツ・ツーリズムが観光地に取り入れられるケースが世界的に拡大する傾向が見られる。

（4）独自価値戦略

この戦略は，従来まで存在しなかった製品や資料を対象に，先発戦略をとるというものである。過去の製品を例に挙げるとすると，ソニーのウォークマンやアップルコンピュータのiPodなどが該当する。

この戦略を地域ブランドの事例で解釈すると，City in the Parksをコンセプトとする米国ワシントン州ベルビュー市が該当する。同市は，市の予算で土地を買収し，公園を作り続ける政策を展開していた。このように，無秩序な都市化を抑制し，独自の価値観でまちづくりを推進しようとする取り組みは，この戦略に該当するといえるだろう。

我が国の例でいえば，フランス人に人気が高い和歌山県の高野山や石川県珠洲市の「湯宿さか本」は，旅行者に応じた時間の楽しみ方が可能な独自価値を展開している事例であるといえる。「湯宿さか本」は，Small Luxuryとして「何もない宿」とも言われていたが，訪れた者にしか分からない価値を感じさせてくれる非日常を提供している宿である（図表7-6）。インバウンド客も多く訪問しており，"Classic Japanese Inn" by Margaret Price, Kodansha Industrial, 1999という書物を読んで関心を抱いた旅行客が訪れるという。風呂からの眺望も非日常が味わえるようになっており，まるでタイムスリップして，時代劇の主人公あるいは竹取物語の話中に迷い込んだのかと思うような静かで美しく思える竹林に面している。また，時間の観念は，西の山裾に沈みゆく太陽が教えてくれるのみである。このような取り組みは，いずれも，ラグジュアリー・マーケットを引きつける要素となり得る。

近年，CGM（Consumer Generated Media）やSNSで情報を発信する消費者の増加を背景に，**カスタマー・エクスペリエンス（CX）やユーザー・エク**

スペリエンス（**UX**）という概念が注目されている。カスタマー・エクスペリエンスとは，「消費に関わるすべての経験（エクスペリエンス）において，消費者が認識した価値」（大野・有園 2018），「一連の体験から顧客が感じた価値の『総量』」（今西・須藤 2019）であり，さまざまな価値に対する評価が多くの消費者の情報収集や比較・検討・意思決定に影響を与えている。この概念が注目されるようになってから，顧客が商品やサービスを認知し，購入・利用・廃棄に至るまでの一連の体験を「旅」に例えた「**カスタマー・ジャーニー**」を意識する企業が増えてきている。カスタマー・ジャーニーを意識したマーケティング戦略を立案する際には，顧客が商品やサービスとの関わる一連のプロセスを視覚的に把握する取り組みも行われており，「カスタマー・ジャーニーマップ」と呼ばれるものが作成されている。

　客観的な情報を重視される風潮において，地域ブランドの構築を試みる際には，顧客の経験価値を重視した戦略を立案することがますます求められるだろう。

ケースに学ぶ　海士町の地域ブランド開発を通じた地域再生の取り組み

　島根県海士町は，日本海の島根半島沖合約60kmに浮かぶ隠岐諸島の中ノ島を指し，Iターンは増加しているが，人口は1950年の7000人から2012年には2324人へと減少している。本土からはフェリーで3時間を要し，冬場は船が欠航して孤島化することもあり，地理的ハンディキャップが大きい。

　攻めの産業振興として，島の玄関港に，キンニャモニャセンター（海士町の民謡で，皆でまちを盛り上げようという含意）を設置，レストランや土産物を扱う農産物と海産物の直売所と，役場機能の一部も移設した。定住・移住促進のための交流促進課，本土外貨獲得のための地産地商課，新産業・雇用創出のための産業創出課を設置し，365日勤務態勢を取っている。

　国の支援策を従来のハード整備からソフト面へと転換し，「地域再生計画」の認定（2004, 2005）を受け，「海士デパートメント・ストア・プラン」を

提案した。ビジターを海士の地域資源を駆使してもてなし，満足して頂く海士町デパートを目指そうというものである。これは，2005年以前の事業のサザエカレーが，年間3万食を売るヒット商品になったことにヒントを得た。

　かつては午前中に水揚げされた魚介類を4時間かけて境港市場に運び，隠岐市場が午後3時から行われたため，仲買人から買い叩かれていた。そこで，CAS（cell alive system）を導入し，獲れたて直後の新鮮な魚介類を磁場で揺らしながら細胞を生きたまま凍結し，首都圏に配送し，浜の漁師の食卓を都心の食卓で再現させた。平成26年度には1億5800万円の売り上げに達した。

　島に金融機関がないため，海士ファン・バンク（海士ファンの都市住民から7年間で返済する一口50万円貸し付け制度）で，出資者には年間3%の利子相当で島で取れる産物を年4回送る。使途は素牛の購入や飼育に限定している。

　さらに，島の女性による起業化企画，島暮らしツアーなど首都圏の人々との交流が盛んに行われ，Iターン希望者にも注目されている。法人経営の企業では，㈲隠岐潮風ファーム（畜産），㈱ふるさと海士（地場産商品化），海士いわがき生産㈱（養殖），㈱たじまや（干しなまこ加工）がスタートした。

ディスカッション・トピックス

① 自分の居住地や出身地には，どのような地域資源があるだろうか。また，その地域資源は，地域ブランドになりうる資源だろうか。その資源を地域ブランドとして消費者に評価してもらうためには，どのような価値（モノに関する価値・コトに関する価値）を創造し，どのようなプロモーション活動を展開していくべきであろうか。

② あなたが地域ブランドの構築に向けた事業において，ファシリテーター（推進役）を任されたとき，どのような方法で地域内の合意形成をはかるだろうか。また，ブランディングにおいて，主体者，コーディネーター，バックアップ役は誰が担うべきと位置づけるか。

【参考文献】

青木幸弘（2004a）「地域ブランド構築の視点と枠組み」『商工ジャーナル』2004 年 8
　　月号，pp.14-17

青木幸弘（2004b）「地域のブランド化を推進し地域の活性化を図る」『かんぽ資金』
　　2004 年 7 月号，pp.20-25

今西良光・須藤勇人（2019）『CXM 実践的カスタマー・エクスペリエンス・マネジ
　　メント』日経 BP

大野隆司・有園雄一（2018）『カスタマー・エクスペリエンス戦略』日本経済新聞出
　　版社

知的財産戦略本部コンテンツ専門調査会日本ブランド・ワーキンググループ（2005）
　　『日本ブランド戦略の推進―魅力ある日本を世界に発信―』

中小企業基盤整備機構（2005）『地域ブランドマニュアル』

東北開発研究センター（2005）『創造地域ブランド―自立をめざしたまちづくり―』
　　河北新報出版センター

奈良県立大学地域創造研究会編（2005）『地域創造への招待』晃洋書房

博報堂地ブランドプロジェクト（2006）『地ブランド』弘文堂

特許庁（2006）『地域団体商標制度』
　　http://www.jpo.go.jp/cgi/link.cgi?url=/torikumi/t_torikumi/t_dantai_syouhyou.
　　htm　2013.6.29 アクセス

日本政策金融公庫（2013）『平成 25 年度上半期消費者動向調査』
　　http://www.jfc.go.jp/n/release/pdf/topics_130904a.pdf　2013.6.29 アクセス

延岡健太郎（2008）『価値づくりの技術経営：意味的価値の創造とマネジメント』一
　　橋大学イノベーション研究センター
　　http://hermes-ir.lib.hit-u.ac.jp/rs/bitstream/10086/16278/1/070iirWP08_05.pdf
　　2013.6.29 アクセス

第8章

インターナル・ブランディング

はじめに

● 多様なステークホルダーとの間で地域ブランドを共有するための
インターナル・ブランディングの必要性について考える。

● 顧客と企業が接することで始まる経験の場としてのエンカウン
ターの要素を検討する。

● 従業員の参加の考え方を市民参加に応用し，市民参加，地域住民
の変化の段階，地域住民のセグメンテーション，ブランディング
浸透，市民参加意識を高めるための工夫のそれぞれについて考察
する。

● インターナル・コミュニケーションについて，その基本，地域住
民を顧客として扱うIC，ICを通じたブランディングの取り組み方
を考える。

1. インターナル・ブランディングの必要性

　企業のブランディングにおいて，その構成員である従業員が，自社の組織文
化や戦略に対して十分に理解するためのフレームワークをインターナル・ブラ
ンディングと呼ぶ。こうした従業員によるブランドの理解を通じてこそ，企業
の外部の人たちに，ブランドの意図を正しく伝えることができるのである。こ
うした観点から，ブランディングにおいては，とくに，組織内部に向けたブラ
ンド戦略，すなわち，**インターナル・ブランディング**が重視されるようになっ
た。

　K.ケラーは，インターナル・ブランディングについて，次のように指摘する。

　「これは，ブランドやブランドが表現していることに対して，組織内のメンバーの適切な支援を確実にすることである。ブランド・ポジショニングが内部に説明され，伝達されることも重要である。とくに，サービス業においては，実質的にすべて従業員がブランドについての最新情報を取り入れ，腑に落ちるほど理解しておく必要がある。」（Keller 2005；邦訳書 pp.140-147）

　ブランディングにおいては，従業員の参加意識が重要となる。そのため，常にブランディングの進行状態が従業員の身近に感じられる工夫が必要となる。

　地域の場合は，企業に比べ，ブランド構築に多様なステークホルダーが関係するため，地域内の住民がブランドについての共通認識を持てるかどうかは，ブランドの正否に直接影響がある。

　また，地域ブランドの場合，ブランドを推進する母体として，商工会議所，観光協会，市役所，NPOなど市民団体，地域の企業など多様な担い手が存在する。さらに，その構成員としては，上記のような団体に所属する人たちだけでなく，第9章第4節「地域ブランドのステークホルダー」が関係することになる。

　そこで，本節では，企業組織のインターナル・ブランディングの基本に触れながら，地域ブランド作りにも取り入れることの可能な視点を考えておくことにしたい。

2. 顧客と企業の接するエンカウンターで高められるブランドの信頼

　エンカウンターとは，従業員が顧客にサービスを提供する瞬間や空間を指している（Christian Grönroos 2007；邦訳書）。南と西岡によれば，「従業員が顧客にサービスを提供するプロセスにおいて，顧客が感じる価値や満足感といったものが，マーケティング上の成果物となる。サービス・エンカウンターとは，従業員と顧客の相互作用が連続するプロセスである。」（南・西岡 2014, p.23）したがって，企業が従業員と顧客の相互作用の際に提供する接遇のクオ

リティを向上させ，顧客ニーズへの適応に努力することを通じて，ブランドの信頼を高めることができるのである。

　ここで，顧客が経験する4つのパターンを地域ブランドに応用すると，次のようになるであろう。

- **理性的経験（行動）**：良い行動は，繰り返し行われ，評価される必要がある。業務を適切に遂行できている人には，組織の中でも注目した方がよい。地域においても，ブランド発信につながる取り組みは，積極的なPRが必要である。

- **感情的経験（顧客の感じ方）**：従業員が自己の信頼を高めるためには，それが仮に自分好みのやり方ではなかったとしても，楽しむべきである。地域ブランドについて住民が自慢できるコンテンツには，地域外の人にとっても共有できる部分が多く見られる。自分が楽しんでいなければ，地域外の人に共感は生まれないのである。

- **政治的経験（顧客にとって適切な理由）**：企業家的行動（顧客のリスクを引き受ける）や全体的な公平感が醸成するリアルな体験を通じて得られる価値観を指す。その地域だからこそ体験できる価値を地域の住民がガイド役となって伝えられるような取り組みには，地域外の人の共感も得られやすい。大分県豊後高田市の昭和のまちづくりは，ボランティア・ガイドに郷愁を感じた旅行客の口コミが広がり，やがて旅行代理店が主催するツアーに発展した。

- **精神的経験（顧客が導かれる場所）**：顧客にとって最高の経験がもたらされることによって，利他的な考え方が取れるようになる。四国のお遍路や高野山での宿坊体験は，日本人ならずとも，経験から利他的な思考を育む地域資源といえよう。

3. 市民参加（従業員の参加）

（1）参加型アプローチ

　ケラーは，N. インドの考え方を紹介して，参加型のアプローチによって従業員のコミットメントを強化し，サービス水準を向上させ，ビジネス目標達成に向けて努力を集中させられると主張し（Keller 2005），従業員への権限移譲とモチベーションのあり方について，次の提言をしている。

● 従業員は，ブランド作りと一体化できる組織で活躍できる

● ブランドの重要性が大きくなればなるほど，組織の活動も活発化する

● 企業の経営目的や価値観を明確に示し，どのように組織内に組み込んでいくかを検討する

　一方，地域ブランドでは，多様な地域住民の参加（**市民参加**）が必要となるが，企業組織とは異なり，その多様性ゆえに，また，企業の人的資源部門は地域には存在しないこともあり，市民参加を促す取り組みの主体が必要となる。そこで，地域ブランドを市民に浸透させる方策を検討する。

（2）地域住民が変わる3つの段階

　次に，ブランドを組織内に浸透させる考え方から，地域内への浸透を図る方策を考えてみよう（Davis & Dunn 2002）。

　図表8-1は，企業の従業員が情熱的なブランドの表現者になるまでの3つの段階を示している。この流れは，一貫して，企業のブランドに対する意図を従業員へのコミュニケーションを通じて，理解してもらおうという取り組みに他ならない。これを地域住民の地域ブランド構築のプロセスに当てはめて検討してみることにする。

　地域住民に情熱的な支持者になってもらうためには，ブランドとは何か，ブランドはどうやって構築されるのか，地域のブランドは何を象徴するのか，そしてブランドの約束を実現する際の自分の役割は何か，ということについて理解してもらわなければならない。根拠のあるブランドの価値を示し，ブランド

図表8-1　地域ブランドと住民の関係性構築

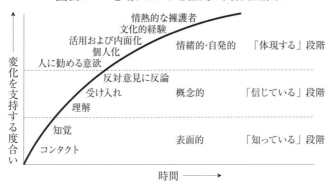

（出所）Davis & Dunn (2002), p.196

図表8-2　地域住民の態度フレームワーク

地域住民のモチベーションと士気

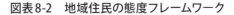

低　◀──┼──────┼──────┼──────┼──▶　高
　　　懐疑的　　分からない　　信奉者　　熱心に推進

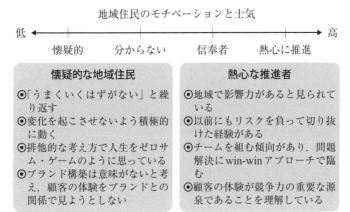

懐疑的な地域住民	熱心な推進者
◉「うまくいくはずがない」と繰り返す ◉変化を起こさせないよう積極的に動く ◉排他的な考え方で人生をゼロサム・ゲームのように思っている ◉ブランド構築は意味がないと考え，顧客の体験をブランドとの関係で見ようとしない	◉地域で影響力があると見られている ◉以前にもリスクを負って切り抜けた経験がある ◉チームを組む傾向があり，問題解決にwin-winアプローチで臨む ◉顧客の体験が競争力の重要な源泉であることを理解している

（出所）Davis & Dunn (2002), p.202

とそのポジショニングが自分の行動に及ぼす影響を地域住民が理解できるようにする。これを一貫性を持って強化すれば，地域住民は次第に無意識かつ自然にブランドを体現し始め，ブランドに対する熱意はさらに高まっていくであろう。

　一方で，顧客関係性と同様，地域住民とのブランド形成における関係性も流

図表8-3　ブランド浸透のフレームワーク

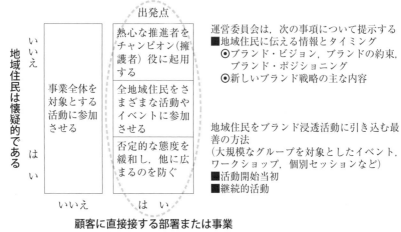

出発点

地域住民は懐疑的である

いいえ

	熱心な推進者をチャンピオン(擁護者)役に起用する
事業全体を対象とする活動に参加させる	全地域住民をさまざまな活動やイベントに参加させる
	否定的な態度を緩和し,他に広まるのを防ぐ

いいえ　　　　　は　い

運営委員会は,次の事項について提示する
■地域住民に伝える情報とタイミング
　◉ブランド・ビジョン,ブランドの約束,ブランド・ポジショニング
　◉新しいブランド戦略の主な内容

地域住民をブランド浸透活動に引き込む最善の方法
(大規模なグループを対象としたイベント,ワークショップ,個別セッションなど)
■活動開始当初
■継続的活動

顧客に直接接する部署または事業

（出所）Davis & Dunn (2002), p.203

動的である点に注意したい。これまで熱心だった地域住民も,活動がマンネリ化してしまうと,従来のような積極性が減退してしまう可能性がある。

(3) 地域住民のセグメンテーション

地域住民がブランド主導型の新しい構想を受け入れたり,抵抗したりする動機を理解するためのフレームワークが図表8-2である。懐疑的な地域住民と熱心な推進者が両端にあり,その間にいくつかの過渡的な態度が存在する。

(4) ブランド浸透のフレームワーク

図表8-3に示されているとおり,熱心な推進者を**ブランド・チャンピオン**（ブランドの擁護者）に変え,懐疑的な地域住民の影響を中和させるブランド浸透への全体的なアプローチの考え方を示している。顧客に接する業務分野（顧客サービスや販売員）から始めて,顧客関係性に直接の効果をもたらすように活動の優先順位を決定する。この種のアプローチは,組織内の全体的な抵

抗レベルを評価する概念的フレームワークとして役立つ。

（5）地域住民の参加意識を高めるための工夫

　米国の**ボランティア・マーケティング**の考え方から，地域の課題解決にあたって，住民の参加を促す方策は，まさに地域ブランドの構築に住民に関わってもらう取り組みの参考になる（佐々木 2002）。

　ボランティアやNPOなど非営利組織のマーケティングは，ソーシャル・マーケティングと呼ばれ，コミュニティに関連したさまざまなグループや組織が，コミュニティの問題に対処するために取り組むものである。企業のマーケティングと異なるのは，主体が必ずしも特定されているわけではない点である。つまり，誰かがマーケティング戦略の主体となるというよりも，問題に関連した人，グループ，組織がそれぞれに応分の負担をすることによって，問題に対して前向きに対処していこうとするものが，このソーシャル・マーケティングである。

①**ボランティアの担い手マーケット**：ボランティアのマーケットを動かすのは，Willingness（積極的意志）とVoluntarism（自発性）である。したがって，誰か一人が犠牲的な精神のみで継続させられるものではなく，コミュニティに関わる人々が自らの能力の範囲で，少しずつ手を貸すというのが本来のボランティアの姿であろう。次のA～Hは，ボランティアの担い手のマーケット，つまりボランティアの労働市場の分類である。

　A. 草の根活動のグループ：

　　i. 高齢者の介護，自立

　　ii. 在日外国人の支援

　　iii.福祉・医療

　B. 町内会

　C. 学校：

　　i. 父母

　　ii. 生徒

　　　iii.PTA

D. 商店街

E. 一般企業のうち，「ボランティア休暇」などの制度を設けている企業

F. その他のグループ

G. 問題意識は高いがグループに属さない人々

H. 全く関心を持たない集団

②**問題を抱えたマーケット**：ボランティアの標的顧客：問題に対する各グループ間の認識のずれから，すべての問題市場がボランティアによってそのニーズを満たされているわけではない。現代の我が国においてボランティアが関与しうるマーケット（標的顧客）には次のような要素が考えられるであろう。

i.　商店街

ii.　高齢者

iii.障がい者

iv.学校

v.　公共サービス

vi.女性

vii.町内会

viii.外国人（生活面）

ix.観光

x.　農業

③**既存のNPOの役割**：すでに立ち上げられている**NPO**には，経験と情報の蓄積があるのだから，これからNPOを立ち上げようとする人々への指導的立場にあると考えられる。たとえば，新規NPOの立ち上げと初期運営の支援やNPOの理事とスタッフの教育である。

④**行政の役割**：ボランティア・グループを支援して，多様なNPOの設立を促すことができる。つまり，市民の自立化を支援する。ただし，従来とは異なる発想で専門の組織を確立した方が，実体に即した活動ができるであろう。

たとえば，次のような支援があげられる。

i. 町内会のボランティア活動への実費部分の補助

ii. 町内会のまちづくり活動への補助金

iii. 商店街へのマーケティング戦略支援

⑤**大学の役割**：大学には，さまざまな分野のプロが研究者として存在すると同時に，大学で学ぶ学生はいわばプロの卵である。ボランティアは，研究者にとっては，リサーチ・フィールドとしての市場価値があり，学生にとっては，学習した内容を試す場所としての市場価値がある。とくに，後者の学生については，インターン制度を設ける大学も増えている。

⑥**動機付けの視点**：

A. ボランティアを始める目的：H.マズローは，人間の心理的欲求を五段階に分け，この中で，企業のマーケティング戦略の多くは，第三段階の人から愛されたいという欲求に焦点を当てているといっているが，ボランティアやNPOのマーケティングでは，さらに高次の尊重されたいニーズや自己実現のニーズに焦点を当てるべきであろう。米国では，一定以上の地位や収入を得た人たちは，自己実現を目指して，ボランティア活動に積極的に参加するようになる。したがって，NPOの理事になっている人たちは，無償でこうした仕事に積極的に携わっている。寄付行為にも積極的で，税の控除の枠を越えても，必要と考えれば積極的に寄付するのである。

　また，中・高生や大学生がボランティアに参加する動機としては，尊重されたいという意識が働いている。さらに，ボランティアを初めて体験した人々の多くは，なぜもう一度ボランティアをやろうとするのかという問いに対して，「楽しかったから」「新しい出会いがあるから」といったことをあげている。

　これらのことから，ボランティアを増やすためのマーケティング戦略のコンセプトは，「インタラクション（協働）関係の構築」といえるのではないだろうか。このインタラクションの目的としては，次のような内

容をあげることができる。

i. すばらしい人々との出会い

ii. 問題への直面

iii.楽しさの発見

iv.自分らしさ（生き甲斐）の発見

v. 社会貢献ができる

vi.未来を体験できる

B.ボランティアの効用：これは，4つのポイントにまとめることができる。

i. 人は，ボランティア活動に従事すべきか，どのような種類のボランティア活動を実行できるか，時間や方法や場所の選択ができる

ii. ボランティアをする人がその仕事から期待できること

—製品もしくはモノ：無料のチケットやプレゼント

—仲間作り

—個人的なベネフィット：経験，技術，より多くの人と知り合う，満足

iii.営利企業にとって，ボランティア活動に何かモノや人を提供することはどんな利益を期待できるのだろうか

—企業イメージを高めることができる

—節税対策

iv.社会人としての経験のスタート

以上のような工夫を通じて，住民がまちづくりに参加する機会が拡大する。では，こうした環境が整備されると，住民同士は，どのようにコミュニケーションを展開できるだろうか。

4. インターナル・コミュニケーション

（1）インターナル・コミュニケーションの基本

地域内部でまちづくりに参加する環境が整備されると，地域住民の意思の疎

図表8-4　インターナル・コミュニケーション・モデル

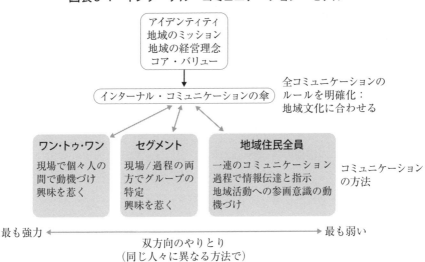

（出所）Ind (1997), p.92 を基に筆者加筆

通を図るコミュニケーション，すなわち，**インターナル・コミュニケーション**
（Internal Communication：IC）についても考えておく必要が出てくる。

　ここでは，N. インドの考え方に基づいて，地域のインターナル・コミュニ
ケーションを検討してみる（Ind 1997）。まず，図表8-4の下段に示されてい
る3つのコミュニケーション方法から考えてみよう。

　地域住民全員とのコミュニケーションにおいては，地域住民が自由に情報の
受発信ができ，メッセージが同時に全員に伝わるメディアの活用が望まれる。
アナログでは，地方新聞やコミュニティ・ペーパー，広報誌，回覧板がある
が，デジタル・メディアも，近年では一部の高齢の人々にも受け入れられるよ
うになり，SNSを中心とした，リアル・タイムで映像も活用した分かりやす
い情報のやりとりが日々進化している。こうしたメディアの活用を通じた，地
域住民の地域活動への参画意識の動機づけも重要な取り組みとなる。さらに，
地域の活動がマス・メディアを通じて，ニュースなどのパブリシティで取り上

げられることによって，住民が地域に対して感じるプライドが刺激され，地域全体の一体感が醸成されていくのである。

　次に，特定のグループ間など共通の属性（中学校時代の先輩・後輩や同期など）や目標を持つセグメントにおけるコミュニケーションについては，前述のように全員に同じメッセージを伝えるのではなく，地域内での地域住民の属するグループやその役割に合わせてメッセージを作り，伝える必要がある。地方に行けば行くほど，この地域住民の役割は多様化する。こうした役割の重複が多いほど，情報の伝播のスピードは速まるが，住民の役割をリスト化して整理すると，人的ネットワークのつながりがより鮮明なものとなり，効果的なコミュニケーション方法を確立できるであろう。

　最後に，一対一のやりとりについて考えてみよう。地域では，企業組織のように，コミュニケーション方法を規則などで定めることは難しいが，一方で，ソーシャル・キャピタルで人々が緩やかにつながっているような風土があれば，むしろ情報はスムーズに伝わるのである。一方，世代間のギャップなどから，一時的に地域内でのコミュニケーションが滞ってしまっている場合には，地域の実情に合わせたコミュニケーション・ルールを決めて，情報を伝達する必要があろう。

　このように地域内でのコミュニケーションは，できるだけ単純な方法が望ましい。一対一（ワン・トゥ・ワン），特定グループ，地域住民全員のそれぞれで，コミュニケーションの取り方を決めておくと，新たに地域に加わった人や，移住者が，比較的スムーズに溶け込むことが出来るはずである。いい換えると，暗黙知の部分が大きすぎると，外部の人には，せっかくの地域の価値が理解しづらくなってしまうことを意味している。たとえば，台湾の加賀屋では，日本式の接客方法を伝授するにあたり，日本のしきたりや文化の話から入るのではなく，接客の形から教えたという。形だけならば，見よう見まねで身につけることができる。その上で，実践の中で，つまり，実際の接客の中で，お客様からの感謝の言葉を頂くたびに，なぜ，このおもてなしがお客様に評価されているのかを考えさせ，次第に日本のおもてなしの心を理解させることに

第8章 インターナル・ブランディング

成功したという。

　地域のアイデンティティが明確なものになっていると，地域内での価値観の共有も，インターナル・コミュニケーションによって進めやすくなる。地域内で，コミュニケーションが誠実でオープンに行われているという評判が伝われば，誰もが気軽にコミュニケーションし，情報が伝わりやすい環境が構築されるだろう。

　こうして地域内でコミュニケーションが円滑に行われるようになると，コミュニケーションのルールを地域の文化に合わせて明文化することができ，地域内で情報共有も進めやすくなる。地域内の多様な関係者にコミュニケーションの役割を分担してもらう場合など，コミュニケーションのルールが決まっていると，それがインターナル・コミュニケーションを包括する傘となり，価値観を共有しながら，多様な仕事を同時に進行させることができるため，地域ブランドのイメージにぶれが起こらない。そして，組織や個人の間でも齟齬が生じないよう，インターナル・コミュニケーション・プログラムを遂行し，環境の変化に対してコミュニケーション・プログラムを柔軟に修正する必要がある。

　では，コミュニケーションの方向にはどのようなものがあるだろうか。通常の組織の中では，上下と横（同僚同士や部門間）のコミュニケーションが行われている。一方，地域でのコミュニケーションは，横が中心となる。情報交流の場としては，まちづくり協議会やワークショップなど，特定の目的のために集まって行うものと，商工会議所や中小企業同友会，JC（青年会議所）など多様な組合や団体が存在する。NPOや寺社や教会の集まりもある。

　多様な団体間で，目標や情報や意識の共有化を図るために必要な取り組み方としては，次のようなことがあげられる。

●地域の発展の方向性についての目標を明確にしたミッションを作る
●個々の団体のプロフィットと地域全体のベネフィットとのバランスを取る
●継続的で効果的なコミュニケーションを行う
●地域住民全員に，地域全体としてのベネフィットを理解してもらう

141

（2）地域住民を顧客として扱い，ICを徹底

　ニュージーランドのクライストチャーチ市郊外にあるテラスダウンズ（TD）（リゾート）は，元々は，日本人が作ったゴルフ・リゾートであった（佐々木2010）。そこを現CEOが買い取り，現在のTDをスタートさせた。まず，単なるゴルフ場だけのイメージを払拭し，できるだけ非日常を体験できるリゾートへの脱皮をはかろうとしている。

　TDにおけるICの取り組みでは，まず地元のクライストチャーチ市のメディア，タクシー，ホテル関係者を招待し，TDの良さをアピールし，これにより口コミの源泉を創出した。クライストチャーチ市に滞在した人が，もう一日あるいは半日遊びたいと考えて，誰か町の人に聞いたときに，「だったらTDがいいですよ」と勧めてくれることが，何よりも説得力のあるPRとなる。

　こうした取り組みから，地域ブランドのICには，地域住民間の情報共有，地域内での意思の疎通，地域住民の全員参加が必要であることが理解される。

　地域ブランドを構築するに当たっては，地域内での情報共有の方策として，次のような取り組み方ができるのではないだろうか。

- 地域と関わりを持つ著名人に，「大使」を務めてもらう
- 地域内の人の中から，ブランド・エクイティに貢献する取り組みをしている人を「ブランド代表」として公表し，地域内に周知する
- 地域のポータル・サイトで「週刊ニュース」として，地域ブランドに関わる情報共有を図る
- 企業と同様，地域内で，「**ブランド・ブック**」を毎年発行して，全員に配布する。「ご当地検定」などに盛り込んでいくのもよい
- 地域内でブランド開発のグループを形成し，継続的に担当者の分担を持ち回りにしながら共有化を進める

　たとえば，群馬県高崎市で2009年の開始以来続けられてきた"King of Pasta"は，当初は，高崎青年会議所のメンバーが発案し，スタートさせたものを，やがてその一部の人間が引き継ぎ，運営面でのサポートを高崎経済大学の筆者（佐々木）のゼミ生が中心となって，手伝いをはじめた。その後，やがて学内

図表8-5　地域住民によるブランディング・プロセスの体系化

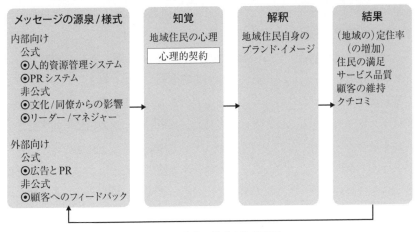

（出所）Miles and Mangold (2004), p.70を基に筆者が加筆修正

の他のゼミや県内の他大学の学生にもサポートの輪が広がり，地域を代表する祭りの1つにまで拡大していった。こうしたインターナルな結び付きが，地域内での情報共有を促進し，地域ブランドの形成に貢献しているのである。

（3）ICを通じたブランディングの取り組み方

　ここでは，マイルズとマンゴールドを参考に検討する（Miles and Mangold 2004）。

　地域ブランドについてのメッセージが地域内で発信されると，地域住民は，地域ブランドに対して，自分自身も何らかの関わりがあるはずだという，いわば，心理的な契約意識を持つようになる。この意識が芽生えると，関連する新しいメッセージを受け取り，内容を解釈し，比較するにつれて，住民自身がブランディング努力に関与するようになる。そして，地域への愛着が増すことで，地域住民の**定住率**の増加，住民満足度と業績の向上，**サービス品質**の向上，高い**顧客維持率**の達成につながるものと考えられる。この流れを図表8-5に沿って検討していくことにする。

① メッセージの源泉／様式

　地域が醸し出すイメージは，地域の内外の源泉から生み出されている。まず，地域の内部に向けた公式および非公式の情報があげられる。内部向け源泉は，地域内の人的資源，PR，地域文化や友人からの影響，そして地域ブランド推進母体のリーダーのメッセージから影響されて構成される。システム内で一貫したメッセージが作られることが重要である。しかし実際には，メッセージはミスマッチとなることが多い。多様なメッセージが地域住民と顧客に伝えられる場合，メッセージの内情が分かっている地域住民は，地域の側に二枚舌があることが分かっている。こうした場合，地域の約束に沿ってブランドを提供するとは限らない。こうした事態に陥らないようにするために，常に情報の一貫性を維持することも忘れてはならないのである。

② 心理的な契約

　地域と地域住民との間の心理的な契約とは，地域と地域住民の間にある期待に即してもたらされる。契約が守られている限り，地域住民は，地域が約束を果たしているため，地域のことを信じようとする。その一方で，地域住民が心理的な契約が破られていると感じたら，否定的な感情を抱き，地域の利益に見合わない行動を取る可能性もある。心理的な契約が破られたと感じることにつながる否定的な出来事から，地域へのロイヤルティが低下し，他の地域住民や顧客に対しても否定的な口コミを流し，やがて居づらくなる。移住（地域外への流出）という事態を招くおそれもある。地域ブランドを盛り上げていくためには，住民による地域貢献を評価し，感謝の機会を設けるなどの目に見える形で，地域全体で実施すべきである。

　心理的な契約は，地域住民のブランド・イメージ形成の軸となる。地域住民は，地域情報において，地域の価値を一貫して強化するメッセージを含んでいれば，より強力にブランディングに協力するであろう。たとえば，市役所が，次のメッセージを伝えるとする。

● わがまちの親しみやすい人たちが，お客様をおもてなしします

- わがまちは，地域資源を活用した顧客サービスや住民が（地域資源について）知識を習得するための研修に力を入れています
- わがまちは，顧客サービスに積極的に取り組む地域住民を表彰しています

　こうしたメッセージは，地域住民の合意を経て形成されるべきである。それによって，地域住民自身が，こうした行動を意識せざるを得なくなることが期待できる。

③ 地域住民のブランド・イメージ

　地域住民は，心理的契約が守られていると感じていれば，地域が約束を守っていると見なすだろう。地域住民は，前向きなブランド・イメージを考案し，高次の顧客サービスを提供することによって，地域の期待に応えようとする。

④ 結果

　強力なブランド・イメージが形成される地域には，いくつか好ましい結果がもたらされる傾向がある。より高次の住民満足，実績，サービス品質そして，顧客維持と同様に，定住率の増加という恩恵も得られる。

　ただし，結果を見ながら，修正することを忘れてはならない。地域ブランドの場合，構築のプロセスが複雑であるがゆえに，途中のプロセスが見直される機会が必ずしも多くはない。しかし，地域ブランドといえども，市場で競争していることに変わりはなく，変化に対応できるだけの柔軟性が求められている。

　インターナル・ブランディングでは，地域住民に地域が発信するメッセージを，心理的な契約を守りながら，送り続けることが，地域住民の満足度を維持することにつながるのである。

ディスカッション・トピックス

① 地域のステークホルダーは，居住する市民だけでなく，通勤・通学者や病院や会社への訪問者や観光客もいる。市民といっても，組織に所属する人もいれば，そ

うでない人もいる。こうした多様な利害が絡むところが，地域の問題の難しい点である。こうした多様な市民を地域づくりに参加させるためには，どのような方法が考えられるだろうか，地域の課題を明確にした上で議論してみよう。
② 市民参加を促進する上で，地域内へのコミュニケーションが重要だが，ステークホルダーによって，コミュニケーションのスタイルも異なっている。たとえば，お年寄りのコミュニティに対するコミュニケーションとして，どのような方法が最適な手法といえるだろうか，検討してみよう。

【参考文献】

Christian Grönroos (2007) Service Management and Marketing: Customer Management in Service Competition. (近藤宏一・蒲生智哉訳『北欧型サービス志向のマネジメント―競争を生き抜くマーケティングの新潮流』ミネルヴァ書房，2013年)

Davis, S.M. and Dunn, M. (2002) Building the Brand-Driven Business, John.

Ind, N. (1997) Employees and Communication, "The Corporate Brand", Macmillan Press.

Keller, K.L. (2003) Strategic Brand Management and Best Practice in Branding Cases, 2ns ed, Pearson Education. (恩蔵直人研究室訳『ケラーの戦略的ブランディング』東急エージェンシー出版部，2005年)

Miles, S.J. and Mangold, G. (2004) A Conceptualization of the Employee Branding Process, *Internal Relationship Management*, Vol. 3 Issue 2/3.

Wiley & Sons. (電通ブランド・クリエーション・センター訳『ブランド価値を高めるコンタクト・ポイント戦略』ダイヤモンド社，2004年)

佐々木茂 (2001)「地域住民主体による中心市街地活性化のための活動に関する調査研究：我が国の現状と今後の展開～米・英の事例に学ぶ：米国まちづくり調査ケース・スタディ―シアトル市，ベルビュー市，タコマ市，ニューオリンズ市―」産業基盤整備基金，pp.73-102・173-242.

佐々木茂 (2010)「体験型ツーリズムを活用した地域マーケティング戦略」『ツーリズム学会誌』第10号

南知惠子・西岡健一 (2014)『サービス・イノベーション―価値共創と新技術導入』有斐閣

第9章 地域ブランドの体系

はじめに

- 地域ブランドの位置づけをソーシャル・キャピタルの視点から捉え，ブランド形成の取り組み方を4つのステップに分けて考察する。
- 一般製品のブランド構造を知ることで，ブランドの基本を学ぶために，ブランド体系，ブランド拡張，ブランド間の関係，ブランドの傘と梃子の原理を取り上げる。
- 次に，地域ブランドの構造について，一般製品の知見を応用する。そして，地域ブランドのステークホルダーについても考察する。
- 地域ブランド市場の発展（試買市場から常用市場）については，島根県海士町の過疎からの再生と八戸前沖さばのブランディングの事例を使って検討する。

1. 地域ブランドの位置づけ

（1）地域ブランドとは

地域ブランドは，ある特定の地域の中で，個性のある商品などが中心になってブランディングされるのが一般的である。しかし，一口に個性のある商品のブランディングといっても，容易に立ち上げられるものではなく，そこには，地域の中のさまざまな協力関係が必要となる。

この地域の人と人のつながりから，さまざまな関係が構築され，地域が活性化していくプロセスを捉えたのが，ソーシャル・キャピタル（SC）という考え方である。第6章でもみたように，SCとは，特定の目的のために参加する

人々の間での「信頼」を基軸として，相互の個人能力を認め合いながら，連携する社会的関係性と捉えることができる。こうした地域の中でのネットワークは，地域外との人々の関係構築へと発展し，地域内でのブランディングに大きく貢献してくれる地域の基礎力といえるであろう。

　地域ブランドが今日注目されるようになってきた背景には，国内外の地域間競争の激化に加え，**市町村合併**によって生じた従来の比較的小規模なエリアのアイデンティティの喪失懸念（和田 2007）や観光誘客のための資源の掘り起こしなど地域を単位とした個性を総括することによって，情報発信力を高め，地域力を高めて，地域独自の取り組みを展開しようとする地域住民の意識の変化があるといえよう。

　地域ブランドは，その地域に固有の特性を踏まえた価値を訴求できない限り，さらには継続的に訴求できない限りブランドとしての価値が生まれない。だからこそ和田は，地域コミュニティの活力を問題にしているのである（和田 2002）。上辺だけの，とってつけたようなブランドやお土産物では，地域ブランドは構築できないのである。

　また，プロダクト・ブランドとの違いという点では，これが個別企業の個々の製品ブランドを指すのに対して，地域ブランドはその地域の情報発信をも含めた**パワー・ブランド**であり，いわゆるお土産物や特定地域だけで通用している**ローカル・ブランド**とも区別されるべき性質のブランドであると考えられる。

　地域ブランドの地理的範囲は，コトラーの指摘のように国家レベルで捉えるもの，行政区分として都道府県庁や市町村によるもの，市民グループによる取り組みとしては学校区もしくは地域の婦人会単位という小規模なものまである（Kotler & Gertner 2002）。企業区分としては，①商店街，②地場産業，③観光地・リゾート，④工場や企業，⑤遊園地・美術館・博物館などによるものが考えられよう。

（2）地域ブランド形成への取り組み方

　地域ブランドは，大別すれば，①地域に訪問してもらうことにより，地域の
資源や人々との交流を通じて形成される**デスティネーション**（目的地）として
の地域ブランドと，②現状では地域まで足を運んで貰うことが難しいような立
地（環境）であるが故に，地域内の資源（生産物）を活用した地産地消の加工
品を域外に提供することにより形成される地域資源ブランドが考えられる（青
木 2004；関・日本都市センター 2007；波積 2008）。青木の地域ブランド形成
の4つのステップ に依拠するならば（青木 2007），第1ステップでは，ブラン
ド化可能な個々の地域資源を選び出し，ブランド構築の基盤ないし背景として
地域性を最大限に活用しつつブランド化していくという地域資源のブランド化
のプロセスをたどる。ブランド化の対象は，農水産物，加工品，商業集積，観
光地（生活基盤）で，ここから地域資源が形成される。いずれの資源について
も，当該地域の意味づけ・関連づけが不可欠と考えられる。

　第2ステップでは，前段階の地域資源ブランドを1つの柱としつつ，そこに
共通する地域性を1つの核として「傘」ブランドとしての地域ブランドを確立
する。**傘ブランド**とは，図表9-1に示されているように，地域を代表する複数
の**ブランド・カテゴリー**から形成される地域のアイデンティティを総括した地
域ブランドの総称である。

　第3ステップでは，地域ブランドによる地域資源ブランドの強化と底上げを
する。人々の各地域資源ブランドへの期待値は，地域ブランドのバックアップ
（これは，裏書きとか裏打ちされる価値と呼ぶこともできよう）によって高まる。

　第4ステップでは，底上げされた地域資源ブランドによって，地域経済や地
域自体が活性化される（つまり，地域資源ブランドが取引されることによっ
て，地域の経済力が高まれば，地域の力は自ずと向上するのである）。

　地域ブランドは，これらの4つのステップを経由する中で，コトラーのいう
ところの4つのターゲット（地域住民や通勤・通学客，観光客などビジター，
企業や大学の誘致，域外や海外の顧客）（Kotler他 1993）のいずれかを充足で
きるようになる。つまり，地域ブランドの確立は，まさに，地域マーケティン

グの実行を確実なモノにするのである。

　次に，**地域ブランド体系**を一般製品の**ブランド体系**を参考にしながら考察していくことにしたい。

2. 一般製品のブランド構造

（1）一般製品のブランド体系

　ブランドとは，一般に，ある商品やサービスを他の類似のモノと明確に区分させてくれる識別子であるといわれる。その意味で，ブランドとは，アイデンティティを持った単なる名称や表現以上の，企業やブランドを保有する人もしくは組織にとって資産としての価値があるモノであると考えられる。アーカーがブランド・エクイティの議論を展開した際には，消費財のみならず産業財においてもブランドが企業と顧客に与えるパワーがあることが指摘されていた（Aaker 1994）。それが今日では，多様な地域が他の地域との差異化を訴求するという範囲にまで，ブランドの応用展開が見られるようになった。たとえば，コトラーとガートナーは国自体をブランドと見立て，国家のイメージがその国の製品，サービス，地域への投資，企業や観光客を惹きつける能力に対する態度形成に影響を与えることを論じている（Kotler & Gertner 2002）。

　コトラーによれば，ブランド戦略は，3つの課題に大別されるとしている（Kotler 1979, pp.298-305）（なお，③と④は，筆者が最近の事例に置き換えている）。

　A. 製品にブランドを付与するのか

　B. 自社のブランド名とするのか流通業者のブランド名とするのか

　C. 自社のブランド名を単一とするのか，複数の個別ブランドとするのか

　とくに，Cについてはブランド階層と位置づけて，次のように分類している。

① 個別ブランド名

P&G（タイド，ボールド，ダッシュ，チアー，ゲイン，オキシドル，ダズといった個別ブランド）は，新製品を市場導入する場合，最初の6週間のテレビによる販売促進では，P&Gの社名と各新製品名とを併記して用いるが，同期間を過ぎると，社名を次第に強調しなくなる。

② 全製品に対する総括的なファミリー・ネーム

この方式は，既知のファミリー・ネームがある場合に，新たなブランド名を構築するための費用がかからないというコスト上のメリットがある。キャンベル社のキャンベルというファミリー・ネームを用いたスープで，新しいスープを出す場合がこれに当てはまる。

③ 全製品に対する複数のファミリー・ネーム

これは，SONYのVAIO，サイバーショット，ブラビア，ウォークマン，プレイステーションが代表例といえよう。同じ会社が，きわめて異なる種類の新製品を市場化する場合，唯一のファミリー・ネームを用いることは適切ではない場合もある。これによって，異なる製品間のイメージの違いを解消することができる。花王のヘルシアなども同様の考え方といえるであろう。

④ 個別製品名と結合された企業の商標

企業名を各製品に対する個別ブランドと一緒に用いようとするもので，その企業名は，新製品を正当化し，個別名は，新製品を独自なものにする。クエーカー・オーツは，ホット・シリアル，コールド・シリアル，スナック・バー，クッキー，ライス・スナック，などすべての商品に，Quakerをつけたブランディングを行い，朝食用シリアル市場における同社の名声という利点を活用する。同時に，Quaker Instant Oatmeal Raisins & Spiceでは，スパイスの利いた干しぶどう入りのインスタント食品であるという個性を付与している。

（2）ブランド拡張

こうしたブランドの階層的な構造の先には，ブランド拡張という戦略もある。

① ブランド拡張と範囲ブランド

ブランド拡張とは，既に市場において一定の地位を確立したブランドの資産や力を活用する形で，同一製品クラス内でのライン拡張や他の製品クラスへの進出を行うことである。ある製品クラスにおいて既に確立されたブランド名を用いて他の製品クラスに参入する戦略は，新規ブランドの立ち上げに比べて，マーケティング・コストの節約になり，成功した場合には，当該ブランド名そのものも補強される（青木1997）。

地域ブランドでは，地域を総括する地名が必ずしも地域ブランドの傘ブランドにならない場合もある。たとえば，図表9-1は，筆者（佐々木）が2006年に「葛飾区地域ブランド推進ワークショップ」のアドバイザーを務めた際に，シニア，主婦，学生を対象に行った「葛飾区の地域イメージ調査」からまとめた地域ブランドの体系図である。本図では，傘ブランドの葛飾を構成するブランド要素として，奥戸・新小岩から南綾瀬・お花茶屋・堀切までがあげられて

図表9-1　葛飾区の地域ブランド体系

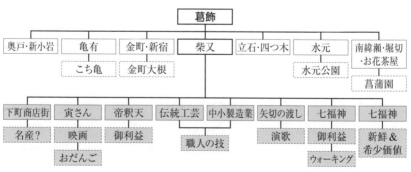

（出所）筆者作成

いる。このうち，最も多くの人が支持したのが，「柴又」であった。これは，
柴又の構成要素である寅さんや帝釈天など，映画などを通じて，強いブラン
ド・イメージが形成されている地域に牽引される形で，葛飾の地域イメージが
形成されていることを示している。したがって，「葛飾」という地域ブランド
よりも，「柴又」というブランドの方が，地域のアイデンティティを伝えやす
いということになる。その意味では，まずは，柴又の○○からスタートして，
柴又地域の構成要素を充実させ，光を当てることによってそのブランド力が波
及効果を持ち始めると考えられる。

② ブランドのタイプと拡張能力

　ブランド拡張は，単に製品の呼称にすぎないようなもの（識別機能のみ）か
ら，1つの理念・哲学を表すようなものまでの広がりがあり，そのレベルに
よって拡張能力に差異が生まれる。したがって，単なる呼称にすぎないブラン
ドでは，当該製品カテゴリーから離れることはできないが，当該ブランド名
が，a.ある種の技術・製法と結びついている場合，b.ノウハウに裏付けられて
いる場合，c.ある領域への関心やこだわりを表す場合，さらには，d.ある理念
や哲学にまで高められている場合には，より異なったカテゴリーへの拡張が可
能である。c.は，製品コンセプトが明確に定義され，かつ，それを応用・拡張
が可能な場合と考えられる（青木 1997）。

　ブランド拡張は，地域ブランドでも慎重に検討が必要である。とくに，上記
のc.の視点では，特定地域，広域，日本など，我が国では，地域単位のコンセ
プト作りが不明瞭であり，コーポレート・ブランドでいうところの傘ブランド
のコンセプト作りが求められている。それが可能になれば，c.については自然
環境や地理的環境へのこだわりと結びつけられ，それが他地域との明確な差別
的優位性につながれば，応用可能である。d.は，文化との関わりで地域ブラン
ドを構築しようとする取り組みであり，最もパワフルな地域ブランドの形成に
つながるが，そのためには時間のかかることを覚悟しなければならない。

（3）ブランド間関係

　次に，ブランド体系は，複数のブランド間の関係性から捉えることができる。ブランド間の関係性は，1.垂直的構成と2.水平的構成から考えることができる。

① ブランド群の垂直的構成

　垂直的構成の論点として，（1）企業ブランドの位置づけとその機能分担，（2）**サブ・ブランド**の設定方法，（3）属性ブランドによる本体ブランドの意味の強化と修正があげられる。つまり，企業ブランドとしての傘の中に，サブ・ブランド（下位ブランド）が複数ブランド配置され，これらのサブ・ブランドによって，企業ブランドが強化されているという考え方である。日本では，企業名自体がブランドとして機能し，企業名と個別商品名ないし個別ブランドとを組み合わせた二階建て構造が一般的とされる。**二階建て構造**の中身は，（1）企業名＋個別ブランド（サントリー・オールドやトヨタのカローラ），（2）企業名＋製品一般名称（味の素サラダ油），（3）企業名＋機能名，愛称（東芝冷蔵庫・かわりばん庫）などのタイプがある。企業名がブランドを裏付ける役割を果たしている（青木1997）。

　地域名などの傘ブランドの下に，地域の特徴を表す地域資源で構成された個別のブランドがサブ・カテゴリーの役割を果たしており，地域ブランドにおいても，この垂直的構成が見られる。

② ブランド群の水平的構成

　自社ブランド内のグルーピング，他社ブランドとの提携に関する意思決定の結果として形成されたブランドの水平的配置のことを指している。（1）範囲ブランドの設定とそのもとでのグルーピング，（2）他ブランドとの提携戦略がある。（2）については，地域ブランドの場合，広域連携の戦略につながることとなる（青木1997）。

　地域ブランドでは，地域的な重なりのある部分では，近隣同士で協働するグ

ルーピングが考えられる。とくに，観光面での連携が期待される。また，同様のカテゴリー同士で全国的に協力するグルーピングも考えられよう。たとえば，海外の富裕層の取り込みを目指して，2005年4月から官民連携で観光振興をはかってきた九州観光推進機構では，次のような取り組みを行った。

　　「それまで地域や県単位で手掛けていた観光振興を九州全体効果的に行うことを目的に機構を設立した。九州7県の宿泊客数は2006年実績で十年ぶりに前年実績を上回った。各県がバラバラにやっていたプロモーション活動を『九州』というくくりで行うようにした。東アジアなどで開かれる観光博覧会にも機構が九州としての統一ブースを出すことなどで，北海道や沖縄などに比べて観光地としてのアピール度が弱かった九州の知名度向上にもつながった。」（日本経済新聞地方経済九州B 2008年4月22日, p.14）

（4）ブランドの傘と梃子の原理

　さらに，ブランドの傘と梃子の原理について，片平は，次のように説明する。すなわち，傘は大きなブランド名のもとに寄らば大樹（有名メーカーのブランドならば安心）を目指すのに対して，梃子は個別のブランドが明確なアイデンティティを主張することにより，その商品の力を倍増させられる仕組みである（片平 1996）。つまり，傘ブランドの下にあるサブ・ブランドの個性を磨くことが，これからのブランド戦略に求められているという考え方である。地域ブランドの場合には，地域内の多様な地域資源を磨き上げ，ブランド力を強化することで，地域全体の個性が浮かび上がってくることになる。まさに，この傘ブランドとサブ・ブランド強化による梃子の原理が当てはまると考えられる。

3. 地域ブランドの構造

　前述のブランドの階層概念を活用して，地域ブランドについて考えてみよ

図表 9-2　稚内の強み

稚内の強み

<地域を総括するコーポレート・ブランド>
観光Ⅰ：体験型　観光Ⅱ：見るor訪問する
癒し＆健康回復
コンセプト・メーカー
地域ブランド：○○○○の稚内
短期・中期・長期の各視点で計画を立案する必要あり
地域資源ブランドによる地域経済の活性化

強み	産業	食	スポーツ	季節	冒険	大自然	環境	医療	周辺国（地域）	稚内への受（け）入れ	周辺地域	コンベンション	産業	孤立帯立地最北端	歴史・文化	その他　外部への情報発信	歴史
水産業	いも	贅沢な北の味覚の宝庫	ナ　ポ　リ　タ　ン	①春～秋（ロシアを中心に寒い地域）	間宮林蔵の道	天塩川	環境ビジネスの可能性	樺太	避暑・長期滞在	就業・移住	コンベンション	物流拠点	日本最北端の空間	間宮林蔵	北海道どさんこプラザで最も取扱品が少ないのが宗谷支庁の物産	佐々木氏が訪問したアンテナショップの中で繁盛していた順位の（　）内はgooランキング
栽培漁業	いも煮	ホタテ	ナ　ポ　リ　タ　ン		サベロの追体験	利尻島生花	風力発電・風車の町	ロシア（サハリンスク）	長期滞在		ショッピング		日本最北端の距離	樺太を巡る	外部の目を活かして上手く（集う）よそ者・若者・馬鹿	北海道どさんこプラザ・ニッポリ(1)
	酪農実習	ホッキ		②秋～春（中国～台湾・インド・アジアあたり暖かい地域）	辺境観光	雪氷冷熱	稚内層珪藻頁岩	ウラジオストック	会議		ショッピング		日本玄関口北の	日本アジン・関サバは原産地付けする重要のメーカー	新宿みやさき館KONNE(3)
	利尻昆布	ホヤ			地吹雪体験		ヨー・ミー・ニー・デン・ツィ・カ・ト	北京								表参道・新潟館ネスパス(4)
	オナナ	シマホッケ		③冬（オーストラリア・ニュージーランドの別荘と滞在者）	辺境観光トレッキング			ソウル（仁川）						日本アルミットはスミセイカーはスペースシャトルのはんだとして効果的に認められNASAからお墨付き	むらからまちから館
	オナコ	蟹の内子			マヤカヤ釣り			（金浦）					すってが始まりの町			いまい富士山館(16)
		オオナゴ						アラスカ				ハードウェアとしての商業集積		高知県馬路村では柚子に続くブランド造りのために外部からデザイナーを招き、間伐材でパッケージパートは見向きもせず、そこでMOMAニュー現在世界の方が知っている馬路村に	広島ゆめてら館す(7)
								台湾		国際会議		→アウトレットplus北の水族館<日本人でも帰りのブランドイートチケットを待参すれば免税でショッピング特区>				ふくい南青山291 (20)
								インドネシア		避暑・看護				島根県海士町では島では全く使い果たす直前に一島を外人に寸も滞在にニアビールを、現在は海外人かその役者も担う、契約を発信、都市の消費者人が海士郷土料理人になる人が多い	この順位は立地条件によりモルる。しち・タ級博うかどうかと関係が伝わる
Target	子育て中の親	シニア	スポーツ選手	元気になりたい女性					アジア & ロシア & アラスカ		アジア & ロシア & アラスカ	日本全体plusアジア&ロシア&アラスカ				これからの地域ブランドは単品ではなく、総合的な品揃えの時代へ

地域資源を生かした地域ブランドをつくる・地域性を明確に打ち出す・地域ブランドの全体としてのブランド化をはかる・地域資源を新規事業分野の開拓や商品・サービスを地域に散りばめる・新規ブランドを構築

（出所）筆者作成

う。

　まず，ブランド群の垂直的関係性については，傘ブランドの考え方を活用して，稚内の地域ブランド作りの委員会に提言したのが，図表9-2の地域ブランドの体系図である。“強み”の欄の項目は現在の強みであるが，医療，コンベンション，産業の部分は今後強化すべき要素であり，外部への情報発信は，課題を示している。○○○の稚内という地域ブランドの傘を構成するのは，観光Ⅰ・Ⅱ，産業，商業，農業，環境，歴史という軸であり，それらをさらに説明するサブ・ブランド体系から構成されている。最下部には，それぞれがターゲットとしうる対象も明示している。

4. 地域ブランドのステークホルダー

　ステークホルダーとは，利害関係のある集団を指し，企業のブランドの場合には，消費者，株主，従業員，従業員の家族，取引先，供給業者，研究機関，行政，メディア，地域住民等が想定される。では，地域ブランドの場合には，どのような人々がステークホルダーとなりうるのだろうか。

　清水によれば，「地域主体のマーケティングとは，住民，行政，地域企業，通勤，通学者，観光客など地域のステークホルダーに利益を提供し，インタラクティブで良好な関係を維持管理していくこと」（清水 2007, pp.33-45）となる。これは，地域ブランド価値醸成の土台となる考え方である。

　さらに地域のステークホルダーを詳しく見ると，地方自治体，住民，生産者，法人（大学，財団等を含む），民間団体，顧客（消費者，企業，自治体），観光客，地域の企業（旅館やビジネスホテルなど宿泊施設），工事業者，金融機関，納税者があげられており，これに，インフラ（空港や港湾や高速道路も含めた道路），地域内外の交通機関（航空会社，鉄道事業者，バス会社，タクシー会社など），第3セクター（農産物直売所や地域で運営する交通機関など），投資家（プロも個人も）などを加えた主体を指していると考えることができる（生田 2006；阿久津・天野 2007）。

以上のことからも，地域ブランドのステークホルダーは，実に多様であることがわかる。これらの機関や人々との関係づくりは，企業のブランド以上に慎重な配慮を要すると考えられる。というのも，地域ブランドの場合には，ステークホルダーの協力そのものが，ブランド形成に直結していることが多く，彼らの協力なくして，地域ブランドのマーケティングは考えられないといっても過言ではないからである。

すなわち，地域ブランドの構築に当たっては，ステークホルダーを巻き込んでいくことにより，当該製品やサービスの品質を向上させ，同時に，**口コミ**のメディアとしての役割も担ってもらうことでそのストーリー性が共有される。さらに，継続的に改良が加えられ，販路の拡大にもつながることが期待されるのである。

5.地域ブランド市場の発展（試買市場から常用市場）

これまでは，地域ブランドは，自治体などが推進するアンテナショップやインターネットを利用した，いわば，試買的な販売が一般的な取り組みであった。たとえば，都内には，全国の都道府県のアンテナショップが多数点在し，県単位から，さらには，基礎自治体の単位での出店が見られる状況にある。

一方で，最近では，販路の用意や拡張だけにとどまらず，より積極的に総合的な地域マーケティングの視点で，地域ブランド形成に取り組む地域も増え始めている。次に2つの例をあげる。これらは，いずれも大都市市場との連携関係の構築によって，ブランド市場を拡大し，試買市場から常用市場へと発展させることに成功した取り組みである。

（1）島根県海士町のブランディングの取り組み（2009年，2013年訪問時のヒアリングから）

国内の多くの地域同様，人口減少の問題を抱え，赤字財政により，町政にも支障を来しつつあった同町において，自力で稼ぎ出すことによる再生が求めら

れていた。そんな中にあって，町民がカレーライスに牛肉や豚肉の代わりに，日常的に町民が食しているサザエを使った「サザエカレー」を作り，東京の島根県のアンテナショップなどで販売したところ，年間でレトルトパックが3万食も売れるというヒット商品となった（第7章ケーススタディ参照）。

　それをきっかけに，地域ブランドに付加価値を付けて販売することの重要性に気づき，その後も町特産の牡蠣やイカを，CAS冷凍の技術利用により，消費地に輸送することが可能となった。現在では高価な冷凍食品の販売に成功している。**CAS（Cells Alive System）**とは，磁場エネルギーで細胞を振動させることで，細胞組織を壊すことなく凍結させることができる画期的なシステムで，解凍しても通常の急速冷凍物のようなドリップなどは一切起きず，長期間にわたって鮮度を保持できる仕組みである。これによって，とれたての味をそのまま封じ込め，解凍後もとれたての味を食することが可能になる。このCASの導入により，海士の漁師の食卓が直接都市の消費者にも届けられる環境が整った。CAS を離島の流通ハンディを克服する最大のツールとして，島から高付加価値商品を生み出し，第1次産業の復活と後継者育成につなげようとしている（海士町 2012）。

　これに続いて，それまで町の土木工事中心に公共事業で成り立ってきた会社が農業参入し，子牛の段階で出荷していた隠岐牛を肥育し，東京に出荷することで，農業ビジネスを軌道に乗せることができた。

　海士町では，継続的に島での創業を支援するために，海士ファン・バンクという制度を設け，海士ファンから資金を募っている。これは，都市住民から7年間（経営が安定して元金を返せるくらいの余力ができる期間）の貸し付けを受け，後に返済する制度であり，1口50万円を拠出してもらう仕組みである。出資者には，年間3％の利子相当として，農海産物を年4回送る。倒産した場合には，海士町が全額返済するなど，行政もリスクをとっている。使途は素牛の購入や飼育に限定されており全体の出資総額は，1200万円ほどである。

　さらに，商品開発研修制度も設け，島外から開発担当者を募りながら持続的に地域の資源を掘り起こし，商品開発につなげようとしている。彼らの中に

は，永住して，起業する人も存在する。こうした多様な取り組みから，海士町独自のマーチャンダイジングが形成されるようになってきている。

「島まるごと加工産業による雇用の創出」事業では，厚生労働省や高年齢者雇用開発協会の補助を受け，加工業務のセミナーや流通・販路開拓の講習会をこれまでに240回以上にもわたって開催し，最終的に84名の雇用を創出することに成功した（海士町 2012）。

（2）八戸前沖さばの大都市と連携したブランディング（佐々木・加藤 2010）

青森県の八戸港に水揚げされる鯖の取引価格の安さを克服するために（図表9-3），一般の市場流通とは異なる「八戸前沖さばブランド推進協議会」（商工会議所の運営）による流通が行われることになった。推進協議会は，八戸前沖さばの「認定」だけでなく，その「おいしさを全国へ発信する」ために，創作料理コンテストや開発商品紹介などを実施している（「八戸前沖さばブランド化推進協議会パンフレット」。なお，活動の詳細はオフィシャルサイトで発表

図表9-3　主要漁港におけるサバの上場水揚量と卸売価格（2006年度）

※水揚げ量10,000トン以上

漁港名	県名	水揚量 （トン）	構成比 （%）
八戸漁港	青森県	57,094	44
石巻漁港	宮城県	67,172	51
波崎漁港	茨城県	42,062	49
銚子漁港	千葉県	134,812	56
沼津漁港	静岡県	22,695	54
焼津漁港	静岡県	18,910	49
奈屋浦漁港	三重県	35,578	44

（注）表は石原が農林水産省，農林水産統計（平成18年産地水産物流通調査），2007をもとに作成したものである。

（出所）石原慎士（2007）「八戸市における地域ブランド形成に関する一考察—八戸前沖サバブランドの構築に向けて，弘前大学大学院地域社会研究科年報第4号，pp.41-59

されている（http://www.8saba.com/home/)）。八戸前沖さばのブランド化にあたっては，消費地においても，積極的な取り組みが見られる。大阪に本社を置く株式会社鯖やは，鯖寿司専門店であり，八戸前沖さば県外PRショップの第1号店に認定されている。その店主・右田高有佑 は，運営母体の株式会社鯖やの専務を兼任するとともに，八戸前沖さば大使も務める。右田は，『鯖や新聞』を発行し，大阪地区の大丸や取引先のスーパーに設置している。

同新聞では，八戸前沖さばの特徴や「美味しいサバの選び方」を紹介，製品情報公開の取り組み，「さば寿司の日」を制定したことを紹介しており，「日本最北端で獲れるサバは身の締まりと脂の乗りが違います。（中略）八戸前沖さばは，マグロのトロに匹敵する脂の乗り…。お口の中に入れると「じゅわ〜」と，とろける感覚…。」（『鯖や新聞』2009年1月号）とブランド・ストーリーを訴求する。

さらに，同紙によれば，図表9-4のようなPR活動を展開していることが分かる。こうした広報活動は，八戸前沖さばブランドを試用的な位置づけから日常的な位置づけに変換するための効果的な手法といえるであろう。

図表9-4　株式会社鯖やのメディア出演

年月	番組名・雑誌名	放送局・出版社
2008年10・11月	魔法のレストラン ザ・レジェンド プチッとく Richer あまから手帖	毎日放送 朝日放送 関西テレビ 京阪エルマガジン社 クリエテ関西
2009年1月	あまから手帖 梅田Walker	クリエテ関西 角川クロスメディア
2009年2月	KANSAI1週間	講談社

（注）新聞は除く。
（出所）『鯖や新聞』2009年1月号，2月号，3月号より作成。

また，株式会社鯖やと八戸大学（石原慎士准教授：当時）の共同開発による鯖寿司の製品情報公開システムは，「食の安全」に向けた取り組みとして，ブランドの日常化に寄与しているといえよう。試験事業の中で，伊勢丹で食品の

仕入，販売，催事などに携わっていた高橋貞男氏（当時）のアドバイスを受けつつ，パッケージ（裏ラベル）に，「製品のコンセプトを表示するとともに，製品のロット番号から生産履歴の情報や産地の情報，アレルギーに関する情報，調理法を閲覧できるように，URLや二次元バーコード」を付した（石原2008）。株式会社鯖やも2009年に「とろ鯖棒寿司」や「松前風とろ鯖寿司」など5種類について，トレーサビリティを開始した。これは，石原が「情報公開によって，品質裏付けやブランドの形成にもつながる」と期待し，開発したシステムを利用している（『産経新聞』2009年3月11日，『毎日新聞』2009年3月13日）。

（3）地域ブランドの常用市場への展開ポイント

海士町と八戸の2つの取り組みからわかることは，

①**それぞれの地域ブランドが育まれている地域の人々の関与**：海士町では自治体が主体となり，Iターン者やビジターである「よそ者」を積極的に受け入れ，地域住民が一緒になって活動している。八戸では，商工会議所が大学や漁業関係者とともに活動し，市民を口コミの形で巻き込みつつある。

②**地域外の人々とのコラボレーション**：海士町では国や自治体の補助金を活用して，消費地の企業と連携しながら，商品化の取り組み方を学び，ファンを通じて資金調達をすると共に口コミの発信源になってもらう。そして，研修制度で外部の人材に定住してもらって資源の開発を継続させている。八戸では，大阪という一大消費地の㈱鯖やと連携して，一般の消費者に情報を発信している。

③**技術革新による付加価値の向上**：海士町では，CASの導入により，最寄りの市場への出荷から，遠方への出荷が可能となった。八戸では，ICT（情報通信技術）の活用により，安心・安全の担保と品質の良さをアピールできるようになった。

地域ブランドを観光のお土産物に限定するのではなく，消費者の日常生活の中にいかにして位置づけていくか，それはとりもなおさず，地域の安定的な発

展につながり，さらに次の地域ブランドを生み出す原動力ともなるだけに，地域としては，しっかりとした取り組みを通じて，達成すべき目標といえるであろう。

ケースに学ぶ　香港政府によるブランド体系形成のプロセス

　SARS (Severe Acute Respiratory Syndrome)渦から見事に立ち直り，従前にも増して観光客を増やすことに成功した香港では，政府，企業，大学ならびに医療機関，そして，市民による一体的な取り組みが展開され，それが現在でも続いている。危機的な事態に遭遇して，初動段階では多少の混乱は伴ったものの，その後，冷静な対処と総合的な取り組みを持続させてきたのである。たとえば，政府系の観光機関であるHKTB(香港政府観光局)による主要インバウンド地域の観光客の消費者行動分析，キャセイパシフィック航空が市民に呼びかけた「外国にいる親戚や友人招待キャンペーン」といった企業と市民のコラボレーション，日本へのアウトバウンドを業務とするエージェントのEGL tours社による渡航禁止期間中の香港人向けの香港観光ツアー催行で，市民の地域へのロイヤルティを増進させるなど，多岐に渡る運動が展開された。その結果，SARS発生前年に1,500万人だったインバウンド客が発生年度に100万人減少したが，現在では3,600万人という驚異的な数字へと増加したのである。

　政府は香港のブランド体系を提起した。まず，既存の観光名所の魅力の向上に着手した。①港のライトアップ計画 "A Symphony of Lights"，②地域の魅力向上計画(街並みの改善，環境の美化と緑化，観光施設の魅力向上など)が実施された。

　一方，HKTBは，"Seeing is Believing"をマーケティング・テーマとして採用した結果，香港のメディア価値にして，10億ドル以上の成果につながった。キャンペーン後の観光客は，5月の43万人が，7月に129万人に，8月には164万人となった。ホテルの客室稼働率は，5月は17%だったが，8月には88%まで回復した。

　次に，2003年9月から2004年1月にかけて，"Hong Kong ? Live it, Love it!"のグローバル・マーケティング・キャンペーンが，16カ国にわたって実

施され，香港の4つの中心的な強み（ショッピング，食，文化と祭，都市＋港＋緑地）を提示した。幅広く珍しい体験を提供し，すべての訪問者の五感を刺激するデスティネーションとして，香港を位置づけた。海外での主な活動は，ニューヨークのタイムズスクエア，サンフランシスコのユニオンスクエア，ロンドンのコベントガーデンでのイベントがあげられる。ここで形成されたデスティネーション・マーケティングのフレームワークが，地域ブランドの体系化である。

ディスカッション・トピックス

① 香港におけるSARSなど危機発生時の対応について，問題の当事者は，どのような対応をすることができるのだろうか，考えてみよう。

② 香港は，SARSの対応を通じて，関係者ではなく第三者による情報提供を徹底的に活用したことにより，それが実行できたことで，世界からの信頼を回復することが出来た。これは，世界の第三者機関であるWHOが渡航制限とその解除を行ったことで，日頃から「香港A型」など，風邪の発生源というイメージを強く持っていた香港が，短期間でSARSの風評被害から免れた点である。では，東日本大震災発生後の福島第一原発の事故に対して，政府はどのような対策を打つ必要があったのか，検討してみよう。

③ 産官学民というすべての当事者が解決に向けた意思を共有することについて，考えてみよう。香港では，SARS発生後に，政府だけでなく，民間企業も大学も市民も協力した。たとえば，Cathay Pacific航空は外国の友人招待キャンペーンを実施した。EGL toursというアウトバウンド専門の旅行代理店が，香港市民のための香港市内のツアーの企画商品を提案し，閉鎖期間中に毎日催行し，市民の香港へのロイヤルティを大いに高めることに貢献した。市民は，粛々と政府の指示を守り，SARSの封じ込めに協力した。同様に，大震災の発生など，予期せぬ出来事に対して，どのような連携が考えられるか考えてみよう。

④ HKTBでは，従来，香港を訪れることの多かった国と，今後，訪問客を増やしたい地域について，さまざまな市場調査を導入した。その結果に基づいて，各国に対するアプローチを用意した。あなたの住んでいる地域は，どの国をメイン・ターゲットにしようとしているだろうか。対象国のツーリストの行動を詳細にリサーチし，分析してみよう。

⑤ 自分の住んでいる地域のコアバリューからコンセプトを創造し，地域ブランドの体系を考えてみよう。

⑥ プロの交流を促進することも，世界から注目される方法の１つである。メディアとの関係にも通じるところではあるが，香港では，たとえば，俳優や料理人などのインフルエンサーが国際的に交流することで，ファンが相互に行き来するところとなり，その情報が世界を駆け巡り，地域の安全性や楽しさを伝える情報源となる。こうしたプロを魅了するあなたの地域の魅力は何だろうか。

【参考文献】

Aaker, D.A. (1991) *Managing Brand Equity*, The Free Press. (陶山計介・中田善啓・尾崎久仁博・小林哲訳『ブランド・エクイティ戦略―競争優位をつくりだす名前，シンボル，スローガン』ダイヤモンド社，1994年)

Kotler, P. (1976) *Marketing Management*, Prentice-Hall. (稲川和男訳『マーケティング・マネジメント―機会分析と製品戦略』東海大学出版会，1979年)

Kotler, P., Haider, D. and Rein, I. (1993) *Marketing Places*, The Free Press. (前田正子・井関俊幸・千野博訳『地域のマーケティング』東洋経済新報社，1996年)

Kotler, P. & Gertner, D. (2002) "Country as brand, product, and beyond: a place marketing and brand management perspective", *Brand Management*, vol.9, No.4-5, April 2002.

青木幸弘 (2007)「地域ブランドを地域活性化の切り札に」『地銀協月報』(560)，2～8，2007/2

青木幸弘・小川孔輔・亀井昭宏・田中洋編著 (1997)『最新ブランド・マネジメント体系』日経広告研究所

阿久津聡・天野美穂子 (2007)「地域ブランドとそのマネジメント課題」『マーケティング・ジャーナル』vol.107

海士町 (2012)「離島発！地域再生への挑戦～最後尾から最先端へ～」

生田孝史・湯川抗・濱崎博 (2006)「地域ブランド関連施策の現状と課題」富士通総研，研究レポート，No.251

石原慎士 (2008)「地域ブランド形成における産学の連携―八戸前沖サバブランドの形成に向けて―」高崎経済大学経済学部監修『新地場産業と参加型学生教育』日本経済評論社

片平秀貴 (1996)「ブランドの傘と梃子 (1)」『広告』

第2部　地域ブランド戦略

佐々木茂・加藤健太（2010）「八戸前沖さばのブランド化と消費地の試み」『高崎経済大学論集』第52巻第4号

清水良郎（2007）「地域ブランド育成におけるマーケティングの実践」『名古屋学院大学論集 社会科学篇』第44巻第1号

関満博・日本都市センター編（2007）『新「地域」ブランド戦略』日経広告研究所

波積真理（2008）「地域ブランド確立の必要性―きくちのまんまブランド戦略」『農業協同組合経営実務』63（10），pp.82-86

和田充夫（2007）「コーポレイトCSRアイデンティティ作りと地域ブランド化の連携」『商学論究』55（1），pp.1-17

和田充夫（2002）『ブランド価値共創』同文舘出版

第10章

地域ブランド・プランニング

はじめに

- 地域ブランド計画では，発信主体がその目標を十分に理解し，マーケティング手法をどのように取り入れていくかを明確にする必要がある。

- 地域ブランド計画では，そのプロジェクトの人員選定をし，対象地域の設定，地域資源への理解を深め，それをブランド化に結びつける過程が重要である。

- 地域ブランドのブランド化の過程では，マーケティング戦略の視点とブランドの背景にあるストーリーについて理解を深める必要がある。

- ブランディングとは，ブランドになりそうなものと，ブランドだと思ってほしい消費者との間に関係性を構築することである。したがって，重要な点は，消費者の心と体を巻き込んでいくことにある。

1. 地域ブランドの目標とマーケティング手法

（1）地域ブランドの構築と着地点

地域ブランドの構築，あるいは地域ブランド化は，一般に当該地域で生産・製造された製品の市場受容や，地域外の人々が当該地域を訪問することによる経済的利益の獲得を目的に行われる。しかし，究極的には当該地域に関わる人々が，地域に誇りと愛着を持ち，**アイデンティティ**を形成するために取り組まれる（和田 2002）。このようなブランド化の取り組みが顕著になったのは，

最近であるが，潜在的な動きはかなり以前からあった。

　都市や都道府県は，歴史，文化，自然，産業などの地域資源により地域活性化を目指すが，それは地方の復権というロマンである（田村 2011）。つまり，このロマンに向かって，まず地域資源を開発・活用し，その販売により地域財政や住民の所得・雇用を増加させる。そして最終的には，地域ブランドの構築と市場化による地域住民相互の連帯感を醸成し，地域コミュニティを（再）構築する。これはブランド化による住民の取り組み過程で生じる社会的利益であり，地域ブランドの特異な部分である（白石 2012）。このように，地域ブランドの構築や地域ブランド化を目指す背景には，短期的には当該地域への経済的利益，長期的には当該地域の関係者間においての地域アイデンティティの形成がある。また，実際に地域ブランドや地域ブランド化に成功した地域が，持続可能な地域として将来展望ができる可能性が出てくるため，これらの取り組みが顕著になってきた。そして，地域ブランドの構築後は，ブランドを長期継続させるマネジメントが必要となる。

（2）地域ブランドの発信主体

　特定地域から出発し，全国ブランドとして認知された製品やサービスは数多くある。これらは，ほとんど地方に本拠地（本社）を置く一般企業によるものであって，本書で扱う地域ブランドとは多少異なる。この点に注意して，地域ブランドを考えなければならない。

　昨今の地域ブランド構築の動きは，地方自治体の財政悪化が背景にあるが，それは地域ブランドが経済的利益を1つの目標としていることでも明白である。そのため，地域ブランド構築の推進母体には地方自治体や首長がなることが多い。ただ，これらが推進してブランド化に成功した例は少なく，当該地域内での自発的な動きによる例が圧倒的に多い。たいていの場合，地域ブランドの構築は個人ではできず，そのための検討会や組織の設置が必要になる（電通編 2009）。つまり，多くの人が参加することで地域ブランドが誕生する土壌が形成され，継続することで地域ブランドが当該地域に貢献するようになる。

　地域ブランドの開発では，地域住民が主体となるため，経済的利益と社会的
利益が調和するビジネスの色彩が強くなる。これらのビジネスは，地域住民が
自ら学習・計画・経営する個人，あるいはその組織が主体となる。また，組織
形態では地域発の個人事業者，会社組織，NPO，**協同組合**などがある（白石
2012）。したがって，地域ブランドは，一般企業とは目指す方向は似ているが，
異なる目標も持っている。

（3）マーケティングの手法援用

　第1章でも取り上げたが，元来，マーケティングは営利企業の対市場対応手
法として誕生し，その活動によって市場を拡大し，企業の企業（事業）規模拡
大に貢献してきた。このなかで営利企業以外がマーケティング手法を学び，自
身の「顧客」に対してマーケティングを行うことによって，「顧客満足」を獲
得してきた事例が数多くある。

図表10-1　製品ブランドと地域ブランドの相違

	製品ブランド	地域ブランド			
実施主体	企業組織	地方自治体（都道府県・市町村） 住民・生産者・法人（大学・財団等含む）・民間団体等			
最終目的	企業利益の 拡大	地域の経済活性化，地域アイデンティティの醸成・維持			
コミュニケー ション対象	顧客 （消費者・企業）	製品	観光	住みやすさ	投資受け容れ
		顧客 （消費者・企業）	旅行者	住民 （潜在含む）	企業・投資家
	従業員	生産者等	住民・旅館等	工事業者等	銀行等
		自治体職員			
	株主	納税者			

（出所）阿久津・天野（2007），pp.4-19（一部改）

　図表10-1は，製品ブランドと地域ブランドの相違をまとめたものである。
実施主体，最終目的，コミュニケーション対象はそれぞれ異なっているが，顧
客の満足を獲得し，それを高めるという点は共通しており，マーケティング活
動の対象となる。

　また地域ブランドでは，一般企業のブランド戦略やマネジメントを地域経営
や地域づくりに応用しようとする。ただ，地域ブランドの定義は多くあり，そ
れを使用する人や場面も多様である。通常，地場の特産物やサービスに地域名
を冠したものが地域ブランドであるが，自然環境や歴史的遺産，まち並みなど
の地域イメージも地域ブランドとなる。第7章でも取り上げた経済産業省（中
小企業基盤整備機構）の定義には，①「地域発の商品・サービスのブランド」
（製品ブランド）と②「地域イメージのブランド」（地域ブランド）の2領域が
ある。この2領域を結びつけ，特産物販売や観光客等の増加を実現し，地域経
済の持続的な発展へとつなげていく（佐々木 2011）。そして，このような活動
の実行には，マーケティング手法の援用が有効とされ，多くのマーケターが地
域ブランド構築に関わることになる。

2. 地域ブランド・プロジェクトの立ち上げ

（1）ワーキング・グループの組成

　先に地域ブランド構築の動きやその主体となる人や組織について取り上げ
た。ここではその目標にしたがい，それらの人々や組織がどのような手順でブ
ランド構築に取り組んでいくかを取り上げる。多くの論者が地域ブランド構築
の重要性に言及しているが，実際にその手順にしたがって，地域ブランドが構
築された事例はあまりなく，また具体的なブランド構築に言及してはいるが，
その流れについて体系的に説明されているものは少ない。そのため，どの地域
でもかなり手探り的に計画が進められていることが多い。

　まず，地域ブランド構築にはそれを検討・実行する組織が必要であり，その
設置には，構成員の選定から開始する。この組織は，首長や公務員，地域ボラ
ンティアが中心となる。メンバー選定では，首長や公務員，ボランティアの
他，地域ネットワークを洗い出さなければならない。このメンバーは，当該地
域に居住するメンバーだけではなく，地域外のメンバーも検討対象とすべきで
ある（電通編 2009）。ただ，選定側の好みが影響するため，人選は難しい。通

常，選定委員の人脈から選択することが多く，選定委員の考え方を反映するような人々が集合する。そうすると，融通無碍な考え方が不可能になってしまうため，常に幅広くさまざまな考えを反映する仕組みを念頭に置かなければならない。

　また，首長や公務員などの人々が，地域ブランドにより，地域活性化を図ろうとする場合，成功事例を視察することからはじめることが多い。たとえば，徳島県上勝町の「いろどり（葉っぱビジネスで有名)」には，各地の政治家を中心に，1年間に町の人口の2倍，4,000人以上が訪れる。そして，同町と同様の取り組みを開始する行政体も多いという。同町は現在のところ，地域ブランド構築に成功しているが，単にこの仕組みを模倣しただけでは地域ブランドの構築はできない。そこには地域ブランド構築に粉骨砕身できるリーダーが必要であり，さらにそのリーダーを支える組織とその継続性が重要である。したがって，地域ブランドの発信者や運営主体は，自治体の首長や公務員でなくても，地域ボランティアや個人でも問題ない。ただ，強力に情報を発信し，継続して活動でき，経済的裏付けを有する人材となると，少ないかもしれない。

　さらに地域ブランドを創造・管理する責任者である**ブランド・マネジャー**には，事実咀嚼に基づく創造性，ブランド価値連鎖に関する総合的知識，企画・計画力，コミュニケーション力，**エンパワーメント**力，客観的自己統制力，実行力，**アカウンタビリティ**能力が必要とされる（伊藤2008）。そのため，ブランド・マネジャーの人選は慎重に行わなければならない。また，ブランド・マネジャーとなる人間が他の業務を兼務する場合には，その仕事内容の大変さについて周囲の理解を深めておく必要がある。

（2）対象地域の設定

　地域ブランド構築には，その対象「地域」を設定する必要がある。通常，地域ブランド構築の対象は，行政体としての県や市町村である。しかし，ブランド構築の地域を設定する場合，行政体を越えたり，逆に一部となることもある。そのため，地域設定は行政区画より広狭がある。そこで対象地域設定のた

めに，都道府県単位や市町村という単位を分割し，地域コンセプトを踏まえて
統合コンセプトを作成することになる。その際，行政体単位が結合する場合も
ある（電通編 2009）。これまで地域ブランドを構築する際には，行政体による
区割りが明確なために，これが基準となることが多かった。それは新たな切り
口で区割りするよりも，わかりやすく，簡単であったためである。しかし，こ
のような行政体を基準とする地域ブランド設定は困難となった。それは平成の
大合併でどの市町も地理的距離が拡大したためである。一方では同じコンセプ
トで協働可能と思われる地域が行政体により区画されている場合もある。この
ような活動は一般的に**ゾーニング**というが（第6章第2節参照），ゾーニング
というと特定業種（産業）により，当該地域の機能を決定するという色彩が濃
くなるため，本章では「地域設定」という言葉を使用する。

図表10-2　ゾーンデザインの枠組み

ゾーニング ＼ コンセプト		C.モノ語りコンセプト			D.コト語りコンセプト		
		C-1.商品	C-2.名所	C-3.施設	D-1.行事	D-2.生活	D-3.歴史
A. 行政単位 エリア	A-1. 都道府県						
	A-2. 市区町村						
	A-3. 市庁・地区						
B. 自然単位 エリア	B-1. 産業集積						
	B-2. 地勢・風土						
	B-3. 歴史・文化						

（出所）三浦（2011），p.15

　また，あるコンセプトにより地域ブランドを構築する上で，行政体に所属す
る特定場所が，当該コンセプトに適合しないことがある。そこで地域設定とコ
ンセプト設定を同時に行う（「ゾーニング（対象地域の画定）＋コンセプト（提
供価値の画定）」）「ゾーンデザイン」が提示されている（三浦 2011）。ここで

は当該地域のコンセプト（提供価値の画定）づくりをする段階論を否定し，ゾーニングとコンセプトの同時決定を提案している。

図表10-2のゾーンデザインの枠組みは，企業におけるマーケティングでは適用可能性が高く，地域ブランド構築以前の状況整理になるが，ほとんどが専門のマーケターではない地域の人々には複雑で理解しにくい。そこでもう少し単純な地域設定方法を考慮すべきであろう。たとえば，製品とサービス（図表でいえばモノとコト）に分け，それぞれ必要なものだけを使用するなどである。その中でキーワードを抽出し，参加者間でコンセプトを固めていく方が現実的であろう。ただこの作業には，時間をかける必要がある。

（3）地域資源への理解

地域設定をする上で，キーワードを抽出し，コンセプトを確定するには，地域資源を理解・評価しなければならない。これはブランド構築をしようとする当該地域の資源分析であり，人口，産業，財政，生活基盤などが中心となる。

地域ブランドは，地域が有する資源（農水産物・特産物・産業・自然・景観・歴史・文化財・伝統・芸能・名所・史跡・町並み・イベント・その他の地域社会の特性など），全体のブランド要素（ブランド名，ロゴ，シンボル，キャラクター，パッケージ，スローガン等）によって構成される（Keller 1998）。これらのブランド化手法や取り組み方法は多様であり，その地域の状況や地域資源の内容等でブランド構築の方向が異なる。ただ，どの地域も地域特性や地域資源を活用し（佐々木 2011），ブランド構築を目指すことになる。

また地域ブランドは，「地域資源ブランド」と「地域ブランド」に分けてもとらえられる。前者は，地域資源をもとに販売目的で生産される農水産物やその加工品，工芸・産業品などの製品や景観・芸能・イベントなどのいわゆるサービスである。これらは，直接経済的利益をもたらす。そして，販売量が増加すると，その価値イメージが拡大し，地域全体の知名度やイメージが向上する。後者は，地域イメージ自体をブランドととらえ，直接経済的利益はもたらさないが，地域全体の価値を象徴し，当該地域特有の価値を有する。拡大した

地域ブランドのイメージが，次の地域資源ブランドを生み出し，当該地域の差
別的優位性を生み出す。この優位性による地域ブランドの開発とマーケティン
グ活動が行われる。また差別性が製品のモジュール化を難しくするため，コモ
ディティ化しにくい。そのため，各地域資源としての自然・歴史・景観・文化
財・芸能・特産物・イベント・まち並みなどは差別化しやすいが，それを商品
として受容する顧客意識や価値レベルには差が生じる（白石 2012）。ただ，地
域資源に基づいた製品やサービスでなければ，本来の地域ブランドとは隔離し
てしまう。さらに地域資源のブランド化過程では，常に顧客を意識し，当該地
域の人々の視点のみに基づくマーケティング活動を排除しなければならない。

（4）地域資源の評価

　地域資源の評価では，地域資源ブランドを発掘し，これらを地域ブランド価
値へと結びつけていく。ブランド資産を発掘する場合，資源が豊富であれば，
それをいかにブランド価値に連結するかが課題となり，反対に資源に乏しけれ
ば，限られた資源でいかにブランド価値を創造するかが課題となる。とくに地
域ブランドの開発には，周辺他地域との差別化または協働を考慮する必要もあ
る（電通編 2009）。各地域には地域資源の多寡があり，多ければ有利であり，
少ないと不利であるが，いずれにしても地域資源を生かせるブランド価値創造
が重要である。

　これらを踏まえた上で，「場」としての地域資源の個性や独自性の評価を行
う。地域資源は既知の資源だけでなく，潜在的な可能性がある資源もあり，こ
れらを洗い直して再評価したのち，それらの資源に「価値イメージ」を形成す
る。そして，ブランド自体が持つ保証性，信頼性，差別性，**想起性**といった機
能により，地域ブランドは顧客の身体的・精神的な快楽・感動などの意識と結
びつき，彼らに新しい価値領域を創造することになる（白石 2012）。

　また，地域資源の評価は，地域ブランド・コンセプトを導くことにつなが
る。地域ブランド評価の指標には，認知度，購入意向，訪問意向，居住意向な
どがある。これらは当該地域のブランドとしての成立可否を確認し，地域のブ

ランド力把握と課題抽出となる（電通編 2009）。これらを抽出する方法には，質問紙やインタビュー，インターネット調査など複数の方法がある。

図表10-3　地域資源のブランド魅力

地域資源	地域ブランド価値	地域ブランドの魅力
● 製品 （農水産物やその加工品，工芸・産業品など） ● いわゆるサービス （景観・芸能・イベントなど）	● 関係絆価値 ● 自己実現価値 ● ゆとり価値 ● 感覚情緒価値	● （再）認知 ● （再）購買 ● （再）訪問 ● （再）居住

（出所）電通（2009），p.54などを参考に筆者作成

　図表10-3は，地域資源からブランド価値を引き出し，それを地域ブランドの魅力へとつなぐ流れである。とくに地域ブランド評価では，先入観を持たないように配慮しなければならない。それは思いもよらない地域ブランド資産や地域ブランド価値との結びつきの発見もあり，とくに外部者の評価には予想外の結果が多くあるためである（電通編 2009）。つまり，傍目八目という言葉の通り，外部者は内部者から発見できない価値を発見することもあり，内部者と外部者の価値観の相違から新たな価値が浮上する。

3. 地域ブランドの具体化

（1）ブランド化の過程

　米国での全国ブランドの登場は，19世紀末に分断された市場が，全国市場へと統一される中，流通上，重要な役割を果たした（Tedlow 1990）。一般企業では，ブランドが顧客に価値提供を約束し，顧客はブランドを通して企業に期待するようになる。この**提供価値**と**期待価値**の一致が継続することで，企業と顧客間には絆が形成される（青木 2000）。各地域での特産品のマーケターは多様であり，農・畜・水産業者，組合，飲食店，企業，市町村や都道府県等の行政体などがある（田村 2011）。つまり，異種のものが同じレベルで地域ブラ

図表10-4　ブランド化の過程

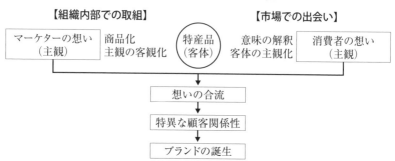

（出所）田村（2011），p.19

ンド化の対象として議論されている。

　図表10-4のように特産品のブランド化の過程は，一般製品とほぼ同様であり，そのブランド化の過程が応用可能である。ブランド構築の手順は，商品ジャンルや状況で異なる。一般的な流れは，①ブランド価値構造の基本設計，②ブランド要素の選択と統合，③ブランド・コミュニケーションとブランド管理，である。企業の場合，ブランド価値構造の基本設計と価値提案の策定がブランド構築に必要なため，ブランド要素の選択と統合，ブランド・コミュニケーションがブランド化の具体的作業である（青木2000）。とくに①と②は戦略的な部分であり，③のマネジメントの部分とは区別しなければならない。

　一般企業のブランド開発では，全社での長期的視点が必要であり，とくにブランド・アイデンティティは，ブランド戦略の長期ビジョンの核となる。これはマーケターが創造し，維持しようとする「ブランド連想の特異な集合」であり，ブランドの一体性やマーケティング・ミックスの方向性と内容を規定する（Aaker 1996）。これによりブランドはロングライフ・ブランドを目指すことになる。

　また，ブランド要素は，当該ブランドの意味や価値を顧客へ伝達する手段であり，顧客のブランド認知の強化やブランド連想の形成に結びつくように選択・統合・伝達すべきである。ブランド要素の選択基準には，①**記銘性**（容易

に再認，想起可能），②**意味性**（記述的，説得的，愉しく・面白い，視覚的・言語的イメージが豊富），③**移動性**（製品カテゴリー内（間），地理的境界や文化を超越），④**適合性**（伸縮的，更新可能），⑤**防御性**（法的，競争面）がある（青木 2000）。そのため，地域ブランドの構築では，これらの要素を踏まえて計画，マネジメントしながら，長期継続性を意識しなければならない。

（2）マーケティング戦略視点の明確化

マーケティング・マネジメント上，その前段階となる戦略部分がなければ，マネジメント自体が不安定なものとなる。そこで，マーケティング戦略段階での市場細分化，ターゲティング，ポジショニングを考慮しなくてはならない。

地域ブランドの場合，その生産量は全国ブランドを有する企業の製品に比べて少ないため，市場全体を取引相手とするマス・マーケティングは想定しない。市場細分化の切り口としてさまざまな切り口が提示されているが，当該地域独自の切り口で行うべきである。また，ターゲットを決定する場合，複数の市場細分を標的とせず，ごくわずかな市場細分から開始するのが現実的である。これは中小企業が行うマーケティング戦略の手法である。ポジショニングについては，一般企業のように多様な製品を用意できないため，厳密に行う必要はないかもしれない。このように戦略部分を見ると，地域ブランドには厳密な戦略が必要ないという印象を持ちがちである。しかし，地域ブランドの場合，製品やサービスの背後にある「地域」を訴求しなければならない。そこでは「ストーリー戦略」といわれ，マーケターが組み立てた物語を顧客に共感してもらい，ファンを増やす一連の流れが必要である。地域ブランド構築には，これを予め組み立てるための準備が，マネジメントの前段階で行われる。

（3）地域ブランド化商品の決定とコンセプト開発

地域ブランドというコンセプトは，地方企業や行政を含むマーケターに心地よい響きを持つため，地方再生のためのコンセプトとして訴求され始めた。これに政府も積極的に関与し，2004年から知的財産戦略本部が地域ブランドの

図表10-5　地域ブランド・コンセプト開発ステップ

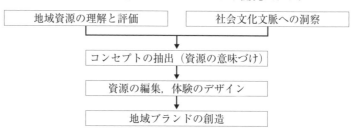

（出所）電通（2009），p.80（一部改）

議論を開始した。これにより，各省庁等が地域ブランドの推進に関与し，2006年の商標法改正により動きが加速した。その後，各省庁は，管轄する製品・サービスを同様に地域ブランド化の対象とした。たとえば，農林水産省では生鮮食品，経済産業省では加工食品，飲食店，地場産業などの特産品，官公庁では観光地，総務省では地方行政体が対象となった（田村 2011）。

　地域独自のコンセプトには，テーマ性，発想の源，共有言語，本質的な掴み，がある（電通編 2009）。そして，地域ブランド・コンセプト開発はいくつかの段階をたどる。各段階は順序通りに進む場合もあるが，前後・往復することもある。そして，各段階を踏まえて精緻化していくことで，地域ブランド・コンセプトが明確化してくる。

4. 地域ブランドと消費者行動

（1）地域ブランドとは何か

　本節では，ひとくちに「地域ブランド」といっても，次に挙げるような例と区分が曖昧なので，それぞれ，特徴をあげ，使い分けることにしよう。

　地域ブランドとは，「地域の名産や，土産ものが全国レベルで認知されているもの」とひとまず定義付けることにしよう。しかし，この定義からこぼれてしまうようなブランドの例も数多く散見される。

　第1に,「お土産ブランド（駅弁など含む）」である。たとえば, 横浜の焼売, 東京の東京ばなな, 仙台の萩の月, 北海道の六花亭バターサンド, 富山の鱒鮨など, が挙げられる。

　第2に,「地域ブランド（名産）」の場合である。これは本章の定義にもっとも該当するものであるが, その定義づけは, 地域によってまちまちであることは忘れてはならない。たとえば, 関さば（山口県）, 寒ぶり（富山県）コシヒカリ（新潟魚沼産）, だだちゃ豆（山形）, メロン（夕張）, うどん（讃岐, 稲庭, 水沢）, 牛肉（松坂, 神戸, 前沢など）, 下仁田ネギ, 深谷ネギ, 桜海老（静岡県）, ぶどう（山梨）といった,「そこでしか生産, 製造できない」という側面が強いものである。

　また, 代々, その地域にいい伝えられ, 食べ継がれてきたものもある。たとえば, 漬物やお饅頭に代表されるもの, おやき（長野）であったり, 奈良漬であったり, なれ寿司なども, 保存食として, その地域で, 代々, 受け継がれてきた保存食も含まれる。

　第3に,「町おこしブランド」である。これは町や自治体を単位として, その活性化をはかるために, 町ぐるみで取り組んだものと, 自然発生的に, それで有名な町として知られるようになったものである。たとえば, 餃子（宇都宮）, まぐろ（神奈川県三浦）, 焼きそば（静岡）, ラーメン（栃木県佐野, 福島喜多方など）, お好み焼き（広島）, もんじゃ焼き（東京月島）, 冷麺（岩手盛岡）, 牛タン（仙台）など, 地域として力を入れている食べ物は多い。沖縄のゴーヤなどは, 沖縄以外でも作られるようになった。

　こうした分類のほかにも, 地域全体がブランド化しているもの, たとえば, 横浜, 湘南地方, 軽井沢, 名古屋, 代官山, 自由ヶ丘などもある。これらはいずれも, ある県の中の1つの市町村やその地域の総称なのであるが, 県名よりも市区町村名や地域の名称のほうが消費者に浸透している。

　このように,「地域ブランド」といっても, 地域ごとブランディングする場合と, 農水産物やおみやげ物などの加工品をブランディングする場合があり, それらは注意深く使い分ける必要がある。また, 意図したとおりに, ブランド

になってくれる場合もあれば，中途半端な形で，その地域の人しか知らない，購入しないというものさえある。

(2) ブランド構築の手法

　ブランドは，地域の名前や名産の名前ではない。他者と区別するための名前やロゴ，生産者を明らかをするものとされるが，それでは不十分である。

　ブランドになるプロセスをブランディングというが，この表現が示しているように，ブランドではないものが，ブランドになっていくということを含意している。その点では，企業，事業，製品，サービスなどもブランドになるし，地域もブランドになる。

　ブランド構築とは，顧客になってくれそうな消費者とブランドになりそうなものとの，**「関係作り，状況作り」**をいうのであり，かつ，変わりゆく消費者や環境の中で，変わりつつも，変らないものを内包していることをいう。

　「こうすれば必ずブランドができる」という確実な方法はない。しかし，ブランド構築の手法として考えられるものには，およそ，次の5つの段階や方法がある。

　まず，第1に，ブランドのアイデンティティや**パーソナリティ**を決め，それを中心に，「どのようなものだと思ってもらいたいのか」を訴求していく方法である。そのブランドになりそうなものが，どのような存在意義を持ち，使用する人の感覚的な部分を表現し，どのような人物像として表現できるかを，「わかってもらわないといけない」。繰り返しになるが，ブランドであるか，そうでないかは，あくまで，ブランドとして認めてくれそうな消費者が判断することである（Aaker 1996）。

　したがって，この視角からは，どれだけ具体的なブランド像を，提供する側が描けるかが大事になる。

　第2に，その土地でしか本物は作れないことを「**知識**」として消費者に持ってもらうことである。図表10-6からも明らかなように，ブランドはイメージだけではない。そのほかに，**ブランド認知**，ブランド連想などが，消費者の頭

図表10-6　ブランド知識の構成

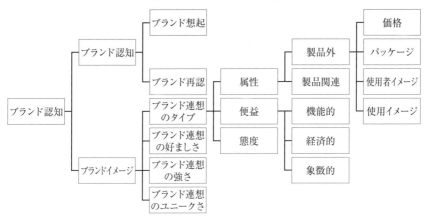

（出所）Keller (1998)：邦訳書 p.132

の中の**知識ネットワーク**の中で，集合化され，何らかの刺激によって，あるいは何らかの意図によって，ブランドが想起されたり，芋づる式に連想されなくてはならない。ということは，知っているだけ，あるいは記憶しているだけでは不足であり，受け取り側の人の頭の中で，送り手の人々が意識した主張が再現されなくてはならない。

その際に重要なのは，「**記憶**」である。一時的で短期的な記憶を，何度も上書き保存のように重ねることで，長期的な記憶にしてもらうことである。記憶を重ねるために，ブランディングを行いたい側がとりうる方法は，さまざまな機会を通して，消費者と継続的にコミュニケーションをとることである。

それゆえ，第3は，ブランド・コミュニケーション/ポジショニング/エスセティクス（美的要素）である。上述した2つの事柄（What）の具体的な手法の部分（How）に該当する。

まず，「誰をターゲットにするのか？」を決定する必要がある。たとえば，歯磨き粉ひとつを例にとっても，歯を白くしたい人，歯茎を含めた健康を求める人，さわやかな息を求める人と多種多様なのでこれを決定する。そして，

「そのブランドになりそうなものは何を提供するのか」という便益の部分を明確にし，**シグナル**として，メディアなどを通じて顧客になりそうな人とコミュニケーションを図る（Rossiter and Percy 1997）。その際，その便益を効果的に理解してもらうために，ジングルやロゴ，キャラクターやパッケージといった美的要素にのせて，「何によってコミュニケーションを図るのか？」も輪郭を持たせるようにするのである。

　第4に，コミュニケーションを一歩進めて，**ブランド・リレーションシップ**までブランドとして認知してもらうように関係を深めていく。ブランド・リレーションシップとは，企業あるいは組織を反映したブランドのアイデンティティを効果的に伝達し，ブランドになりそうなものとブランドだと思ってくれそうな人との関係を構築することである（Duncan and Moriarty 1997）。

　ここでの顧客との関係は，たとえば，価値提案や絆，約束，契約，信頼と期待といった言葉に集約される。そのために，企業は，一貫したメッセージを反復によってコンセプト化していくことになる。

　第5に，その戦略的な一貫性と対話の創出を，コンタクト・ポイント（タッチ・ポイント）によって多くとる，つまり，顧客（になってくれそうな人）との接点を多く演出することによって，ブランディングしていくこととなる。それゆえ，広告だけでブランドができるわけではなく，マーケティングを行う起点として，あるいは，マーケティングを行った結果，ブランディングがなされ，なおかつそれを拡張する筋道が見えてくるのである。

（3）地域ブランドの構築へ向けて

　地域での認知，普及なくしては，全国レベルのブランドは構築されない。

　ここで，ブランディングの方法を大きく2つに区分しよう。1つは，消費者の知識の中にもぐりこみ，**想起集合**の中でトップ・オブ・マインドとして機能するようにするもの，もう1つは，地域という傘のもとにブランディングをするという手法である。

　前者は，ブランドを知ってもらってから地域を知ってもらうという，**ブラン**

ド・コミュニケーションによってなされる決して短期的ではない手法である。

　後者は，地域を知ってもらう中で，ブランドとして機能してほしいものも認知してもらう手法である。これは主に街づくりなどと連携して行われるものであり，シンボルとしての特産品などをかかげていく。

　両者に共通していることは，ブランドだと思ってもらいたい対象（たとえば，消費者や観光客など）の頭の中に，あらゆる接点を通じて，知識を形成させていくことにある。この時，ツールとして使えるのが，キャラクターやジングル，色彩，ロゴ，香りなどであり，接点に向けて投入していく。

　同時に，ないものねだりではなく，「今あるもので何ができるかを考える」ことである。そのプロセスを通して地域や名産品を，地元では当たり前でも，他の地域の人には新鮮に映るものを選択するという「この地域では，当たり前」という状況を，イベント，キャンペーン，パブリシティで演出していくことになる。そうすることが地域の独自性創出につながり，他では知ることのできない経験や体験を得ることになる。

　たとえば，群馬県高崎市であれば，こんにゃく，だるまといった消費者側の認知から，水沢うどん，焼き饅頭といった名産や温泉やひまわり畑のような豊かな自然とその産物へと消費者の目線を変化させたり，状況を変えたりすること，あるいは，イタリアンの料理屋が多いことをさまざまな接点を通じてキャンペーンを行い，結果として，高崎＝イタリアンの街という図式が消費者の頭の中ででき上がることを目指す。

　この場合，チャネルは，最初は限定的なチャネルを選択し，徐々に開放的なチャネルへと移行させるのが望ましい。

　その理由は，その地域に行かないと手に入らない，食べられない，体験できないという風なことから希少性を醸成し，また一方で，利用者の満足度とその循環による約束された価値を提示すべきだからである。

　しかし，その成功例は，稀な例だと認識しなくてはならない。我々が情報として見聞しているのは，成功例が多いが，その背後には数え切れないほどの失敗例があることを忘れてはならない。

図表11-7　想起集合から選択集合へ

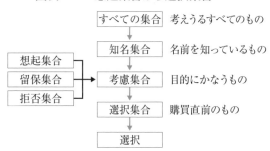

（出所）Peter and Olsen (1990), p.176を参考に作成

　このことは，ブランディングは一朝一夕ではできないということを端的に表しているといえる。したがって，計画どおりブランドに成長させることが一番であるが，「意図せざる結果」ブランドになってしまうこともあることは考慮しておかねばならない。

5. 地域ブランド・プラニングの洗練化

　本章では，地域ブランド・プラニングを行う上で，なぜ地域ブランドを構築する動きが顕著になったかを再確認した。そして，ブランド構築の着地点を明確にし，発信主体の明確化，さらにそこにおいてマーケティング手法を援用する理由を取り上げた。

　その上で，地域ブランド・プロジェクトの立ち上げに必要なワーキング・グループの組成，対象地域の設定，地域資源の確認，地域ブランド開発の手順について説明した。また，ブランド化の過程における一般企業のマーケティングでのブランド構築手順を確認した。さらにそれに先立つ地域ブランド特有のマーケティング戦略の必要性に言及し，地域ブランド・コンセプト開発に至る段階についても概略的に取り上げた。これらの手順は，この順序で絶対に進めなければならないというものではなく，前後したり，繰り返しながら，地域ブ

ランド・プランニングがより洗練されたものになっていく。

ケースに学ぶ　日光ブランド戦略プラン

　現在の日光市は，2006年3月に2市2町1村の合併により成立した。通常，「日光」からは歴史的遺産や温泉，紅葉，水と緑などが連想される。ただ，これらのイメージだけでは，広い地域と豊富な資源を表現しきれないため，居住場所，旅行などで訪れる場所として，国内だけでなく，世界から選ばれるためには，既存地域資源の強化とともに豊富な資源をさまざまな地域や産業と結合し，新たな魅力の創出が求められるようになった。市では計画の中で，「日光に暮らしてみたい」「日光が好き」「日光っていいな」など，日光の価値や魅力を高めるものを日光ブランドとして定めた。また，市全体をリードするイメージ自体を「都市ブランド」，地域を支持する資源群を「地域ブランド」として整理した。

　特に2013年2月からは，日光市総合計画後期基本計画の基本戦略に"新しいものを創り出し，新しい日光を創造する「日光創新」"を位置づけ，それを実現させる1つの施策として，「日光ブランド戦略プラン」を策定した。まず「都市ブランド」は，北関東地域のリード役，市民意識の変革でつくる新たな時代，「日光」の都市ブランドを支える「世界遺産」と「ラムサール条約」そして「国立公園」が柱である。また「地域ブランドの役割」としては，強い個性で地域に活力を与える，「成長する地域ブランド」で日光の都市イメージを支持する，外へ向かう活力ある強い日光を実現する，を柱としている。したがって，日光ブランドの全体は，「日光創新」を中心に新しい日光の「都市ブランド」「地域ブランド」を配置し，各地のイメージや緒言を精査・強化・ブラッシュアップして再構築された地域ブランドの群（足尾・日光・今市・藤原・栗山の地域資源）の中に存在する歴史，温泉，伝統行事，文化，人，福祉，教育などこれまでの各地域の都市イメージと地域資源を生かそうとするものとなっている。

　これらを生かすために，「日光FAN（For All of Nikkko：ファン）になろう」というキャッチフレーズを掲げた。FANはF：Future（未来）は歴史や伝統を未来へつなぐ役割としての世界遺産，A：Activeness（活発）は市内を流れる大きな川の流れ，N：Nature（自然）は湿地や杉並木などを意味している。これらを基盤として，取り組みの方向性を日光への憧憬から開始

し，日光の価値向上，経済の活性化，誇りの高まりをゴールとして見据え，さまざまな要素を巻き込みながら拡大させていく計画とした。そしてこの計画には，自立成長（自ら成長しよう），市場最適（価値や人気を高めよう），市民参画（みんなで参加しよう）という3つの軸を機能してはじめて日光ブランドという大きな山が動くとしている。なにより，日光市民にできることとして，「日光ブランド・18の約束」とし，「関わる人々のあるべき姿」「資源と成長のあるべき姿」「「共感と市場のあるべき姿」「情報と発信のあるべき姿」にまとめ，各々4つから5つの実践ガイドラインを設定している。さらに日光ブランドの効果を最大限に発揮させるため，日光ブランド認定制度を中心とした3つのアクションプラン（日光ブランド認定制度，日光ブランドの情報収集・発信，日光ブランドの推進体制の整備）により，より具体化させようとしている。

　以上のように，日光ブランド戦略プランでは，年間1000万人が訪れる観光地であることは，前提とせず，1から計画を立案し，期限（2016年3月）を約3年と設定し，計画の進捗と達成度を測ろうとしている。つまり，単に計画設定するだけでなく，短期間での目標達成を図ろうとする計画である。

ディスカッション・トピックス

① 通常の企業におけるブランド構築についてまとめ，企業におけるブランド構築と地域ブランドの構築において大きく異なる点について取り上げてみよう。その際に，企業におけるブランドの意味と地域ブランドの意味の相違について意識して議論しよう。

② 現在のところ地域ブランド構築が，順調に成果を上げている地域について，そのブランド発信主体とリーダーの役割についてまとめてみよう。その際，一地域における事例をあげるのではなく，複数の地域を取り上げ，各地における発信主体とリーダーの役割の相違を明確にしてみよう。

③ 地域ブランドのマーケターが組み立てた物語を対象顧客に共感してもらい，そのファンを増加させているような事例を探し，その一連の流れをストーリー戦略としてまとめ，そのストーリーの中心について検討してみよう。

④ 身近な地域の地域資源をいくつか上げ，地域イメージとこれらとの関係についてまとめ，今後，新たな地域ブランドが開発される可能性について議論してみよう。

【参考文献】

Aaker, D.A. (1996) *Building Strong Brands*, The Free Press.

Duncan, T. and Moriarty, S. (1997) *Driving Brand Value: Using Intergrated Marketing to Manage Profitable Stakeholder Relationships*, Mcgraw-Hill（有賀勝訳『ブランド価値を高める統合型マーケティング戦略』ダイヤモンド社，1999年）

Keller, K.L. (1998) *Strategic Brand Management: Building, Measuring, and Managing Brand Equity*, Prentice-Hall International, Hemel Hempstead.

Peter, J.P. and Olsen, J.C. (1990) *Consumer Behavior and Marketing Strategy*, 2nd(ed), Irwin.

Rossiter, J.R. and Percy, L. (2000) *Advertising Communications and Promotion Management*, Mcgraw-Hill（青木幸弘・亀井昭宏・岸志津江訳『ブランドコミュニケーションの理論と実際』東急エージェンシー，2000年）

Tedlow, R.S. (1990) *New and improved: The story of mass marketing in America*, Basic Books.

青木幸弘（2000）「ブランド構築における基本問題：その視点，枠組み，課題」青木幸弘・岸志津江・田中洋編著『ブランド構築と広告戦略』日本経済新聞社

阿久津聡・天野美穂子（2007）「地域ブランドとそのマネジメント課題」『マーケティングジャーナル』第27巻，第1号

伊藤裕一（2008）『ブランドマネジメント能力』日本能率協会マネジメントセンター

佐々木一成（2011）『地域ブランドと魅力あるまちづくり』学芸出版社

白石善章（2012）「地域ブランドの概念的な枠組み」田中道雄・白石善章・濱田恵三編『地域ブランド論』同文舘出版

田村正紀（2011）『ブランドの誕生』千倉書房

電通abic project編（2009）『地域ブランドマネジメント』有斐閣

日本総合研究所（2010）「農林水産物・食品の地域ブランド確立に向けたガイドライン」

三浦俊彦（2011）「地域ブランドのデザインフレーム」原田保・三浦俊彦編『地域ブランドのコンテクストデザイン』同文舘出版

和田充夫（2002）『ブランド価値共創』同文舘出版

第11章

地域ブランド・マネジメント

はじめに

- 地域ブランドを形成するためには，地域の異業種が相互に連携することが求められ，コンセンサスを形成しながらマネジメント策を検討することが求められる。

- ブランドは，消費者の評価によって形成されるものである。強い地域ブランドを形成していくためには，消費者に愛好しつづけてもらうためのマネジメントが必要である。

- 地域ブランドが確立されると，紛い物や類似品が市場に流通する可能性がある。地域ブランドの価値を守るためには，法的な措置を講じるとともに，科学的な知見を生かしたマネジメント策を検討することが求められる。

1. 地域ブランドの評価活動

　ブランドの成立要件を顧客の支持・評価によって成立するものであると捉えるのであれば，地域ブランドの形成に際して客観的視点に基づく評価活動を行っていくことが求められる。コーポレート（企業）・ブランドを対象とした評価手法については，会計・財務の理論をベースとした手法や株価動向（時価総額）を適用した手法が存在する（伊藤 2002）。しかし，地域ブランドの場合は，地域の多様な企業が相互に連携しながらブランドを形成していくため，コーポレート・ブランドのように財務情報を用いて評価活動を行っていくことは現実的に困難である。株価による評価も，非上場企業や中小零細企業を対象とする場合は，適用することができない。地域ブランドの場合，ブランドの形

成主体となるコンソーシアムなどが消費者調査を行いながらブランドの価値を
評価していくことが現実的であろう。

　刈屋（2005）では，消費者調査による定量的な評価手法を「マーケティン
グ・アプローチ」と位置づけた上で，ブランド・エクイティを測定・評価する
手順が紹介されている（刈屋 2005）。

● D.A.アーカーやK.ケラーの理論を基に，ブランド資産評価の枠組みと評価
　指標，および評価尺度を設定する
● 設定された評価尺度に基づいて，消費者調査で測定する変数（質問項目）を
　設計する
● 消費者調査を実施して，変数に従って消費者のブランドに対する認識を測定
　する
● 変数の測定結果から，各指標の評価値および総合的なブランド力の評価値を
　算出する（必要な場合は，因子分析や共分散分析を用いて変数を数個の指標
　[次元]に要約した上で，各指標の評価値を算出する）
● 総合力の評価値と各指標の評価値の相関分析から，ブランドの強み，弱みを
　明らかにし，ブランド力強化のための診断情報を提供する

　刈屋（2005）で提示されているように，評価指標や評価尺度を設定するこ
とは評価活動の起点となる。アーカーは，「ブランド・エクイティ10」と称す
ブランドの資産価値を測定する10個の評価尺度を提示している（アーカー
1996；邦訳書p.419）。アーカーが提示した10個の尺度は，①価格プレミアム，
②顧客満足，③知覚品質，④リーダーシップ，⑤知覚価値，⑥ブランド・パー
ソナリティ，⑦組織連想，⑧ブランド認知，⑨市場シェア，⑩市場価格と流通
カバー率である。①〜⑧は，ブランド・エクイティを構成する4つの次元（ロ
イヤルティ，知覚品質，連想，認知）に関する顧客のブランドに対する認識を
表す尺度である。⑨と⑩は，市場動向から得られる尺度である。日本における
地域ブランドの形成事業の場合，中小企業や生産者が属す組合・協議会といっ
た組織が事業主体になることが多い。量的な優位性を創出し，市場占有率を高

図表11-1 グレーブヤードモデル

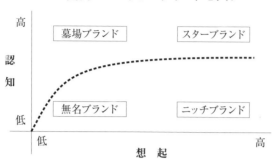

(出所) 紅瀬・西窪 (2007), p.41

めようとする取り組みは除外されるが，（相対的）希少性の創出によってブランド価値を高めようとする取り組みについては⑨・⑩の尺度を適用することは馴染まない。地域ブランドの評価活動に際しては，顧客調査を基盤とする①～⑧の尺度の適用していくことが現実的であると考えられる。

　一方，認知と想起の関係性に着目したブランドの評価手法も存在する。広告代理業であるヤング＆ルビカム（Y＆R）ヨーロッパ社は，商品カテゴリに属すブランドについて，消費者の認知（再認）と想起（再生）のレベルを測定し，2次元表上にプロットすることによってブランドのポジションを示すモデルを発表している（紅瀬・西窪 2007）。このモデルでは，知名集合よりも考慮集合が最終的な購入につながるという定義の下，想起が認知よりも高いブランド（購入の対象になること）がスター（強い）ブランドとなり，認知が高くても想起が低いブランド（購入の対象にならないこと）がグレーブヤード（墓場）ブランドに位置づけられると説明されている（図12-1）。

　近年は，地域ブランドを対象とした評価手法を提示している調査事例も存在する。地域ブランドのランキングを発表している日経リサーチ社は，「地域ブランドの価値は消費者知覚にある」と定義した上で，地域ブランド戦略サーベイ（地域総合評価編および名産品編）において総合指標となるBrand Perception Quotient（PQ：知覚指数）でブランド力を評価している。地域総

図表11-2　「八戸前沖さば」ブランド形成事業における評価活動
（左：購買理由の調査，右：因子分析）

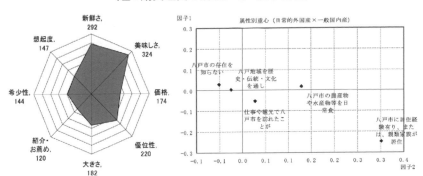

（出所）石原・堤・出口（2010），p.119・122

合評価編では，他の製品と比較して特徴や違いがあるか（独自性）・その地域に愛着を感じるか（訪問意向）・その地域に居住してみたいか（居住意向）という観点によって年代別の得点を算出し，「地域ブランドの内容が評価されているか（独自性・愛着度)」，「地域がどの程度外部資源を獲得する力を有しているか（購入意向・訪問意向・居住意向)」という観点を基にPQを算出している（日経リサーチ 2006）。

　近年は，インターネットリサーチの普及によって全国のモニターを対象とした調査活動が迅速かつ低コストでできるようになった。ネットリサーチによる評価活動については，従来型調査と比較して精度が低いと指摘されることもあるが，面接調査などでは得られない多様なデータを収集することができる。統計処理についても，統計ソフトや表計算ソフトを使用することによって，多角的な分析作業が容易にできるようになった。マーケティング・アプローチによるブランドの評価は，ブランディングの段階に応じてさまざまな手法を組み合わせながら積極的に実施していくべきである。

2. 地域ブランドの価値向上に貢献しうるリスク・マネジメント

（1）地域ブランドの価値向上とコミュニケーションの機能

　最近，地域経済の活性化を目指し，さまざまな市民団体が活動している。その傾向として，まちおこし関連団体が自主的な参加による，地域ブランドの価値向上を目指す活動が多くなっている。

　地域ブランドとは，地域の商品やサービスを他の競争相手と差別化するために使用する名称あるいはデザインの総称であり，それによって商品の認知度向上や価格の差別化を行いながら，商品の付加価値と競争力を高めていこうとするものである。

　こうした活動により，地域のイメージの向上が図られ，独自の地域ブランドやサービスなども形成される。地域のイメージの向上，つまりブランド価値の向上につながる活動は，結果として地域の産業振興や経済活性化に貢献できる。したがって，地域商品やサービスの利害関係者（消費者）にとって，特別なブランドは重要な無形資産価値として認められる。

　実際各地で，地域表示の強化などの取り組みが行われてきており，全国の自治体や生産者組合などが主導して，地域全体の産業の競争力向上のための戦略として，地域ブランドのイメージを高めようとする努力が常になされている。

　これらに取り組む組織は，地域社会の一員として，率先して地元住民と共に地域密着型ブランドを形成し，地域社会に変革をもたらすことが期待される。

　しかし，ここ数年，地域ブランドへの注目が高まる中で，それらの地域ブランド名を勝手に使うニセ商品が流通するケースが多発している。たとえば，**産地偽装**の問題がその1つである。

　地域ブランドは，地域のイメージや魅力といった地域評判につながる地元の無形資産である。そして，さまざまな地元の利害関係者の協力体制の下に長い期間をかけて生まれる価値である。こうした視点から考えると，産地偽装問題は単に，企業の不祥事という問題にとどまらず，その不祥事を起こした企業とはまったく関係のない，地域ブランドの価値そのものにも悪影響を与えるとい

える。そこで，重要になるのは，地域ブランドの価値向上に関わる組織団体の
間で，常に情報交換をしやすい体制を構築しておくということである。それは
いい換えれば，独自の組織文化を構築することである。

　具体的には，地域ブランド価値向上に関わる組織団体は，産地偽装問題とい
ったリスクに備え，利害関係者（地元住民）が参加しやすいコミュニケーショ
ン体制を構築しなければならない。そしてお互いのコミュニケーションを通じ
て事前に**リスク・マネジメント**を行う必要がある。万が一，リスクが生じた場
合には，リスク状況を迅速に把握した上で，2次被害を拡大させない方向で明
確に対策を取っていくことが重要である。したがって，地元住民を取り巻く利
害関係者（組織）間のコミュニケーションの機能は非常に重要な焦点になる。

（2）組織文化の構築におけるコミュニケーションの重要性

　組織文化とは，組織のメンバーが予測できないリスクに直面したときに最善
の方法と適切な選択を行う組織内部の行動規範，価値観であり，個々の価値観
は同一の目標に向かっているものである。

　こうした視点から考えると，地域ブランドの価値向上に関わる利害関係者
は，効率的に対応できる独自の組織文化を構築する必要性がある。

　とくに，地域ブランド価値と関わる組織の内部で，リスク共有への理解とマ
ネジメント方法の提示はもちろん，組織文化構築の手段として内部で共通のコ
ミュニケーション手段を用意することは重要である。

　なぜなら，組織のトップが，万が一に備えて必要とされるリスクの認識に基
づくリスク評価能力やリスク対応への意思決定の能力と資質を持ち合わせてい
たとしても地域ブランドの構築と維持に携わる組織全体の協調がなくては効率
的なリスク・マネジメントは行えないからである。

　組織というものは，人々のコミュニケーションによる連結行為によって形成
される。また，コミュニケーションは，組織（システム）の構成部分（個人な
いし要素）と部分を連結し，個人を組織的努力に結びつけることができる（狩
俣 1996）。つまり，重要なことは，組織の関係者間でコミュニケーションを通

じて，正しい情報の共有を可能にすることである。

（3）組織におけるリスク情報の共有

　地域ブランドの人気が高まるにつれて，それらを不当に使った商品が流通する危険性も高まる。そこで，類似品によって地域ブランドが傷つかないようにリスクマネジメントを行う必要がある。

　そのためには地元の組織間，価値観を一致させ，リスク対応の行動の統一性をもたらし，意思決定において円滑なコミュニケーションがとれるようにしなければならない。

　地域組織におけるコミュニケーション機能によって，リスクに関する意思決定者と内外の利害関係者がリスク情報を十分に共有し，相互理解した上で双方向の対話と協議を進めることで，迅速かつ適切にリスクマネジメントが実行できる。重要なことは，地域ブランド価値に関わる組織の全員が，地域ブランド価値の向上に貢献しうる戦略のすべてを，正確に理解しつつ共有することである。

　また，地域の自治体は，適切な水準の「文書化体制の構築」を行い，万が一危機的な状況が発生した場合に，担当者がその状況に応じて迅速かつ適切に対応できるようなシステムの運営を行うべきである。

　一方，地域密着型ブランドを活性化するために，地元に所在する中小企業や大学，自治体がお互いに連携し，それぞれの得意分野を活用できるようなシステムの構築も必要である。

　結局，地域ブランド戦略とそのマネジメントは，さまざまな組織間の協調なしには成立しない。それには各組織のメンバーが地域ブランドの価値向上に向けた戦略を正確に理解しつつ共有することが重要であり，それによって，それぞれの組織は，密接なパートナーシップを形成することができるのである。

3. 事業継続計画（BCP）策定の必要性

　宮城県は，我が国の水産業の振興上，とくに重要な漁港として政令で定められている**特定第三種漁港**を気仙沼市，石巻市，塩竈市に擁している。特定第三種漁港は全国で13港指定されているが，単一の都道府県で複数の特定第三種漁港を擁しているのは，宮城県だけである。宮城県は，世界三大漁場として位置づけられている三陸沖（北西太平洋海域）を背景に多様な魚種が水揚げされ，古くから水産加工業が発達していた。

　石巻市や気仙沼市は，東日本大震災後に生じた大津波によって沿岸部が壊滅的な被害を受けた。産業面においては，漁港周辺部に集積している民間企業が経営する加工施設が損壊した。図表11-3は，石巻市および気仙沼市の水産加工業における2005年から2009年までの生産高（生産量と出荷金額）を示したものである。石巻市では，冷凍加工品，塩蔵品，練製品といった水産加工品の生産量が多く，これらの生産量は，市内で生産されている全数量の約半数を占めている。気仙沼市では，冷凍加工品や調味加工品（塩辛・漬魚など）サメ加工品の生産量が多く，これらの生産量は市内で生産されている全数量の約8割を占めている。なお，石巻市は東日本大震災後（2011年）の生産高を公表していないが，気仙沼市については，数量で約4,300トン（対2009年比で3.96％），金額で2,754,982千円（同5.24％）と報告されている（気仙沼市2012b）。

図表11-3　石巻市と気仙沼市における水産加工業の生産高（2005年〜2009年）

	石巻市		気仙沼市	
	数量（t）	金額（千円）	数量（t）	金額（千円）
2005	101,306	52,702,220	63,652	42,455,820
06	104,163	55,298,654	64,218	43,333,484
07	72,907	44,053,147	104,801	42,184,522
08	100,784	50,957,591	111,485	43,207,903
09	108,694	52,616,595	110,423	42,179,367

（出所）石巻市（2012），気仙沼市（2012a）をもとに筆者が作成

　震災後の2011年5月6日，水産庁は，「東日本大震災による水産への影響と
今後の対応」を発表した（水産庁 2011）。しかし，この対応は，漁業を対象と
した復旧支援策が主であり，被災した民間加工施設の復旧に適用できるもので
はなかった。水産加工業の復旧については，中小企業庁が創設した「中小企業
等グループ施設等復旧整備補助事業」などを利用しながら建物や生産設備の復
旧作業を行っているが，石巻市および気仙沼市ともに漁港地域や水産加工団地
の地盤沈下が激しく，建物や生産設備の復旧作業は盛り土による嵩上げ工事が
終了してからの対応となった。

　石巻・気仙沼漁港は，図表11-4が示すとおり鮮魚の出荷よりも水産加工原
料として用いられる水産物の比率が高い（漁業情報サービスセンター・水産庁
2011）。このような漁港を有す地域の場合，暫定的な措置によって魚の水揚げ
を行ったとしても地域の産業復興にはつながらない。産地全体を俯瞰しつつ，
漁業，水産加工業，**ロジスティックス**など，地域の水産業を支える各業種を計
画的に復旧させていくことが求められる。

図表11-4　気仙沼漁港・石巻漁港における用途別出荷比率
 （2009年〜2011年）

漁港名	年	鮮魚	加工	FMなど	漁港名	年	鮮魚	加工	FMなど
気仙沼	2009	34.5%	55.8%	9.6%	石巻	2009	20.1%	62.5%	17.4%
（特定三種）	10	36.0%	63.0%	0.9%	（特定三種）	10	20.6%	60.0%	19.4%
宮城	11	95.5%	4.5%	0.0%	宮城	11	17.7%	65.0%	17.3%

※19品目別上場水揚量の最終段階の用途別出荷量を調査した結果。FMはフィッシュミール
　を表す。
※2011年に気仙沼漁港で鮮魚の比率が高まった背景には，水産加工業の復旧の遅延が関係し
　ている。
（出所）漁業情報サービスセンター（2011）をもとに筆者が作成

　水産加工業は**労働集約型産業**であるため，地域の就労機会を創出する上で重
要な役割を担っている。とくに，石巻市や気仙沼市など，水産加工が盛んな地
域は，製造業全体に占める従業者数の比率が高い。図表11-5は，石巻市，気
仙沼市の製造業における業種別従業者の比率を表したグラフである。両市の場
合，水産加工業が早期に復旧しなければ，人口の流出が生じるほか，関連産業

図表11-5　石巻市・気仙沼市の製造業における業種別従業者の比率（2010年）

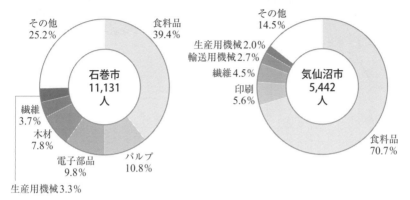

（出所）石巻市（2012b）・気仙沼市（2012c）をもとに筆者が作成

を含めた地域の産業が衰退・崩壊してしまう可能性も否定できない。

　1995年1月に発生した阪神淡路大震災では，神戸市長田区に集積していたケミカルシューズの製造工場が火災によって焼失したが，労働集約型産業である同産業は，震災を機に生産量が減少した。図表11-6は日本国内におけるケミカルシューズの生産金額・生産数量の推移，図表11-7はケミカルシューズ産業の事業所数，生産量，従事者の推移を表したものである。

　敢えて述べるまでも無いが，製造業は産品を生産できなければ事業を継続することができない。今回の東日本大震災では，生産設備を完全に喪失した企業が多く，たとえ公的な補助金が得られたとしても，事業を再開するには年単位の歳月を要することが見込まれた。このような状況において，被災地の大学に勤務する筆者（石原）らは，生産設備が復旧するまでの間，早期復旧を果たした青森県八戸市の水産加工会社において代替生産（被災企業のオリジナルスペックに基づく生産）を行うことを計画し，被災した水産加工会社に対して提案した。そして，自社設備が復旧するまでの間，代替生産した製品を販売する業務に集中してほしいと訴求した。

　筆者らは，震災から2ヶ月経過した2011年5月中旬より，八戸市の水産加

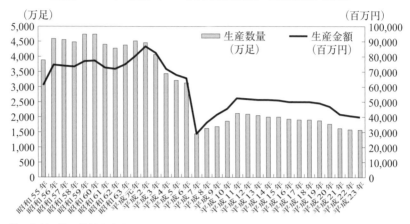

図表11-6　ケミカルシューズの生産金額・生産数量の推移

※ 棒は金額，線は数量を表す
（出所）日本ケミカルシューズ工業組合（2012）をもとに筆者が作成

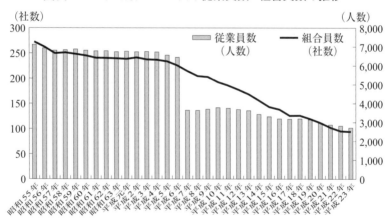

図表11-7　ケミカルシューズの従業員数・組合員数の推移

※棒は従業員数，線は組合員数を表す
（出所）日本ケミカルシューズ工業組合（2012）をもとに筆者が作成

工会社を訪問し，被災企業の製品製造を受け入れられるか否かについて調査した。筆者らが代替生産を依頼する地域として，八戸市を選択した理由は次のとおりである。

- 石巻市と同様に特定第三種漁港を擁し，石巻漁港と類似した魚種（タラ・イカ・サバなど）が水揚げされるとともに，漁港近隣地域に水産加工業が集積している
- 加工用原料として取り扱われる魚の比率が鮮魚出荷よりも多く，石巻市と同様の生産設備や冷蔵設備を持つ企業が多い
- 石巻漁港と同様に，主要消費地までの物流ルート（市場便）が存在する

　筆者らは，八戸市において代替生産の受け入れ可否に関する調査を行うとともに，石巻市の被災企業に対しても代替生産を希望するか否かについて調査した。その結果，八戸市の水産加工会社3社から受け入れの同意を得るとともに，石巻市の水産加工会社2社（山徳平塚水産株式会社，株式会社木の屋石巻水産）から代替生産の要請を受けることになった。

　八戸市における代替生産は，震災から3ヶ月が経過した2011年6月から企業間のマッチングを行い，7月からプロトタイプの生産が始まった。そして，同年の9月から本格的な生産活動に入り，10月から販売活動を再開した。八戸市で代替生産した製品は，石巻漁港と八戸漁港の主力魚種であるサバの煮魚製品である。八戸市で**代替生産**できなかった製品（鯨の缶詰，おでん製品など）については，岩手県内陸部の食品工場で代替生産を行うことになった。

　代替生産は，自社で生産するよりもコストが掛かるため，従来までの価格で出荷することは困難である。しかしながら，建物や生産設備を失った状況において顧客との取引を継続させるための手段となる。代替生産を試みた被災企業の経営者は，「顧客との取引を継続させるために，一定の効果があった」，「結果的に販路は減少したが，その一方で従来までと異なる取引先を確保することができた」と話している。

　他産地における代替生産については，2012年2月以降，気仙沼市やほかの

図表11-8　津波で被災した石巻市の水産加工会社（左）と
気仙沼市水産加工団地（右）

（出所）筆者撮影

図表11-9　代替生産で製造した被災企業の商品

（出所）筆者撮影

被災地にも提案した。従来まで，地域間の同業種は，原料の供受給などの取引はなされていたとしても，有機的な交流機会は存在しなかった。被災した石巻市と支援を担った八戸市は，東北地方の太平洋沿岸で水揚げ量を競い合う関係であったが，震災を機に「東北地方の生産基盤を共有しつつ，東北の水産業を守ろう」という意識が醸成された。東日本大震災後，各地で震災時における事業継続策のあり方が議論されている。大震災に備えるべく事業継続計画（BCP）の策定に際しては，相互支援策や代替生産の方法を含めて検討しておくべきである。

4. 地域団体商標制度

（1）制度が導入された理由

　商品や役務に用いられる商標は，需要者（消費者）がマーケットで出会う商品の顔であり，ブランドマーケティングにおいて重要な役割を果たす。商標は，同じ商品や役務がマーケットで流通するときに，その商品役務の自他を識別するものとして機能する。たとえば，洗剤という商品をイメージしたときに，需要者がある商標をみて「このマークは，あの会社」といった印象を抱けば，他の洗剤商品とは区別して選んでくれる。しかし，ブランド品の模倣にみられるように，商標自体はノーコストで容易に模倣できてしまう。そうすると業者は，商標に化体する信用を蓄積する意味を見失ってしまう。そうした事態に至らないため，登録された商標に権利を与えて保護する制度を設けているのが商標法である（以下，単に法と表現したときには，商標法を示すものとする）。

　ある地域で生産される商品や役務に，その生産地や提供地の名前を付けることはよく行われる。ここで，商品の産地といえば近江牛や三ヶ日みかんなどすぐに例が浮かぶかもしれないが，役務の提供地については難しいかもしれない。たとえば，草津温泉など温泉地における温泉浴場施設の提供などを想像していただければと思う。なぜそのような地名を用いた商品のネーミングを行うのかといえば，①産品の地理的な出所を伝えることに主たる目的があるが，他にも，②地理以外のその産品の品質を伝えること，③そして地名のもつイメージ喚起的な価値を生かすことにある。

　たとえば，東京で生産される牛乳のブランドに「東京牛乳」がある。このネーミングをみたときに，①牛乳の地理的出所が東京であること，②品質に定評があれば，その品質のイメージ，③そして東京という地域のもつ何らかのイメージが喚起され，この名称を通して需要者に伝わることになる。しかし，通常商品のブランド名と異なり，地名は新たに作れない。だからこれらの価値は，他の名称には代え難いものがある。

　商標法は「地名」を登録商標に含めること自体は禁止していない。「地名」を含む場合でも，原則として商標としての登録が可能である（法2条1項柱書き参照）。しかし，地名が指定商品や指定役務との関係で「産地，販売地・・・提供の場所」（以下，産地名等とする）（法3条1項3号）の場合，登録できないとしている。

　注意する点として，商標法は，産地名を商標として登録できないとしているだけで，産地名を商品上に表示することを禁止していない。また，登録を受けない商標として使用すること自体も何ら禁止されていない。商標には，登録商標と未登録商標とがあり，登録されていない商標も世の中にはたくさん存在する（地域の饅頭屋などの例を想起してほしい。全国的に有効な商標権を取る必要などないケースが多いだろう）。もっとも，群馬で取れた牛乳に「埼玉牛乳」と表示するように産地の誤認を生じるような使用は，**不正競争防止法**などの規制対象となるので，この点は注意を要する。

　商品にその産地名を使用することは，産地を伝える上で非常に効率のよいコミュニケーション手段であり，その使用を商標権の対象にすることで特定の者に独占させることは，社会全体の効率を損なうことは望ましくないのである。

　他方で，産地名をあらゆる業者が自由に商品の名称として使用できることになると，品質もばらばら，一貫性のないブランド戦略がなされて，いつまでたっても**地域ブランド**の構築が進まないという事態が生じうる。

　商標法はそうした事態を避けるため，地域ブランドを早期の段階で育成支援するために「地域団体商標」という制度を設け，産地名等が商標に含まれることを特別に認めている。

　地域団体商標制度は，平成18（2006）年4月1日から実施されており，地域の産品等について，事業者の信用の維持を図り，「地域ブランド」の保護による地域経済の活性化を目的とする。そのために「地域ブランド」として用いられることが多い，産地名等を構成する地域の名称と商品役務の名称等からなる文字商標について，団体商標制度の枠組みを利用しつつ，出願人の要件などについて各種の要件を付加しつつ，産地名等が登録できないという部分につい

ては登録要件を緩和する制度を設けたのである。

（2）主な要件

① 商標の構成

地域団体商標として登録ができる商標の構成は，以下に示す類型の文字商標である（法7条の2第1項各号）。

図表11-10　認められる商標の類型（法7条の2第1項）

	類型	例
1号	地域の名称及び商品等の普通名称からなる商標	「○○人形」（指定商品「○○産の人形」），「○○りんご」（指定商品「○○産のりんご」）
2号	地域の名称及び商品等について慣用されている名称からなる商標	「○○焼」（指定商品「○○産の茶碗」），「○○ポーク」（指定商品「○○産の豚肉」），「○○温泉（指定役務「○○地区における温泉浴場施設の提供」）」
3号	1号又は2号の類型に「商品の産地又は役務の提供場所を表示する際に付される文字として慣用されている文字」が加わった商標	「特産○○キャベツ」，「本場○○織」等

（出所）特許庁「商標審査基準（改訂第15版）」第7二に基づき筆者作成

第1に，地名のみの商標は，第三者による地名の使用を過度に制約するおそれがあることから，地域団体商標として登録することはできない（法7条の2第1項各号）。

第2に，文字以外に図形等が入った商標については，各号いずれの要件にも該当しないため，地域団体商標としては登録することができない。

第3に，「地域の名称及び商品等について慣用されている名称」（慣用名称）とは，商品又は役務の普通名称ではないが，商品又は役務を示す名称として需要者や取引業者の間で慣用されている名称をいう（伝統工芸品における「焼」（焼物），「織」（織物），「塗」（漆器，漆物），食品における「牛」（牛肉），「豚」（豚肉），「鳥」（鶏肉）などが該当する）。また，3号の「商品の産地又は役務

の提供場所を表示する際に付される文字として慣用されている文字」には，「本場」，「産」等の文字が挙げられる。

② 出願人の資格

地域団体商標の出願人適格は，地域名を要部とする商標の登録に際して識別性の要件を緩和することにより生じる弊害を防ぐため，通常の団体商標の場合よりも制限されている。

地域団体商標の登録を受けられるのは，①事業協同組合その他の特別の法律により設立された法人格を有する組合，商工会，商工会議所，特定非営利活動法人，②これに相当する外国の法人に限られる（法7条の2第1項）。事業協同組合その他の特別の法律により設立された法人格を有する組合については，法人格を有することと，当該特別の法律に構成員資格者の加入の自由が担保されていることが必要であり（法7条の2第1項かっこ書），農業協同組合や漁業協同組合等がその例である（農業協同組合法20条，水産業協同組合法25条）。また，制度の導入以降，主体要件は緩和される傾向にあり，たとえば，平成29（2017）年7月31日に施行された地域未来投資促進法による商標法の特例措置によって，一定の条件で一般社団法人も出願できるようになった。

③ 緩和された周知性の要件

地域団体商標の商標登録出願に係る商標が使用をされた結果，「自己又はその構成員の業務に係る商品又は役務を表示するものとして需要者の間に広く認識されているとき」は，地域団体商標の商標登録を受けることができる（法7条の2第1項後段。以下，「周知性要件」とする）。

地域団体商標制度の導入以前は，産地名と商品等の名称を組み合わせた文字商標について，全国的に周知となっていなければ商標を登録することができなかった（法3条2項）。「夕張メロン」など，地域団体商標制度によらずに登録されていた例は存在するが，ハードルが高かった。ハードルが高すぎたため，地域を軸にしたブランド戦略に困難を生じていた。このハードルを下げたの

が，地域団体商標制度の大きな役割である。

　周知性の判断について，商標審査基準では，「商品又は役務の種類，需要者層，取引の実情等の個別事情によるが，全国的な需要者の間に認識されるには至っていなくとも，たとえば，商品又は役務の種類及び流通経路等に応じた次の（ア）から（エ）の類型における一定範囲の需要者に認識されている場合を含むものとする」とされ，類型ごとに区別される判断基準を示している（特許庁「商標審査基準（改訂第15版）」第7一）。

　（ア）から（エ）の類型とは，（ア）比較的低価格であり，また，日常的に消費されること等から，比較的広範囲の地域で販売され得る商品，（イ）高価であること等から，生産地では販売されず，主として大消費地で販売され尽くすような商品，（ウ）主として生産地でのみ販売される地産地消の商品やその地でのみ提供される役務，（エ）工芸品等の商品，である。

　たとえば，（ア）の類型では（たとえば，比較的低価格で日常的に消費される野菜，米，食肉，水産食品，加工食品），当該地域が属する都道府県を越える程度の範囲における多数の需要者の間に広く認識されていれば足りるが，（イ）の類型の場合（たとえば，高額で市場取引される高級魚等），主たる需要者の範囲が大消費地等の大都市に限定されるなど，地域的な広がりが限定的と考えられる場合には，少なくとも販売地が属する一都道府県における多数の需要者の間に広く認識されていることを要する，とされる。

④ 構成員に使用をさせる商標であること

　地域団体商標制度は，既存の団体商標制度の枠組みを用いている。団体商標とは，事業者を構成員に有する団体が，その構成員に共通に使用させる商標であり，商品又は役務の出所が当該団体の構成員であることを明らかにするものである。これと同様に，地域団体商標として登録される商標も，組合等がその構成員に使用をさせるものであることが要件とされている（法7条の2第1項柱書）。したがって，地域団体商標の商標権を有する組合の構成員は，組合が個別に定める商標の使用規則等により，指定商品等について，登録商標を使用

する権利を有している（法31条の2第1項）。

⑤ 商品・役務と地域との密接関連性

　地域団体商標制度における「地域の名称」とは，「自己若しくはその構成員が商標登録出願前から当該出願に係る商標の使用をしている商品の産地若しくは役務の提供の場所その他これらに準ずる程度に当該商品若しくは当該役務と密接な関連性を有すると認められる地域の名称又はその略称」と定義されている（法7条の2第2項）。密接関連性の要件は，具体的には，商標中に用いられる地域の名称が商品の産地（例：農産物における生産地）あるいは役務の提供地（例：温泉における温泉地）であることのほか，製法の由来地（例：織物における伝統的製法の由来地）や原材料の産地（例：「そばのめん」における原材料「そばの実」の産地）であることなども考慮して，その関連性が審査される（特許庁「商標審査基準（改訂第15版）」第7三）。

（3）地域団体商標に係る商標権の効力

　地域団体商標について商標登録を受けた場合，商標権者は，通常の商標と同様に，差止請求（法36条1項）や損害賠償（民法709条）を行うことができる。また，商標権を侵害した者は，刑事罰に処される場合がある（法78条）。

　なお，地域団体商標に係る商標権者である組合等の構成員は，当該組合等の定めるところにより登録商標を使用する権利を有するものの（法31条の2第1項），商標権のような専用権を有しているわけではないため，直接自己の名で差止めや損害賠償を請求することはできない。

　また，商標法は，登録商標に係る指定商品等又はこれに類似する商品等の普通名称，産地，販売地，提供場所等を普通に用いられる方法で表示する商標については，法26条1項2号及び3号（商標権の効力が及ばない範囲）が適用され，商標権の効力が及ばないと規定しており，地域団体商標に係る商標権についてもこれらの規定が適用される。同規定の適用によって，地域内アウトサイダー（同一地域内に存在する，出願人及びその構成員以外に出願商標を使用し

ている第三者）が地域団体商標と同じ表示について自他商品識別機能を発揮し得るような態様で使用することは禁止されていると解される。たとえば，先の「東京牛乳」の例で，「東京牛乳」の表示を，通常であれば産地表示としてのみ認識されるような方法でパッケージに記載することは，地域団体商標権を有する団体（東京都酪農業協同組合）の構成員でなくても可能であるが，牛乳のパッケージの正面に大きく「東京牛乳」とプリントすることは，東京都酪農業協同組合の構成員の提供する商品であると混同されかねない行為であり，自他商品識別機能を発揮し得るような態様で使用するものと評価され，法26条の規定は適用されないというべきであろう。

（4）運用実績

制度の運用状況は順調であり，平成18（2006）年4月1日の地域団体商標の出願初日に258件の出願が行われて以降，着実にその数を増やしている。制度開始からの出願件数は合計1278件（国内1269件，外国9件）で，累計登録件数は713件（国内709件，外国4件），存続期間の満了等の理由により消滅した件数を除いた有効登録件数は699件（国内696件，外国3件）である（2021年2月末時点，特許庁ウェブサイト「地域団体商標　都道府県別出願・登録件数」参照）。

（5）地域団体商標マーク

この本をご覧の方であれば，ご覧になったことがあるかもしれないが，「地域の名物」が団体商標として特許庁に登録されていることを示す証として，地域団体商標マークがある。このマークは，原則として，①地域団体商標に係る商標権を有する団体，②その構成員，③団体から許諾を受けた者に限って使用できる。使用するには，特許庁に使用届を提出する。

このマークを地域団体商標にかかる商品等に使用することは義務ではないが，「国のお墨付き」であることを想起させるデザインであり，地域ブランド戦略には有効かもしれない。

図表11-11　地域団体商標マーク

5. グローバル競争に対応する地域ブランドの役割

　はじめに，グローバル競争と地域経済・地域ブランドとの関係を整理したい。
　1990年代以降本格化した**グローバル競争**（地球的な規模での競争）を「グローバル資本主義」としてとらえ，嶋田巧は次の3つの特徴があるとしている。
①グローバル資本主義は，地球規模でのオープンなシステムの資本主義である。
②グローバル資本主義の基盤は，貿易・投資障壁の引下げ（自由化，規制緩和），そして情報技術革新である。
③グローバル資本主義の矛盾は，各国各地域内での経済格差の拡大，そして金融活動の肥大化及び投機化である。たとえば，投資と投機の境目はますますあいまいになり，多くの企業や人々が時として自覚しないまま「非自発的なギャンブラー」となっていったという（嶋田2009, p.70）。
　このように，グローバル競争＝グローバル資本主義が，各国各地域内での経済格差を拡大している点に注目したい。経済学では，国民国家を土台とした国民経済（例，米国経済，日本経済，中国経済等）の単位で議論することが多い。しかしながら，グローバル競争が深化するなかで，各国の国内で地域間の

経済格差が拡大している。換言すれば，グローバル競争は地域経済に価格面での競争圧力を加えているといえる。それゆえ地域経済を単位とした，とくに非価格面での国際競争力が求められている。その代表的なものが地域ブランドである。それゆえ「グローバル競争下における地域ブランド」を議論する前提として，グローバル競争の仕組みを確認する必要がある。次節では，国際貿易のルールであるWTOルールを紹介し，グローバル競争下における地域ブランドを取り巻く状況を明らかにしたい。

6. WTOルールと地域経済

（1）WTOルールにおけるセーフガードとTRIPS協定

　国際貿易・投資の自由化に関する組織である**WTO（世界貿易機関）**は1995年1月1日に発足した。WTOの設立にあたり「世界貿易機関を設立するマラケシュ協定（WTO協定）」が締結された（図表11-12参照）。同協定の中には，「1994年のGATT」として，WTO協定発効前の**GATT（貿易と関税に関する一般協定）**による規定等を継承しており，GATT/WTOと呼称されることも多い。1986〜1994年のGATT最後の交渉「ウルグアイ・ラウンド」において，WTOの設立で合意した。なおその際に想起したいのは，1993年の動きである。1993年，**北米自由貿易協定（NAFTA）**を米国議会が批准した。同年，**APEC（アジア太平洋経済協力会議）**は初めての第1回非公式首脳会議（それまでは閣僚会議中心）を開催し，APECの「共同体」（コミュニティ）化を宣言した。このようなNAFTAやAPECの動きは，EU（欧州連合）への市場開放圧力として機能し，GATT「ウルグアイ・ラウンド」交渉が妥結し，WTOの設立に合意している（佐々木 2009参照）。本章執筆時点では，日本の**TPP**（環太平洋パートナーシップ協定）交渉が大筋合意している。TPPの内容も参加国に限定せず，WTOの新しいルールとして認められる可能性も考えられる。今後も貿易・投資の一層の自由化（グローバル競争の激化）が進められようとしているのである。

図表11-12　WTO協定の概要

世界貿易機関を設立するマラケシュ協定（WTO設立協定）

　物品の貿易に関する多角的協定［ANNEX 1A］

　　　　　千九百九十四年の関税及び貿易に関する一般協定（1994年のGATT）
　　　　　農業に関する協定
　　　　　衛生植物検疫措置（SPS）の適用に関する協定
　　　　　繊維及び繊維製品（衣類を含む）に関する協定
　　　　　貿易の技術的障害（TBT）に関する協定
　　　　　貿易に関連する投資措置に関する協定（TRIMs）
　　　　　アンチ・ダンピング協定
　　　　　関税評価に関する協定
　　　　　船積み前検査に関する協定（PSI）
　　　　　原産地規則に関する協定
　　　　　輸入許可手続に関する協定
　　　　　補助金及び相殺措置に関する協定（SCM）
　　　　　セーフガードに関する協定
　　　　　貿易の円滑化に関する協定

　サービスの貿易に関する一般協定（GATS）［ANNEX 1B］
　知的所有権の貿易関連の側面に関する協定（TRIPS）［ANNEX 1C］
　紛争解決に係る規則及び手続に関する了解［ANNEX 2］
　貿易政策検討制度（TPRM）［ANNEX 3］
　複数国間貿易協定［ANNEX 4］（注）

　　　　　民間航空機貿易に関する協定
　　　　　政府調達に関する協定

（注）国際酪農品協定及び国際牛肉協定は、1995年から3年間有効とされていたが、1998年以降の延長はしないとの決定がなされたため、1997年末に失効した。

（出所）経産省（2016），p.232

　WTOには多くの協定がある中で，地域ブランドとの関連で2つの協定に注目したい。1つは「セーフガード（SG）に関する協定」であり，もう1つは「知的所有権の貿易関連の側面に関する（TRIPS）協定」である。

(2) セーフガード（緊急輸入制限）と日本の農産物

　GATT第19条は，輸入急増による国内産業の損害を防止するため緊急避難的にとられる**セーフガード**（緊急輸入制限）措置の要件と効果を定めている。貿易に関する自由化を議論するGATT/WTOにおいて，貿易に関する規制措置はそれほど多くはない。とくに，輸出国側のダンピングに関する対抗措置（い

わゆるアンチ・ダンピング措置）とは異なり，輸入国側の国内事情に応じて発動できるのがセーフガードの特徴である。

　1995年のWTO発足以来，日本政府が一度だけセーフガードを発動している（以下，経産省2016による）。

　2000年12月22日，日本政府はねぎ，生しいたけ及びイグサ（畳表）についてセーフガード調査を開始し，2001年4月23日には当該3品目の輸入について暫定措置（同年11月8日までの関税割当措置）を発表した。これを受けて当該3品目の主要輸出国である中国側は，当該措置の撤回を要求するとともに，同年6月22日，日本製の3品目（自動車，携帯・車載電話及びエアコン）に対し，従来の輸入関税に加えて一律100％の特別関税の徴収を開始した。

　中国側は，ねぎ等3品目に係る日本の措置は中国に対する差別的措置であると主張した。これに対して日本は，①当該措置はWTO協定の関連規定により認められた措置である。②中国側の特別関税措置は日本の製品のみを対象とするものであり，日中貿易協定第1条第1項（最恵国待遇）に違反する。③中国側の措置は加盟を直前に控えたWTOの関連協定上も認められない（中国のWTO加盟は同年12月21日）として，同措置の撤回を要求した。

　政府間協議の結果，同年12月21日（中国のWTO加盟日），日中両国政府は，①日本側はねぎ等3品目に係るセーフガード確定措置を発動しないこと，②中国側は自動車等3品目に係る輸入特別関税措置を撤廃すること，③ねぎ等3品目に係る「日中農産物貿易協議会」の設立を含めた日中貿易スキームの構築を行うことで合意した（経産省2016）。

　このように，WTO発足後，日本政府が初めて発動したセーフガード暫定措置が，農産物に対するものであったこと，中国側が対抗措置として，自動車などの工業製品に特別関税をかけたこと，そして一連の事態が中国のWTO加盟当日に収束に向かう等，いくつかの興味深い論点を含んでいた。

　地域ブランドの観点からは，安価な中国産農産物の輸入が，日本の地方農業に打撃を与えており，貿易自由化を標榜してきた日本政府が，貿易制限措置の採用を，暫定的とはいえ実施したことに注目したい。実際，当時の日本では輸

入急増する中国産野菜が，日本の地方農業に対して打撃を与えることを危惧する声が多く聴かれた。地域団体商標制度が導入される以前の段階で，日本の国内農業を，中国産野菜に代表される国際価格競争から保護することの必要性が2000～2001年に表面化していたことを確認しておきたい。

（3）TRIPS協定における地理的表示「追加的保護」と地域ブランド保護

WTOルールの下で**TRIPS（知的所有権の貿易関連の側面に関する）協定**が地理的表示の保護を規定している。地理的表示とは，単なる商品の生産地表示ではなく，生産地表示が，その生産地の地理的な要素に由来する商品の品質や評判を想起させるものである。

TRIPS協定第22条では地理的表示一般の保護を想定し，同協定第23条ではワインと蒸留酒について，誤認混同されるかどうかにかかわらず，より強力な保護を与えることを想定している（22条の保護に追加する「追加的保護」）。

TRIPS協定における地理的表示の「追加的保護」は，日本産農産物の国内外市場での販売および輸出拡大の際に，有効に働くことが期待される。

たとえば，TRIPS協定第22条における地理的表示一般の保護の場合，「青森○○風味の中国産○○」などのように，他県あるいは外国という産地を明示すれば誤認混同されず，「青森○○」を名乗ることが可能である。

だが，TRIPS協定第23条における地理的表示の追加的保護に指定された場合，青森県産の○○のみが「青森○○」となり，他県あるいは外国で生産されたものは産地を明示しても，「青森○○」を名乗ることができなくなる。このように地域産品の独自性を強く保護することが可能になるのである。

酒類の地理的表示については法律に基づき国税庁長官が指定している。国内における酒類の地理的表示としては，1995年6月に「壱岐」，「球磨」，「琉球」（いずれも単式蒸留焼酎）を，2005年12月に「薩摩」（単式蒸留焼酎）及び「白山」（清酒）を，さらに2013年7月に「山梨」（果実酒）を指定。2015年12月に国レベルの地理的表示として「日本酒」（清酒）を指定している（図表11-13参照）。

図表11-13　日本における地理的表示の追加的保護（日本国以外の産地を除く部分）

1　「酒類の地理的表示に関する表示基準」（平成27年国税庁告示第19号）附則第2項により第1項3号イの指定を受けたものとみなす地理的表示

名称	産地の範囲	酒類区分	生産基準
山梨	山梨県	ぶどう酒	
壱岐	長崎県壱岐市	蒸留酒	
球磨	熊本県球磨郡人吉市	蒸留酒	
琉球	沖縄県	蒸留酒	別紙
薩摩	鹿児島県（奄美市及び大島郡を除く。）	蒸留酒	
白山	石川県白山市	清酒	

2　「酒類の地理的表示に関する表示基準」第1項3号イに規定する国税庁長官が指定した地理的表示

指定した日	名称	産地の範囲	酒類区分	生産基準	備考
平成27年12月25日	日本酒	日本国	清酒	別紙1	別紙2

（出所）国税庁（2015）「酒類の地理的表示一覧」
　　　　https://www.nta.go.jp/shiraberu/senmonjoho/sake/hyoji/chiri/ichiran.htm
　　　　2016/4/30アクセス

　なお国税庁によれば，（原料の米に国内産米のみを使い，かつ，日本国内で製造された清酒のみが，「日本酒」を独占的に名乗ることができる）地理的表示「日本酒」の指定による効果として，次の三点が指摘されている（国税庁2015）。

① 外国産の米を使用した清酒や日本以外で製造された清酒が国内市場に流通したとしても，「日本酒」とは表示できないため，消費者にとって区別が容易になる。

② 海外に対して，「日本酒」が高品質で信頼できる日本の酒類であることをアピールできる。

③ 海外においても，地理的表示「日本酒」が保護されるよう国際交渉を通じて各国に働きかけることにより，「日本酒」と日本以外で製造された清酒との差別化が図られ，「日本酒」のブランド価値向上を図ることができる。

　以上のことから,「日本酒」の国内での需要振興や海外への輸出促進に大きく貢献するとされている。

　このような見解からも明らかなように,地域ブランドの確立という観点から,ワインと蒸留酒だけに限定せず,清酒まで追加的保護の対象を拡大している点が重要である。この他,関連する制度としては,長野県が2002年より「長野県原産地呼称制度」を始めており,日本国内では先進的な取り組みであると評価できよう。

　ただし,TRIPS協定における地理的表示の「追加的保護」の対象品目拡大をめぐっては,地理的表示の一層の保護強化を主張するEU,スイス,インド等と,現在の保護水準の維持を主張する米国,カナダ,オーストラリア,ニュージーランド等の諸国との意見の対立が依然として続いている。

　国内外の市場において,地域ブランドを保護することが可能な「追加的保護」の対象拡大について,日本政府も強力に推進することを期待したい。

　たとえば日本貿易振興機構(ジェトロ)北京事務所によれば,中国における日本の地名等に関する商標登録出願の状況は次のとおりである。

　まず,中国において出願・登録されていない外国の商標について,無関係の第三者が先に当該商標を出願・登録する事例(いわゆる「冒認出願」)が大きな問題となっている。また,対象となる商標が地名である場合,中国商標法により中国において公知な外国地名であるとされれば登録できない。中国政府も冒認出願への対策を強化しようとしている。

　そこで,日本貿易振興機構・北京事務所は,特許庁の委託を受け,2007年度以降,中国国家工商行政管理総局商標局ウェブサイトにおいて提供されている検索ツールである「中国商標網」を用いて,日本の地名・地域ブランドの中国における商標出願・登録の状況の調査を毎年行ってきた。2014年度も調査を行い,日本の都道府県名,政令指定都市名及び地域団体商標についての調査結果を取りまとめている。

　図表11-14が示すように,日本の地域団体商標の文字商標で,中国において

図表11-14　中国における日本の地名等に関する商標出願・登録の調査結果（部分）

（2）地域団体商標

　2015年1月時点で登録され，日本人が権利者である地域団体商標だけで構成される文字商標（図形を用いた商標を除く。）であって，ピンイン・平仮名の読みを付記しているものを含む商標を対象として調査した。

① 中国等外国企業による出願	
「大雪旭岳源水」	（32類：2014年11月公告中）
「南部鉄器」	（8類：拒絶，21類：2010年2月登録，11類：2014年4月出願中，35類：2012年12月登録）
「米沢織」	（24類：拒絶）
「高岡銅器」	（21類：2011年6月登録）
「九谷焼」	（21類：2003年1月登録，30類：2008年12月登録，8類：2014年8月登録，43類：2014年2月登録）[8]
「美濃焼」	（21類：2007年4月登録）
「熱海温泉」	（3類：2011年12月登録）
「常滑焼」	（21類：2011年2月登録，35類：2011年3月登録）
「伊賀焼」	（21類：拒絶）
「京扇子」	（16類・35類：2014年1月登録，20類：2014年7月出願中）
「信楽焼」	（21類：2012年3月登録）
「備前焼」	（21類（2件）：2014年11月公告中，拒絶不服審判中）
「淡路瓦」	（19類：拒絶）
「上野焼」	（29類：2009年6月登録）
「八女茶」	（30類：2011年7月登録）
「唐津焼」	（21類：2011年9月登録）
「宮崎牛」	（29類：拒絶）
② 日本企業等による出願	
「獄きみ」	個人による出願（31類：2011年2月，40類：2012年2月登録）。日本の地域団体商標の権利者はつがる弘前農業協同組合。
「米沢牛」	日本企業による出願（29類：拒絶（2件））。日本の地域団体商標の権利者は山形おきたま農業協同組合。
「江戸小紋」	日本企業による出願（3類：1995年11月登録）。日本の地域団体商標

[8]　台湾企業による出願2件，中国企業による出願2件。日本の地域団体商標の権利者である石川県九谷陶磁器商工業協同組合連合会は，2008年4月に「九谷陶瓷」を商標出願したが，拒絶となっている。

（出所）日本貿易振興機構北京事務所（2015）「中国における日本の地名等に関する商標登録出願について」
　　　　http://www.jetro-pkip.org/upload_file/20150518192501.pdf　2016/4/27アクセス

図表11-15 地理的表示法に基づき登録されている地理的表示

登録番号	名称*	写真	特定農林水産物の区分	特定農林水産物等の生産地	登録日
1	あおもりカシス		第3類果実類 すぐり類	東青地域(青森県青森市、青森県東津軽郡平内町、青森県東津軽郡今別町、青森県東津軽郡蓬田村、青森県東津軽郡外ヶ浜町)	平成27年12月22日
2	但馬牛		第6類 生鮮肉類 牛肉	兵庫県内	平成27年12月22日
3	神戸ビーフ		第6類 生鮮肉類 牛肉	兵庫県内	平成27年12月22日
4	夕張メロン		第2類 野菜類 メロン	北海道夕張市	平成27年12月22日
5	八女伝統本玉露		第32類酒類以外の飲料等類 茶葉（生のものを除く。）	福岡県内	平成27年12月22日
6	江戸崎かぼちゃ		第2類 野菜類 かぼちゃ	茨城県稲敷市及び牛久市桂町	平成27年12月22日
7	鹿児島の壺造り黒酢		第27類 調味料及びスープ類 その他醸造酢（米黒酢）	鹿児島県霧島市福山町及び隼人町	平成27年12月22日
8	くまもと県産い草		第4類 その他農産物類（工芸農作物を含む） いぐさ	熊本県八代市、熊本県八代郡氷川町、熊本県宇城市、熊本県球磨郡あさぎり町	平成28年2月2日
9	くまもと県産い草畳表		第41類 畳表類 いぐさ畳表	熊本県八代市、熊本県八代郡氷川町、熊本県宇城市、熊本県球磨郡あさぎり町	平成28年2月2日
10	伊予生糸		第42類 生糸類 家蚕の生糸	愛媛県西予市	平成28年2月2日
11	鳥取砂丘らっきょう ふくべ砂丘らっきょう		第2類 野菜類 らっきょう	鳥取県鳥取市福部町内の鳥取砂丘に隣接した砂丘畑	平成28年3月10日
12	三輪素麺		第15類 穀物類加工品類 そうめん類	奈良県全域	平成28年3月29日

（出所）農水省（2016b）
  http://www.maff.go.jp/j/shokusan/gi_act/register/　2016.5.1アクセス

中国等外国企業による出願が17件確認されている。なお，地域団体商標の権利者以外の者から出願された場合であっても，必ずしも冒認出願ということではないという（日本貿易振興機構・北京事務所 2015）。

なお農水省は，2014年6月に地理的表示保護制度（GI）のひとつとして「特定農林水産物等の名称の保護に関する法律」（地理的表示法）を制定した。地理的表示保護制度とは，前述したTRIPS協定第22条における地理的表示一般の保護に関するものである。

地理的表示法は「地域で育まれた伝統と特性を有する農林水産物食品のうち，品質等の特性が産地と結び付いており，その結び付きを特定できるような名称（地理的表示）が付されているものについて，その地理的表示を知的財産として保護し，もって，生産者の利益の増進と需要者の信頼の保護を図ることを目的として」いる（農水省 2016a）。

図表11-15は，地理的表示法に基づき登録されている地理的表示の一覧を表している。

地域ブランド再構築の科学的観点に基づくブランディング—カツオ・ブランドの再構築を事例に—

科学的観点に基づくブランディングが必要かをカツオ例に述べる。

カツオはサバ科に属する魚で，夏季に東北海域に北上（上りカツオ）し，秋に南下（下りカツオ）回遊する。鹿児島県の枕崎，高知県の土佐清水，静岡県の焼津，千葉県の銚子，そして宮城県の気仙沼が主要な水揚げ港である。それらの港ではその地域の産業の特色により加工・生鮮品とし利用されている。同じ魚種をブランドとして広めるために，他とは違う何らかの科学的優位性が必要である。

青森県八戸港はマサバが多く水揚げされる。このマサバを用いて"八戸前沖サバ"と称するブランドが形成された（石原 2007）。この時のマサバの他の海域とは違う優位性は，筋肉中に含まれる粗脂肪量が多いことである。本編ではこの知見をカツオに応用してみた。そのためには，カツオの詳細

な筋肉部位や経月別の脂質含有量の知見の情報が必要であるが，それらの知見は少ない（土田・広田1953；二平1996）。

　本項では2012年東北海域に来遊したカツオの部位別の脂質含有量の蓄積過程を検討し，ブランド化の可能性を提示することにある。

　試料は2012年7月から11月，東北海域に来遊し，一本釣り漁で採集され，気仙沼に水揚げされたカツオの中から，7月から11月まで計72個体を気仙沼港から氷冷し，研究室に輸送してもらった。研究室で9部位別に切り分け，粗脂肪はクロロホルム・メタノール法により算出した。粗脂肪含有量（%）は，5か月間で0.3から7.0%まで変動し，最大23倍増加した。7月から9月までは粗脂肪含有量は低いが，10月から粗脂肪含有量が急に増加した。全体的に外側（皮側）および，中央尾部側が高い結果となった。この結果は，カツオは季節的に粗脂肪含有量が変動し，部位別に脂が多い所と少ない所があることが明らかになった。

　今回の脂肪含有量を既に報告されている文献値と比較すると，6月下旬，神奈川県で水揚げされたカツオの可食部（三枚おろし，皮，血合い除去）は6.6%，10月上旬，茨城県で可食部は3.7%，3月上旬，三重県で可食部10.6%，4月中旬，千葉県で可食部は3.3%，5月下旬，宮崎県で可食部は3.5%，7月中旬，千葉県で血合い肉は6.7%と報告されていた（斎藤ら1985；Saito et al. 1997）。これらと比較すると，全般的に10月以降，脂肪含有量は高い傾向にあった。これは，秋以降の南下かつおは筋肉に脂を蓄えるという説を支持することになる。

　脂質含有量が把握できれば，漁業者，水産加工者，さらには一般消費者にメリットが多いと考えている。漁業者は利益を考慮し，カツオを生鮮・加工別にどこの魚市場に水揚げするかの選別ができ，水産加工業者は加工品の選別，並びに加工方法の選択，一般消費者は脂質含有量の大小を基準に嗜好の面から購入の選択ができると考えられる。もし脂質含有量の提示をシステム化することができれば，他のカツオ産地とは異なる高付加価値を伝達でき，カツオのブランド化を強化できると考えている。

ディスカッション・トピックス

① 大震災が生じた際に，地域産業の衰退・空洞化を防ぐためには，事前にどのような対策を講じておくべきであろうか。居住地や出身地の基幹産業を想定しながら考えてみよう。

② 地域の産業界において，大震災に備えるべく事業継続計画（BCP）を策定するこ
とを想定する。計画の策定に際して，どのような対応策を検討していくべきであ
ろうか。また，自治体や金融機関，大学などは，どのような役割を担うべきであ
ろうか。

【参考文献】

Aaker, D.A. (1996) Branding Strong Brands, The Free Press. （陶山計介・小林哲・梅
　本春夫・石垣智徳訳『ブランド優位の戦略―顧客が創造するBIの開発と実践』
　ダイヤモンド社，1997年）

DeNiro, M.J. and Epstein, S. (1978) "Influence of diet on the distribution of carbon
　isotopes in animals" *Geochem Cosmochim Acta 42*.

Hobson, K.A. (1999) "Tracing origins and migration of wildlife using stable isotope:
　a review" *Oecologia* 120.

Kelly, S., Heaton, K. and Hoogewerff, J. (2005) "Tracing the geographic origin of
　food: The application of multi element and multi-isotope analysis" *Trends food
　scitechnol* 16.

Mekhtiyeva, V.L and Pankina, G.R. (1968) "Isotope composition of sulfur in aquatic
　Plants and dissolved sulfates" *Geochem* 5.

Mekhtiyeva, V.L., Pankina, G.R. and Gavrilov, E.Y. (1974) "Distribution and isotopic
　composition of forms of sulfur in water animals and plants" *Geochem* 3.

Minagawa, M. and Wada, E. (1984) "Species enrichement of 15N along food chaines:
　Further evidences and relation between δ 15N and animal age" *Geochim Cos-
　mochim Acta* 48.

赤峰生朗・大高亜生子・保倉明子・伊藤勇二・中井泉（2010）「偏光光学系蛍光 X
　線分析装置を用いるコーヒー豆の微量元素分析及び産地判別への適用」『分析化
　学 平成22年59号』日本分析学会

石倉洋子・藤田昌久・前田昇・金井一賴・山崎朗（2003）『日本の産業クラスター戦
　略―地域における競争優位の確立』有斐閣

石原慎士・堤静子・出口博章（2010）「開発型地域ブランド事業を対象とした中間評
　価の試み」『八戸大学総合研究所産業文化研究第19巻』2010年3月，pp.113-
　128

伊藤邦雄・日本経済新聞社広告局（2002）「企業事例に学ぶ実践・コーポレートブラ

ンド経営」日本経済新聞社

伊永隆史・鈴木彌生子・中下留美子（2008）「食品の産地偽装を化学で暴く！多元素
　　安定同位体比の解析による産地判別技術」『化学 平成20年63号』化学同人

井上博道・梅宮善章・増田欣也・中村ゆり（2005）「国内のウメの微量元素濃度によ
　　る産地判別」『日本土壌肥料學雜誌 平成17年76号』日本土壌肥料学会

井上博道・梅宮善章・喜多正幸・羽山裕子・中村ゆり（2009）「リンゴふじの果梗お
　　よび種子中元素濃度を用いた日本産と外国産との判別」『日本土壌肥料學雜誌
　　平成21年80号』日本土壌肥料学会

上田和勇（2012）『事例で学ぶリスクマネジメント入門』同文舘

大高亜生子・簗田陽子・保倉明子・松田賢工・中井泉（2009）「蛍光X線分析法によ
　　る小麦粉中の微量元素定量と産地判別」『分析化学 平成21年58号』化学同人

大坪研一・中村澄子・雲聡・川上宏智・宮村毅（2005）「PCR法による米のDNA品
　　種判別のためのプライマーセットの開発」『日本食品科学工業会誌 平成17年52
　　号』日本食品科学工学会

門倉雅史・法邑雄司・渡遺裕之・堀田博・鈴木忠直・安井明美（2010）「無機元素組
　　成によるカボチャの原産地判定技術」『食品科学工学会誌 平成22年57号』日本
　　食品科学工学会

鎌田哲郎（2006）「北海道の農畜産物の安全を考える 国産牛肉の安全対策：牛の個
　　体識別番号と牛肉のトレーサビリティー」『農業機械学会北海道支部会報 平成
　　18年46号』農業機械学会北海道支部

刈屋武昭（2005）『ブランド評価と価値創造—モデルの比較と経営戦略への適用』日
　　本経済新聞社

狩俣正雄（1996）『組織のコミュニケーション論』中央経済社

姜徳洙（2005）「地域経済の発展における大学の役割」『商学研究所報 第36巻 第6
　　号』専修大学商学研究所

黒瀬直宏編著（2004）『地域産業—危機からの創造』白桃書房

紅瀬雄太・西窪洋平（2007）「墓場ブランド，儲かるブランド」毎日コミュニケー
　　ションズ

経済産業省産業構造審議会知的財産政策部会（2013）『新しいタイプの商標の保護等
　　のための商標制度の在り方について』

古丸明・堀寿子・槲瀬泰宏・尾之内健次・加藤武・石橋 亮・河村功一・小林正裕・
　　西田陸（2010）「日本，韓国，中国産シジミ類のmtDNA16SrDNA塩基配列分
　　析による判別」『日本水産学会誌 平成22年76号』日本水産学会

佐々木純一郎（2009）「東アジアと地域統合―経済統合から地域統合への課題―」，嶋田（2009）所収

産業クラスター研究会（2005）『産業クラスター研究会報告書』

嶋田巧編著（2009）『世界経済［増補改訂版］』八千代出版

鈴木英勝（2010）「安定同位体比解析によるギンザケの産地判別の予備的報告」『石巻専修大学研究紀要 平成22年21号』石巻専修大学

鈴木彌生子・中下留美子・赤松史一・伊永隆史（2008）「生元素安定同位体比解析によるコシヒカリの産地判別の可能性」『日本食品科学工学会誌平成20年 55号』日本食品科学工学会

高村巧・清水健志・木下康宣・下野功（2008）「元素成分による海藻類の産地判別技術の開発」『北海道道立工業技術センター研究報告平成20年110号』北海道道立工業技術センター

高嶋康晴・森田貴己・山下倫明（2006）「ミトコンドリアDNAおよび成分分析による加工食品の原料原産地判別（福田裕・渡部終五・中村弘二編）」『水産物の原料・産地判別』」恒星社恒星閣

鳥取県農林水産部（2003）「県産材の需要の拡大に向けて 県産材の産地証明の取組み」『林野時報 平成15年50号』鳥取県農林水産部

徳田賢二・神原理編著（2011）『市民のためのコミュニティ・ビジネス入門』専修大学出版局

特許庁商標課（2012）『商標審査基準〔改訂第10版〕』発明推進協会

特許庁総務部総務課（2006）『地域団体商標制度の創設―地域ブランドの適切な保護のために―』時の法令

中下留美子・赤松史一・伊永隆史・鈴木彌生子・小原和仁（2008）「安定同位体比解析による国産・豪州産・米国産牛肉の産地判別の可能性」『日本食品科学工学会誌 平成20年 55号』日本食品科学工学会

日本ケミカルシューズ工業組合（2012）『業界の概況』

船木紀夫 服部賢志 木村康晴 佐藤耕一 塚田政範 津村明宏 佐野雅敏 豊田正俊 小塚健志 門倉雅史 法邑雄司「（2010）無機元素分析によるゴボウの原産国判別」『食品科学工学会誌 平成22年57号』日本食品科学工学会

堀田博（2012）「無機成分組成に基づいた農産物の産地判別について」『日本醸造協会誌 平成24年8号』日本醸造協会

安井明美（2009）「食品の産地判別技術の展望」『食品衛生学雑誌 平成21年 5号』日本食品衛生学会

三山峻司・小野昌延（2013）『新・商標法概説 第2版』青林書院

日経リサーチ（2006）「地域ブランド戦略サーベイ〜地域総合評価編・名産品編」日
　　経リサーチ

山田佳裕・野崎健太郎（1997）「炭素・窒素安定同位体比精密測定法を用いた琵琶湖
　　生態系の解析」『月刊海洋 平成9年29号』海洋出版

吉田敬一・井内尚樹編著（2010）『地域振興と中小企業』ミネルヴァ書房

和田英太郎・山田佳祐（1994）「沈黙の同位体で探る湖の生態系」『化学 平成6年49
　　号』化学同人

石巻市（2012a）『東日本大震災石巻市における被害の概況』
　　http://www.city.ishinomaki.lg.jp/mpsdata/web/7353/hisai.pdf　2013.1.16アクセ
　　ス

石巻市（2012b）『石巻市統計書』
　　http://www.city.ishinomaki.lg.jp/mpsdata/web/3914/6-8-1202.pdf　2013.1.16ア
　　クセス

漁業情報サービスセンター・水産庁（2011）『2010年水産物流通調査』
　　http://www.market.jafic.or.jp/suisan/fKoukaiSub.aspx?nen=2010　2013.1.16ア
　　クセス

経済産業省産業構造審議会知的財産政策部会（2005）『地域ブランドの商標法におけ
　　る保護の在り方について』
　　http://www.jpo.go.jp/shiryou/toushin/toushintou/pdf/c_brand_houkoku/houkoku.
　　pdf　2013.1.16アクセス

経済産業省通商政策局編（2016）『不公正貿易報告書　2016年版』
　　http://www.meti.go.jp/committee/summary/0004532/2016_houkoku01.html
　　2016.7.6アクセス

気仙沼市（2012a）『けせんぬま復興ニュース』第2号（平成24年8月15日発行）

気仙沼市（2012b）『平成23年全国主要漁港水揚高』
　　http://www.city.kesennuma.lg.jp/www/contents/1174375791459/
　　files/24suisan05.pdf　2013.1.16アクセス

気仙沼市（2012c）『気仙沼市統計書（平成23年版）』
　　http://www.city.kesennuma.lg.jp/www/contents/1355201655254/index.html
　　2013.1.16アクセス

国税庁（2015）「地理的表示『日本酒』の指定について」
　　https://www.nta.go.jp/shiraberu/senmonjoho/sake/hyoji/minaoshi/pdf/

chiritekihyoji.pdf　2016.4.30アクセス

水産庁（2011）『東日本大震災による水産業への影響と今後の対応』
　　http://www.jfa.maff.go.jp/j/yosan/23/kongo_no_taisaku.html　2013.1.16アクセ
　　ス

日本貿易振興機構・北京事務所（2015）「中国における日本の地名等に関する商標登
　　録出願について」
　　http://www.jetro-pkip.org/upload_file/20150518192501.pdf　2016.4.27アクセス

農林水産省（2016a）「地理的表示法とは」（「地理的表示保護制度（GI）」）
　　http://www.maff.go.jp/j/shokusan/gi_act/outline/index.html　2016.4.27アクセス

農林水産省（2016b）「登録産品一覧」（「地理的表示保護制度（GI）」）
　　http://www.maff.go.jp/j/shokusan/gi_act/register/　2016.4.27アクセス

農林水産省　海面漁業生産統計調査
　　http://www.maff.go.jp/j/tokei/kouhyou/kaimen_gyosei/index.html#c

宮城県水産技術総合センター（2002〜2006）『宮城の水産統計』
　　http://www.pref.miyagi.jp/mtsc/keensyu/toukeeei.htm

第12章

地域の国際戦略

はじめに

● 地域ブランドの市場を国際市場に位置づける。まず，世界の人々が日本をどう見ているのか，日本のイメージについての分析から検討する。

● グローバル市場における競争拡大の実態を，中小企業の国際展開，インバウンドを中心とした観光，そして，農産物の輸出の取り組みから考察する。

● 近年，地域からの国際化を目指して，自治体が積極的に自地域を海外に売り込みはじめている。こうした地域の国際化の実態とそのための取り組み方についても考察する。

1. 世界から見た日本のイメージ

　図表12-1は，各国における分野ごとの日本に対するイメージの調査結果から，注目すべき地域を選び，要点を再整理したものである。この図から，我が国は，日本食や伝統文化，さらには，アニメやゲームなどのソフトの一部でも世界的にある程度は知名度もあるが，地域ブランドの取り組みは緒についたばかりといってよいだろう。

　しかし，世界市場における地域間競争は激しさを増しており，地域のイノベーションは喫緊の課題である。その意味でも，地域の問題を世界的な視野で捉えていくことも求められはじめている。

図表12-1　各国における分野ごとの日本に対するイメージの調査結果

	タイ	アメリカ	フランス
アニメ	・2007年2月の作品数，日本18，タイ9。2006，TVアニメ，アニメ映画市場，約2～8億THB，シェア，日本80%，米国15%，タイ5%【経産省】 ・日本の多数TVアニメ全国放映。新作やドラえもん，クレヨンしんちゃん，少年探偵団等が長年放映。日本アニメ人気ダントツ。タイ吹き替えTVよりネットで日本語（英字幕）視聴者も。海賊版問題が深刻【国際交流基金】	・日本アニメは「ANIME」【文化庁】 ・テレビアニメの人気高く，Anime Network等の専門放送チャンネルも。全米各地でOtakon，Anime Expoなど見本市も，若い世代が関心。DVD，原作漫画も多数商品化【国際交流基金】	・日本のイメージ「アニメ分野で刷新的な国」7.02ポイント（10段階）（EU4ヵ国の対日世論調査2007）【外務省】日本のアニメに興味がある，48%（2015，http://www.mofa.go.jp/mofaj/files/000165371.pdf） ・ケーブルTVで日本のアニメが複数放送，昔の作品＋最新版吹き替えや仏語字幕でも。アニメ専用チャンネルも。仏のアニメ需要の高さが窺われる。【国際交流基金】
ゲーム	・オンラインゲーム市場，8割が韓国，残り2割，台湾，日本，米国。タイの市場は，東南アジア市場の5割。タイにとってタイは東南アジア最大の輸出先【経産】	・WiiやPS3人気あるがXBOXが強い。日本の圧倒的シェア→EAなど米国ゲームへ【文化庁】 ・全米トップ200ブランド中にパワステ，日本ゲーム幅広い人気。任天堂DSやWiiも。Otakonなど見本市で専用コーナー【国交基】	・日本製ゲーム機は全て販売，任天堂ゲームソフトがCMで。ゲームタイトルも日本で人気のあるものは，ほぼ全て翻訳版入手可。ゲームマニアはオンラインゲーム，高速回線設置ゲームカフェでプレイ，言語問題で日本タイトル少【国交基】
ファッション	・一般的なタイ人には，日本に対し「ファッションの中心地」のイメージ（JNTO訪日旅行誘致ハンドブック2007/2008）【国土交通省】 ・日本のファッションは高い人気，とくに若い世代がつねに日本の流行や動向を注視【国交基】	・セレクトショップに，日本の若手デザイナー中心の店も【経産】 ・三宅一生など日本人デザイナーによるブランド販売。ゴスロリやアニメ系コスプレに熱狂者も【国交基】	・パリコレや展示会へ日本ブランドの出展数多い。百貨店で日本ブランドイベントも。日本製生地素材へ評価上昇【経産】 ・ミヤケ・イッセイ等日本人デザイナーの評価が高く，主要デパートに単独売場。MUJI愛用者多い。日本ファッションブランドはレベルに関わらず良質で高級イメージ【国交基】
日本食・食材	・日本食レストラン数，2713店（2016，https://www.jetro.go.jp/world/reports/02/2017/c89c34591b088681/rp-reseth201703.pdf） ・日本の一流レストラン進出が著しく日本食のレベル急上昇。本格料理からラーメン屋，居酒屋まで全種類【国交基】	・日本に対するイメージに関する質問（複数回答，「一般の部」のみ実施）で日本文化について魅力のある分野については，「日本食」（70%），「建築」（66%），「生活様式，考え方」（65%），「相撲，武道（空手，柔道，剣道他）」（50%），「生け花」（46%）が上位を占められるようになった（http://www.mofa.go.jp/mofaj/press/release/press4_005467.html） ・米国のトップシェフは日本食の調理法や食材への関心が高まり，ゆず，味噌など日本食材を取り入れるシェフが増加【農水省】	・伝統文化・POP・日本食を含む文化，69%，日本食に興味があるか，76%（2015，http://www.mofa.go.jp/mofaj/files/000165371.pdf）【外務】 ・日本食レストラン数（パリ），740店（2015，https://www.jetro.go.jp/world/reports/02/2016/c69ff8a7738729c0b/rp-reseach_jpstParis201603.pdf）
伝統文化	・伝統をもっと知りたい，43%（2017，http://www.mofa.go.jp/mofaj/press/release/press4_005211.html） ・都市中間層の所得向上とバーツ高で，訪日渡航者急増（2006，前年比3割増），京都・奈良や高山，金沢など伝統文化都市を訪問。旅行雑誌などが日本特集。ハリウッド映画，サユリ，ラストサムライのイメージ強い【国交基】	・都市部で，過去に歌舞伎や文楽など伝統芸能が紹介，邦楽楽器による現代音楽コンサートも開催。各地に太鼓グループも。日本伝統文化は太鼓を中心に広く普及【国交基】	・日本イメージ「豊かな伝統・文化の国」90%（2015，http://www.mofa.go.jp/mofaj/files/000165371.pdf）【外務】 ・伝統芸能，和太鼓は各地のフェスティバルで演奏。能の認知度高く，パリ公演機会も多く，満席に。歌舞伎，文楽，日本舞踊，雅楽，邦楽も，切符入手困難。個人技の，剣道，茶道，生け花等は，日本人指導者による教室も。盆栽や日本庭園も【国交基】
地域ブランド	・日本の影響でタイ版「一村一品運動」（OTOPという）が盛んだが，日本の地域ブランドは未浸透。地方都市へのタイ人旅行者の増加から，地方の特色ある物産に触れる機会も徐々に拡大【国交基】	・秋葉原は，オタクの聖地として受け入れられている。また，米軍が駐留しており，移民も多いため，沖縄文化についてもハワイなどでは，受け入れられている【国際交流基金】	

（注）本資料には，記載の省庁および独立行政法人の正式な調査結果等だけでなく，一部に在外機関等の実務担当者の見解が含まれている。

（出所）http://www.kantei.go.jp/jp/singi/titeki2/tyousakai/contents_brand/dai5/siryou2.pdf（2013.12.15アクセス）筆者が，資料から一部抜粋し，ポイントのみの紹介をしている。

2. 地域発の国際化の取り組み

　2008年のリーマンショック以降，我が国の中小企業は景気低迷に苦しんだ
ものの，2011年の2月頃になると，業界によるばらつきはあったが，徐々に
受注が増加するところも見られた。しかし，3.11の震災によって，再び未曾有
の不景気に追い込まれ，タイの洪水がそれに拍車をかけ，欧州の通貨不安によ
る円高など三重苦に陥ったといえよう。

　こうした国内市場の低迷を受け，これまで国際化に消極的だった中小企業も
その必要性を痛感し，多様な取り組みが始まっている。2010年版中小企業白
書によれば，中小企業の国際化の主たる取り組み内容として，国際化前段階の
海外市場の情報収集の重要性が際立っていることが示されている。また，国際
化に当たり支援を受ける機関として，政府系機関に加え，地方公共団体や商工
会議所による情報提供や展示会の利用が多いことが分かる。つまり，地域にお
ける国際化の支援が求められるようになってきているのである。

3. グローバル競争の拡大

　我が国の企業で国際化といえば，大手企業の取り組みとして扱われるのが一
般的であったが，彼らの現地化が進展するとともに，その取引先であるティア
1やティア2〔ティア（tier）とは，階層を意味する用語で，自動車産業におい
て自動車メーカーの1次下請けのティア1，ティア1の下請けのティア2といっ
た産業構造〕の中堅もしくは先進的な中小企業も海外進出を果たすようになっ
た。しかし，依然として，こうした波に乗ることができない中小企業や農業関
係や観光地，さらには，教育，福祉・医療などの分野は，国内事業に注力せざ
るを得ないところもある。

　したがって，自治体に求められる国際戦略の展開としては，1つには，海外
進出したいが，リスク負担ができずノウハウや人材の不足する中小企業をどの
ようにして支援するかという視点と，国内に外国人や外資系企業をどのように

して呼び込むかという視点が必要となる。また，現在の課題は，地域ごとに大きく差が出てきている。そのため，国という単位での政策展開に加えて，より地域の問題に即した対応が求められるようになってきている。つまり，地域間競争に対応するために，地域独自のアイデンティティをいかにして世界に伝えられるかが問題となってきたのである。この地域のアイデンティティを伝える機能が，地域ブランドである。それは，地域ブランドの国際化という視点からも，不可欠である。

　本書でも述べてきたように，地域ブランドは，次の5つに大別できる（青木2004,p.24）。(1) 農水産物のブランド化，(2) 加工特産品のブランド化，(3) 観光地のブランド化，(4) 商業集積のブランド化，(5) 生活空間のブランド化である。この中で，(1) と (2) は，本来であれば，地域から送り出すブランドであるが，原発の風評問題や取引相手国による輸入規制のため，輸出がストップしている地域もある。そのためには，まず，インバウンド観光によって，現地を訪問してもらい，消費者自身に安心・安全を体験してもらうことから始める必要がある。また，(4) と (5) については，外国人観光客にとっては，地域の魅力の1つと位置づけられていることからも，観光に含めて考えることにしたい。そこで，次節では，観光の国際化につながる地域ブランドの取り組み方を検討していくことにする。

4. 観光の取り組み方──ニュージーランドにみる観光振興による地域活性化

(1) NZ経済に貢献する観光

　ニュージーランド（NZ）の観光の取り組みにおいては，主として，**アドベンチャー・ツーリズム**と**エコ・ツーリズム**のノウハウを開発し，歴史や文化が未発展ではあったが，雄大な自然を活かした観光アトラクションやアクティビティによって大いに観光事業を発展させてきた。自然を利用した観光は，国立公園の保護活動や絶滅危惧種の動植物の保存活動の資金源ともなる。

　NZの観光の市場規模は，GDPの9%に相当する。観光はNZ最大の輸出産

図12-2　Qual Mark

業で，海外旅行者による外貨収入は総輸出貿易額の18.3%に相当する。また，雇用吸収力が高く，フルタイムの直接雇用が10万8100人，間接雇用が7万4500人にのぼる。国民の10人に1人が観光関連に従事していることになる。

　観光事業では，地域コミュニティが目指すビジョンの策定も支援しており，地域住民や観光客のニーズに応えるべく，インフラ整備や博物館，美術館，**コンベンション・センター**に対する自治体の投資を促し，都市の再開発も支援する。2006年に観光客が自然体験型の観光に参加した回数は，1570万回で，そのうち，海外からが42%を占めている。自然体験を目的とする海外からの観光客は，一般の観光客よりも長期滞在となり，より多く消費する傾向がある。一般観光客2850NZドルvs.自然体験客3250NZドルの支出で，体験の割合が大きくなっている。

（2）NZの地域ブランドに貢献する取り組みの検証

　①ブランドの約束の定義に相当する**Qual Mark**（Mark of Quality）（Qualmark New Zealand Limitedへのヒアリングと入手資料による）は，顧客に「100%ピュア」な安心と信頼の旅を提供する。このマークは，NZ観光業界の公式な品質認定のシステムで，政府の支援を受け，NZ政府観光局と

NZAA（自動車協会）がパートナーシップを組んで設立した組織によって運営している。観光関連商品の品質を審査，評価，認定するために使われるシステムである。宿泊施設は5段階評価（1ツ星〜5ツ星）による格付けがなされている。

　観光を組み入れた地域コミュニティ長期計画では，地域社会に「どのような効果が期待されるか」という観点をもとに，地方自治体の戦略，方針，活動についての計画を立て，市民に対する説明責任と総合的な政策決定を実施する一連の計画を指している。

② ブランド・アイデンティティに見合う統一した安全基準や実施基準

　たとえば，バンジージャンプ，ラフティング，リュージュなど危険を伴うアクティビティに対して，利用者の安全を守る基準が設置されている。

③ 人材育成と教育研修制度

　NZでは，観光の労働安全衛生面に関する規制を強化するため，観光に関する専門資格や職業訓練プログラムの開発が進められてきた。それらの多くは，NZ資格審査局（NZQA）の認定プログラムである。

④ 地域ブランドの担い手の一つとしてのFarm stay

　NZ農業の特徴（NZ農水省訪問時にヒアリングと入手した資料より）としては，世界最大の酪農及び羊肉の輸出国で，農業，園芸産物，林業の総計で，NZのGDPの17％を占め，1970から2005年までの間に平均3.6％の成長を遂げ，NZの他産業の成長率2.5％を上回っている。NZの農業は，市場駆動型で，農家の生産意思決定と収益は，国内外の市場次第で決められる。

　農業改革の中で，ツーリズムへの進出も盛んに行われるようになった。**Overseas Experience**：OE（NZ国民の1/3が海外に滞在。2〜3年の間，英国に出かけ，人によっては，その後も米国や日本など他の国に渡り，帰国して活躍する。たとえば，ITや映像や料理などクリエイティブな分野に効果が期待できる）は，農家にも浸透している。

図12-3　Karori Bird Sanctuary

（写真左側はフェンスで山裾に伸びているところ，右側はSanctuaryを囲むフェンスの構造）
（出所）筆者撮影

⑤ 総合的なブランド・イメージとしての100％ピュア

　都市の中でも自然を最大限活かす取り組みが行われている。首都ウェリントンの中心市街地から車で10分に位置するKarori Bird Sanctuaryでは，フェンスで周囲を囲い，NZ固有種を保存している。無数の鳥たちの鳴き声が曲を奏でているような環境で，ざっと1時間半で主要部分は一周できる。

　この保護区には，イタチ，ネコ，ネズミなど外敵の侵入を防ぐ防護フェンス（面積は252ヘクタール（東京ドーム約53.9個分），全長8.6kmに及ぶ）を設置している。絶滅危惧種のキウイ，サドルバック，ロビン，ブラウンテール，スティッチバードなどNZ固有種11種類を放ち，固有種以外も飛来し，現在，33種類が生息している（青柳 2008）。

　このようなことから，従来型のツーリズム資源が乏しく，他の産業にも大きな力がない地域においても，地域に固有の資源をブランド体系として総合的に再編集することによって，ブランド化は可能であることが理解される。G.カーは，「地域ブランドはお土産などの製品ブランドと関連が強い。他方，地域ブランドは，コーポレート・ブランドのモデルの応用が主体で，そのブランド・ポートフォリオ（主軸ブランド，ブランド保証，サブブランド，ブランド差別化要素，共同ブランド，ブランド活性化要素，地域ブランドといった現在使用

されていないものも含め，地域全体でマネジメントされるすべてブランドの管理）（Aaker 2004に加筆修正）の強力な関係作りをすることで，地域マーケティング推進の責任者が，戦略的に管理すべきものである」（Kerr 2006, pp.276-283）としている。個別の企業の取り組み以上に，地域には**ブランド・ポートフォリオ**を検討する場合に，多数の選択肢が存在するからである。その意味では，地域の活性化の発展度合や推進主体となる人々や事業者や行政の成熟度に応じた地域マーケティングのあり方を検討する必要がある。

5. 地域からの国際化

　地域が国際化することのメリットとして，地域イノベーションがあげられる。前述のように，歴史や文化などの観光資源の乏しいニュージーランド（NZ）では，海外との交流OEを通じて，豊かな自然環境を活用するノウハウも学び，観光立国を成し遂げた。NZ国民の170万人ほどが海外在住である。背景には，国を挙げてOEを奨励しているシステムがある。隣国豪州までジェット機で3時間を要するほど他国と隔絶した地理的環境に立地しているために，海外との良好な関係性の維持がいかに国家の存亡につながるか想像できる。このOEによって育まれた「優しさ」というホスピタリティからは，学ぶべき点が多々ある。近年のNZの食のメニューの豊富さと，ラムやビーフや魚介類を使った料理の質の高さである。これは，OEによって世界を知り，本物に触れ，相手をよく学んでいる証左であり，そうした気配りが，味付けのみならず，宿泊施設（B&BやFarm stayでも三つ星ホテルでも）やレストラン，観光施設でも，外国人に対する思いやりのあるサービスとなり，リピーターの増進につながっているのである（佐々木2010）。

　こうしたことから，NZに観光で出かけた外国人が，地域ブランドと出会い，彼らの口コミからこれらの地域ブランドが世界ブランドへと転換しているのである。

6. 農産物の輸出

　近年の我が国の農業の活性化の取り組みとして，農産物のブランディング，農商工連携，そして，6次産業化が重視されるようになった。折しも，和食が**ユネスコ**の無形文化遺産に登録されたが，近年，世界では，日本食の美味しさや健康面での効用が注目され，欧米やアジア地域でも人気が高まっている。ターゲットは，富裕層や健康志向の消費者であり，安心・安全が特長である日本の農産物への注目度も高い。

　たとえば，埼玉県の場合，深谷ネギの知名度が高い。このネギは，大正時代に市場を拡大して，ブランド化に成功した歴史を持つ。彩の国ブランドの取り組みとして，現在は，深谷ブランドを他の農産物へとブランド拡張しているという（日経MJ 2012）。県民イメージ調査でもトップ10に4品目がランキングされるようになった（日本経済新聞地方経済面埼玉 2011）。さらに，地元出身の企業が**アンテナショップ**をチェーン店化し，都内を中心に埼玉県のブランド野菜を販売している（日経MJ 2012）。こうした取り組みは，日帰りで埼玉を訪れる外国人観光客を通じて海外への口コミの素を形成することにも役立つはずである。このように，地域の産品ブランドの統一化，体系化を進めることによって，海外市場向けにも明確なブランド・ストーリーが作られ，輸出の可能性が高まるといえよう（佐々木 2013）。

7. 自治体による国際プロモーション

　地域の経済活動を担う事業には，多様な魅力と可能性がある。ところが，これらの事業主体の多くは中小規模であり，自主的なブランディングや国際化に対応するのは難しい。ここに，自治体が主導して地域マーケティグに取り組む意義がある。地域内でやる気のある企業や人々が連携・協力して，1つのブランドの名の下に情報発信活動を展開することによって，地域ブランド力を醸成し，国際市場への発展・成長を自治体が牽引するのである。

　地域マーケティング・ミックスでは，製品にあたる地域ブランドは，地域全体の資源を包含した地域マーケティングの要となる。この地域ブランドを的確に海外のターゲット市場に対して浸透させるのが，国際プロモーションの役割である。

　地域のプロモーションを国際化する場合に，その地域がターゲット市場からはどのように見られているかを把握しておく必要がある。日本政策投資銀行の調査によれば，アジアの人たちにとっては，リピーターになればある程度の地域に対する認知度は向上するものの，依然として**ゴールデン・ルート**（関西から富士山を経由して東京に到る）が中心であるという。北海道の**フィルム・コミッション**や九州観光推進機構の地域連携によって地域ブランドの認知度を高めている地域を除くと，**国際プロモーション**が不足していることが分かる。

　また，藻谷が指摘するように，海外における自治体のプロモーション活動が，国内と同様に，イベントとパーティといった各地域が横並びの活動に終始していれば，差別化はできず，一向に地域ブランドは認識されないという点にも注意が必要である（藻谷 2012）。

　企業のプロモーションの場合には，販売すべき商品やサービスが特定されており，それらの販売促進のために，広告，PR（Public Relations）とパブリシティ，狭義の販売促進，人的販売，ダイレクト・マーケティング（**e-Commerce**（電子商取引）など）を最適に組み合わせて実行されるが，自治体の場合は，当該地域とターゲット地域との関係（Relationship）構築に主眼を置く必要がある。こうした関係の構築できた地域間では，ターゲットに当該地域のイメージが伝わることで，その地域から提供される商品や企業，さらには，観光の訪問先（**デスティネーション**）としての価値がより明確に伝わることになる。これらの中で，自治体としては，PRに重点を置いた国際プロモーションを展開すると良い。

　その取り組み方としては，自治体のトップが直接，ターゲット地域の首長など政治・行政トップ，ターゲット企業，メディアや地域を代表するスター，旅行代理店，教育関係機関へトップ・セールスに出向き，直接対話する機会を持

つことを心がけたい。**MICE**（Meeting, Incentive, Convention, Exhibition もしくはEvent）受け入れ体制を整備し，近隣都市の国際会議にも積極的に協力する。さらに，フィルム・コミッションも含めた**ファム・トリップ**（Familiarization trip）による海外の旅行代理店やメディアの招待，教育・研修旅行の積極的な受け入れによってファン層を拡大する努力をする。また，**姉妹都市**や**ビジネス・パートナーシップ**の形成も重要といえよう。

　ターゲット顧客から直接声を聞き，自治体が関係する企業などにフィードバックすることも自治体が個別の中小企業に代わって対応できるコミュニケーションである。アンテナショップやターゲットとする国に人材を派遣する取り組みも評価される。

　地域の国際化の取り組みは，インバウンド観光の積極的な取り組みによって，外国人を地域に招き入れ，地域の資源をさまざまに体験してもらうことで，地域固有の価値を見いだしてもらい，口コミの発信源となって，世界に情報を伝えてもらう，いわば，ブランド・カタリスト（触媒者）の役割を演じてもらうことが，地域ブランドのプロモーションの原動力となるものと期待される。

ケースに学ぶ　福岡県の国際戦略

　福岡県は，中小企業のサポート，観光誘客，農産物の輸出振興に務め，海外事務所，福岡アジアビジネスセンター（ABC），アジア中小企業経営者交流プログラムを推進している。海外は，香港と上海，バンコク，サンフランシスコに駐在員事務所を設置し，フランクフルトとソウルでは，業務委託を行っている。

　バンコクでは，飲食，製造，卸売，小売，外食，サービス業などの進出企業のサポートと，ASEAN全域をカバーして市場環境の変化を調査し，問い合わせに対応する。プロモーション活動は，2013年に旅行社やマスコミなど60社85名が参加し，福岡県観光プロモーションを開催，県内の観光紹介とJR九州からクルーズトレイン「ななつ星」が紹介された。タイの雑誌

編集者のソンクロット氏から「タイ人から見た福岡県の魅力」の説明も行われた[1]。

また，サンフランシスコでは，シリコンバレーを中心とした米国経済情報の収集や，県内企業の米国進出支援を行っている。福岡県Ruby・コンテンツビジネス振興会議が実施するシリコンバレー・ミッションの現地アレンジも行う。Rubyは，従来のC言語に比べ，簡潔にシステムを開発できる。事務所は，Plug & Play Tech centerというインキュベーションに入居し，福岡からの訪問企業をサポートする。同施設は入居希望も多く，好業績企業が集積する。実際に，卒業したベンチャー企業も多数あり，大手企業も頻繁に訪問する。定期的にピッチ・コンテストが行われ，技術やアイディアを評価してもらうことができる。県では，地域発のITビジネスを振興するために，シリコンバレーと県内の双方で，人的交流を促進している。

ABCでは，海外事業に関心のある事業者をサポートする。JETRO事務所や九州観光推進機構とも積極的に連携する。海外展示会への出展もサポートし，「アリメンタリア」（スペイン）では，2012年に来場者数141,826人，出展社数3,851社だった[2]。

福岡県では，アジアと福岡の経営者同士の交流プログラムを実施し，企業訪問やビジネス・マッチングなどを行っている。

【注】
(1) http://www.pref.fukuoka.lg.jp/press-release/20130316promotion-thai.html
　　(2014.5.29アクセス)
(2) http://asiabiz.city.fukuoka.lg.jp/topic/detail.php?id=476 （2014.5.29アクセス）

ディスカッション・トピックス

① 自分の居住地や出身地の中小企業は，世界のどこの市場で活躍しているだろうか。その企業は，海外に進出することによって，事業をどの程度拡げることができているだろうか。

② 自分の居住地や出身地には，海外から観光客が訪れているだろうか。もし訪れているとしたら，どこの国や地域の人が多いだろうか。自治体では，観光マーケティングのSTPを定め，地域ブランドを積極的にアピールしているだろうか。あなた自身は，地域の観光の取り組みに対して，どのような協力ができるだろうか。

③ 自分の居住地や出身地の農水産物は，海外の市場に輸出されているだろうか。も
し輸出されているとしたら，海外市場では，どのようなブランド戦略が展開され
ているだろうか。まだ輸出の取り組みが行われていない場合，あなたならどのよ
うなブランド戦略を構築するか。

【参考文献】

Aaker, D.A. (2005) *Brand Portfolio Strategy*, The Free Press.（阿久津聡訳『ブラン
ド・ポートフォリオ戦略』ダイヤモンド社，2005年）

Greg Kerr (2006), "From destination brand to location brand," Journal of Brand Man-
agement, 13

青木幸弘（2004）「地域のブランド化を推進し地域の活性化を図る」かんぽ資金

青柳光郎（2008）『ニュージーランドエコ紀行』七つ森書館

佐々木茂（2010）「体験型ツーリズムを活用した地域マーケティング戦略」ツーリズ
ム学会誌，10号

佐々木茂（2012）「地方自治体の総合的な国際戦略〜地域の自立を促す戦略構築へ」
自治体国際化フォーラム

佐々木茂（2013）「グローバル競争時代の自治体の国際戦略」Think-ing, 2013.2

日経MJ，2012年9月3日

日経MJ，2012年8月20日

日本経済新聞地方経済面埼玉，2011年2月4日

藻谷浩介（2012）「地球時代のシティプロモーション」『地域開発』

地域マーケティングの新たな課題

第13章

本書が刊行されて7年余りが経過し，地域課題も様々に変化している。そこで，本章では，ここ数年で地域の課題としてクローズアップされるようになったテーマを取り上げて，より多面的な考察に取り組んでみたい。

1. 地域課題として取り組むSDGs

（1）地域においてSDGsを捉える視点

近年の社会では，企業だけでなく，個人レベルでも可能な社会貢献が取り上げられるようになった。個人レベルでは，**フェアトレード**（fair trade）商品を購入することにより，途上国や後進国の農業従事者の生活改善に貢献しようというのが1つである。そこには先進国の消費者が，コーヒー豆やカカオという農産物を収穫するときにはどのような状態か，さらにはそれらがどのような木になっているかさえ知らないことがあるかもしれない。また先進国の事業者が，現地の農業従事者が過酷な生産現場で生産した農産物を低価格で買い叩き，原材料として生産過程に投入する。こうした現実を受け止め，それを問題として受け止めた先進国の買取業者や生産者が，農業従事者の労働に見合った価格で取引するのがフェアトレードである。まさに公正な取引といえるが，ここでの公正は，搾取せず，その労働に見合った対価を支払うという意味である。フェアトレードにより取引された農産物は，当然であるが価格は高くなる。それを加工過程に投入すると販売価格（小売価格）も高くなる（石川

2017)。消費者がこうした高価格の商品でも受容することにより，フェアトレードが広がり，さらには途上国の農業従事者の生活を支えることになるのである。

　フェアトレード商品を消費者が購入する背景には，同じ人間同士であるため，自分たちと同様の労働に見合った支払いがされるようにという社会的な意義を見出している消費者が増加していることが挙げられる。そして，消費者が自らの消費にも責任を持ち，その源流に遡り，フェアトレードを支持するような消費が社会的責任消費である。

（2）コーズ・リレイテッド・マーケティング

　われわれは，しばしばシリコンバレーなどで起業し成功した事業者が，その収入のかなりの部分を寄付するという行為に驚かされる。そこには多くの所得があり，税金を支払うよりも寄付をした方が目立ち，それが企業のイメージアップにもつながるという図式はほとんどない。非常にきめ細かく，どのように自らのお金を使えれば社会が変えられるかを考慮したものであることが多い。こうした1つの方向が，コーズ（cause）・マーケティングあるいはコーズ・リレイテッド（cause related）・マーケティングである。

　コーズは「大義」を意味するが，これは特定の社会的課題を指すことが多い。そこで企業が，その収益の一部を自身が社会的課題と考える課題に取り組んでいる非営利組織に対して寄付をする。あるいは商品の売上にかかわらず，さまざまな活動により支援する両方の活動を含めてコーズ・マーケティングという。こうした活動は，企業の売上の一部が特定目的に使用されることに代表される。米国では，企業によるコーズ・マーケティングが毎年増加している。また，コーズに関する意識や関心を高めるため，あるいはコーズのための資金調達，コーズへの参加，ボランティアの募集を支援するための資金提供や物資の提供を行うコーズ・プロモーションも行われている（Kotler 2004）。自治体内にこうした企業が存在することは，自治体の税収にも貢献する面があるが，それだけに止まらず，自治体の事業環境のよさを示すことにも繋がる。

図表13-1　持続可能な開発目標

（出所）https://www.mofa.go.jp/mofaj/gaiko/oda/sdgs/index.html

（3）持続可能な開発目標（SDGs）

　近年，投資家が企業への投資を検討する視点において，単に経営成績によっ
て投資の可否を判断するだけでなく，企業の社会への貢献や地球全体として大
きな課題である環境問題への取り組みなど，多角的視野により投資を決定する
ことがしばしば話題となっている。

　既に街中では，そのロゴやカラーに接することが増えたが，持続可能な開発
目標（SDGs：sustainable development goals）は，2001年に策定されたミレ
ニアム開発目標（MDGs：Millennium Development Goals）の後継として，
2015年9月の国連サミットで採択された「持続可能な開発のための2030ア
ジェンダ」に記載されたものである。この文書の中核である「持続可能な開発
目標」がSDGsであり，2016年から2030年までの国際目標とされている（外
務省ウェブサイト）。

　SDGsは，MDGsに代わる新たな世界の目標として定められたが，MDGs

は，①極度の貧困と飢餓の撲滅，②初等教育の完全普及の達成，③ジェンダー平等推進と女性の地位向上，④乳幼児死亡率の削減，⑤妊産婦の健康の改善，⑥HIV/エイズ・マラリア・その他疾病の蔓延防止，⑦環境の持続可能性確保，⑧開発のためのグローバルなパートナーシップの推進，という8つの目標を掲げていた（外務省ウェブサイト）。SDGsは，17の目標を達成するために必要な具体目標（ターゲット）が，各々5〜10程度，全部で169設定され，地球上の「誰1人取り残さない（Leave no one behind）」という大目標に向けて動いている（外務省ウェブサイト）。

　MDGsはそれほど大きな話題や動きとはならなかったが，現在，SDGsは1つの潮流となりつつある。最近よく見かける正方形の表示にピクトグラム（pictogram）で17の目標が表示されている（図表13-1）。また企業では，これらの目標への取り組みを示すため，カラフルな17色の円形のバッジを組織人が身に付けていることもある。これらは企業だけが取り組むのではなく，国や地方自治体，民間非営利組織なども一緒に取り組む必要がある。こうした動きを多くのヒトや組織に浸透させ，実行する際には，マーケティングの力が必要となる。

　SDGsの取り組みにおいて重要なのは，企業だけでなく，地球上のすべての人や組織がその主体となることである。地域マーケティングの主体者となることが多い自治体においても，17の目標への取り組みやその関与は，当然企業や個人とは異なる。また先進国の自治体や中進国・後進国での自治体での取り組みでも異なる。この点を念頭に置いた上で，地域マーケティングの主体となる自治体が自らの使命を明確にし，取り組むことが重要となる。

（4）地域における環境問題

　SDGsでは，地球環境問題にはじまり，われわれ人間が生活する社会の環境だけでなく，広く生物が生きる環境もテーマとなっている。環境問題は，主体によってかなり意味の相違がある。広義には，われわれ人間も含めた生物を取り巻いている外界に発生し，生物にとって有害な現象一般である。狭義には，

人類の活動が人類を取り巻く環境あるいは自然全体に対してさまざまな干渉を
し，悪影響を生じさせる現象を指す。主体を地域とした場合，地域を取り巻く
環境はやはり多様である。また地域が取り組まなければならない環境問題も多
様である。

　地球環境問題に対しては，産業界と大学などの研究機関が連携し，さまざま
な理工学的な技術開発や社会科学的な技術を実践するプロジェクトが実施され
てきた。しかし，地域に根ざした環境改善のプロジェクトは，理工学的な研究
では地域に根付きにくい技術の実験的な展開が多く，他方社会科学では地域の
特殊解を追求する社会貢献的な展開が多いため，地域での問題解決に資する方
法論的な研究アプローチが不十分であった。ただ近年は，地方創生のさまざま
なプロジェクトが地域において実践される中，再生可能エネルギー導入の促進
や地域における一次産業の六次産業化など，地域における環境と経済の両立を
志向するアプローチが注目されている。そして地域における技術の社会受容性
や地域経済循環モデル構築など，研究的プロジェクトも盛んになってきた。ま
た地域での環境問題解決のプロジェクトにはさまざまなステークホルダーが存
在し，プログラムとして複雑性，多義性，拡張性，不確実性が含まれている
（永井他 2018, pp.206-207）。

　他方，我が国では，火力発電や原子力発電に代わる**再生可能エネルギー**発電
への関心が高まっている。農林水産業が衰退傾向にある地域では，豊富な自然
資源を活用した再生可能エネルギー発電を導入することによって，地域振興へ
と結びつけようとする動きもある。そのような中，農林漁業の健全な発展と調
和のとれた再生可能エネルギー電気について，発電の促進に関する通称「通称
農山漁村再生可能エネルギー法」が2014年5月に施行された。同法は，農山
漁村における再生可能エネルギー発電設備について，農林漁業上の土地利用と
調整を適切に行うとともに地域の農林漁業の健全な発展に資する取り組みを併
せて行うことで，農林漁業の健全な発展と調和のとれた再生可能エネルギー発
電を促進し，農山漁村の活性化を図ろうとしている。農林水産省（2020）は，
同法に基づく基本計画策定において，協議会を活用し市町村が主導するとし，

「設備整備者，農林漁業者，関係住民，学識経験者等の地域の関係者が一堂に会し，当該市町村における再生可能エネルギーの導入のあり方や具体的な方法等について合意形成を目指して協議する場」と位置づけており，運用上は合意形成の場と解釈できる。ただ地域社会へのポジティブな要素として地域における便益の創出と地域環境におよぼすネガティブな要素としての環境影響に配慮し緩和することが，合意形成プロセスの重要課題である（長澤他 2020）。このようにエネルギーの側面を取り上げた地域の環境課題についても利害関係者が多く，そのロードマップには停滞も見られる。

　環境問題は，ミクロ・マクロの両側面から取り上げられる。特に地域において環境問題に取り組む際には，ミクロの問題解決を入口として，地域住民が取り組みやすいごく身近な問題から始め，「自分ごと」として取り組む必要があろう。それがマクロの問題解決への糸口ともなるはずである。

2. 地域におけるダイバーシティへの取り組み

（1）ダイバーシティという言葉の重み

　我が国でもダイバーシティ（diversity）という言葉が聞かれるようになった。元来この言葉は，「多様性」「相違性」を意味している。地球上には，多様な生物植物が存在しており，それが生物多様性であり，植物多様性である。こうした多様な生物や植物の「種」が共存している状況がダイバーシティである。ダイバーシティが重要なのは，生物や植物が多く共存していることに意義があることである。したがって，近年は「**絶滅危惧種**」という言葉が殊更強調されるようになったのは，生物や植物の種が減少することにより，その多様性が減少することを危惧するためである。そこで絶滅危惧種を多様な手法により保護し，多様性を保持しているのが現状である。

　近年，こうした生物や植物のダイバーシティについて，人間のさまざまな側面から焦点を当てることによって，人間社会全体の多様性を尊重し，多くの人間が生活しやすい状況を実現させようとすることが強調されるようになった。

図表13-2　ダイバーシティの種類・分類

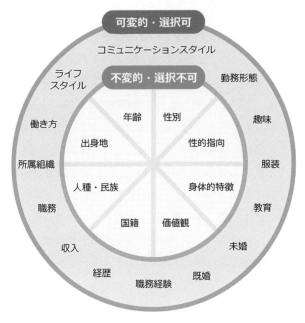

（出所）https://www.dodadsj.com/content/200603_diversity/

　例としてはジェンダー（女性活躍・女性管理職登用促進），高齢者，チャレンジド（障がい者のポジティブな呼び方），外国人，そして**LGBTQ**（lesbian, gay, bisexual, transgender, queer（questioning）：性的少数者）などがあげられる。これらの人々に対する理解と支援などの動きが非常に高まっている。これらの人間の側面は，個別に分かれているのではなく，重なっている場合もあり，多面的な理解が必要である。それはこれらの人々が生活する地域においても同様である。

　つまり図表13-2からわかるように，人間の有する側面として，自らの努力によっては変えることができない不変的・選択付加の部分を有する人々を理解し，当然のこととして受容することが重要となる。

（2）女性・高齢者・障がい者の働きやすい職場環境実現

　不変的・選択不可の要素を有する人々が，生活する上で差別を受けることが多いのが「仕事」である。これまでにもダイバーシティに対する理解のある企業・職場は存在した。しかし，性別役割分業意識が高かった我が国では，陰に陽に女性は差別を受け，高齢者・障がい者は，枢要な業務からは外されることがあった。しかし，世界的な雇用に対する環境変化により，20世紀の後半からは変化も見られるようになった。特に地域における公的な組織は，その旗振り役となることが求められるようになった。

　女性が活躍する社会の実現では，1986年に我が国では**男女雇用機会均等法**が施行され，30年以上が経過した。施行当時に採用された女性が管理職へ登用され，まもなく定年を迎える年齢に達しようとしている。特に地域では，自治体では以前から性差に関係なく，雇用が保障され，管理職へ登用も公務員としてはされてきた面がある。他方，地域の企業や公式・非公式の組織では，相変わらずその活躍の場が制限されてきたことは否めない。労働力としての女性は，かつては結婚・子育てにより，一旦は職場から離れていた。ただ近年は職場にもよるが，特に子育てについては産休・育休制度の充実により退職することなく，働き続けることができるようになってきた。しかし，男性と同様にキャリアを重ねられるかといえば，まだその環境は整っておらず，不十分な面もある。

　「The Global Gender Gap Report（ジェンダー・ギャップ指数）」（男女平等を示す指数）（2019）によると，我が国の順位は153ヵ国中121位とかなり下位であり，2018年（110位）からさらに順位を落とし，過去最低となった（World Economic Forum 2019）。また経済分野の内容については，特に所得の男女比，幹部・管理職の男女比，専門職・技術職の男女比には著しい格差がある（KYAWT KYAWT・加藤 2021）。

　また高齢者の**定年延長**については，国の要請もあり，これまで一般的であった「60歳定年」から「65歳定年」への延長が試向されるようになった。アメリカのように人を「年齢で区切ることは差別」という前提にある国では，我が

国のような定年ある国は確かに年齢によって差別をしている国に映ろう。ただ国民年金制度や国民皆保険制度等，福祉の充実をこうした制度により図っている国では，年齢で人を区切ることがやむを得ない面もあった。ただ近年は，さまざまな業種において人手不足となり，定年により年齢を区切り，職場から離れてもらうこと自体が企業経営に大きな影響を与えるようになった。これは民間企業だけではなく，地方自治体などさまざまな組織においても少子高齢化の影響が大きくなり，**再雇用制度**などにより，定年で一旦は職場を離れることにはなるが，再び異なる雇用形態によって，雇用されることも増えてきた。これは単に人手不足だけが理由ではなく，長年当事者がその職場で培ってきたノウハウを伝達する上では，有意義なことである。ただ再雇用制度によることにより，かつての部下が上司となることへの人間的な軋轢，さらに大幅に給与の面では減少するなどの課題は取り残されたままでもある。したがって，単に定年延長や再雇用制度による高齢者の雇用という単純な対応ではなく，これまで長く培われてきた我が国の制度を再検討し，高齢者雇用について社会全体で考える必要もある。

　チャレンジドについては，これまでにも1960年に施行された「**障害者雇用促進法**」により，その雇用促進が図られてきた。同法は，障がい者の職業の安定を図ることを目的とし，障がい者に対して職業生活における自立を実現するための職業リハビリテーション推進について，また事業主が障がい者を雇用する義務をはじめ，差別の禁止や合理的配慮の提供義務等を定めている。この背景には，全ての国民が障がいの有無に関わらず，個人として尊重され，全国民がその有無で分け隔てられることなく，相互に人格と個性を尊重し合い共生する社会を実現しようというノーマライゼーションの理念がある。そして，職業生活でも，障がい者は経済活動を構成する労働者の一員として，本人の意思と能力を発揮して働くことができる機会が確保されることを目的としている。そのため，同法は障がい者がおかれた社会の変化により度々改正されてきた。障がい者の雇用についても，高齢者と同様，その能力が十分に発揮できる環境を整備しなければならない。

（3）外国人・LGBTQによるクリエイティブな地域実現

　我が国では，2008年を境に人口減少が進み，特に就業人口の減少が懸念されるようになってきた。そこで外国人を労働力として雇用することが視野に入れられるようになった。外国人は，出入国管理及び難民認定法（入管法）で定められている在留資格の範囲内において，我が国での就労活動が認められている。他方，事業主には外国人を雇用する際には，外国人の「在留カード」等により，就労が認められるかどうかを確認する義務が課せられている（厚生労働省ウェブサイト）。

　ただ**外国人労働者**の労働環境については課題がある。「特定技能」の在留資格で就労できる分野は，労働条件が厳しい業種や仕事が多い。政府は，日本人の生産年齢人口が減少する中，こうした業種や仕事に我が国の若者が集まらないことから，外国人労働者を受け入れ，人手不足を解消しようとしている面がある。また外国人労働者に対する差別の問題がある。特にアジア系の労働者に対する差別が多い。他方，外国人が我が国で就業するに当たっては，悪質なブローカーが関与している場合もあり，排除する必要がある。技能実習に多いが，悪質ブローカーによる搾取が大きな問題となっている（ニッセイ基礎研究所）。このように外国人について，労働環境の面だけでも多くの課題や問題がある。それは外国人にとって，我が国は働きやすい環境になく，仕事の面だけでなく，社会生活の面でも同様の問題があることが懸念される。

　LGBTQは，レズビアン，ゲイ，バイセクシャル，トランスジェンダー，クィア（クエスチョニング）といった性的嗜好のことである。個人の性的嗜好は，これまでは隠匿すべきものであり，公開は憚られてきた。それにより，職場においても周囲の何気ない言葉で傷ついたりすることもあった。それは周囲の理解不足が多面にあったためである。しかし現在では，少しずつ性的嗜好を隠匿せず，公表する当事者の存在や当事者以外の周囲の理解が深まりつつある。米国では，リチャード・フロリダ（Florida, R.）の一連の著作に代表されるように，活力ある地域（都市）は，多様な人間が集まれば集まるほど，新しいビジネスや活動が生まれる可能性が高く，またその雰囲気が多くの人たちを

呼び込む土壌となることが示されている。こうした言説からも，LGBTQだけ
に限らず，多様な文化を取り入れ，それが新しいビジネスや習慣を誕生させる
面が多くあることへの理解をより深める必要がある。

　ダイバーシティは，性別や年齢，国籍など不変で選択不可能な要素により，
人間を差別・区別するのではなく，それらを超越し，新たな取り組みができる
土壌をつくり，それを育成し，さらに新しく人間がより生活しやすい社会を形
成しようという「新しい視座」を示すものである。

3. 高齢化社会における地域の取り組み
―ヘルス・ツーリズムの視点で

　近年，観光分野で注目される取り組みに，健康に焦点を当てたヘルス・ツー
リズムがある。これは，メディカル・ツーリズム，ウェルネス・ツーリズム，
温泉ツーリズムなどから構成され，さらに，加齢により体力が次第に衰えてい
く現象を捉えたフレイル（「frailty」のことを日本老年医学会が日本語にて定
義したものであり，健康な状態と要介護状態の中間の状態をいう（日本老年医
学会 2016））という視点も予防という意味から注目され始めている。また，障
がいの有無にかかわらず，誰でも不自由を感じることなく往来が可能となるア
クセシブル・ツーリズムについても併せて検討する必要がある。ヘルス・ツー
リズムは，健康を維持したり改善できるという目的で旅行する人と，この魅力
のある施設やデスティネーションが提供するコンテンツとプロモーションに関
連した産業社会における商業活動を指している（Hall 2011）。

（1）ヘルス・ツーリズムの概念整理

　Hallの示した図を見れば明らかなように，図の左側は医療行為（メディカ
ル）が中心になり，右側のウェルネスはリラクゼーションに重点が置かれた
ツーリズムといえよう。そのため，温泉ツーリズムは，ウェルネス・ツーリズ
ムよりも医療行為の要素が大きくなることを意図した位置づけになっている。
　ところで，このHallの図に，筆者が斜体で加筆したものが，フレイル予防

図表13-3　健康と医療観光ドメインの相互関係

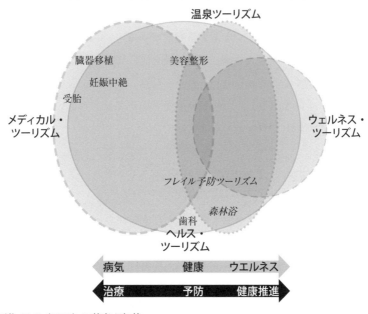

(出所) Hall (2011) に筆者が加筆

ツーリズムと森林浴である。フレイル予防ツーリズムは，**フレイル予防**を目標
としている。フレイル予防とは，高齢者などがフレイルになることを予防した
り，フレイルの進行を遅らせたり戻したりすることであり，このためには，栄
養（食，口腔機能），運動，社会参加（社会性の維持）の3つのことを包括的
に取り込んだ生活様式を身につけることが重要であると，学術的なエビデンス
に基づき提唱されている。したがって，フレイル予防ツーリズムとは，この3
つのことを取り込みつつ，食文化や自然，地域の人々との触れ合いなどを楽し
みながら行う旅行を意味している。温泉ツーリズムや森林浴との関係を述べれ
ば，これらにフレイル予防の要素を加味して，後述のAARP（2019）で説明
する遊びや観光が行われるのが，フレイル予防ツーリズムであると考えられ
る。

　我が国の森林率は68.5％で，フィンランド（73.1％）に次ぐ世界第2位の高

さを誇るものである（FAO 2015）。この豊かな資源を活用した森林浴は，ストレス解消に効果があるだけではない。がんの細胞死を引き起こす効果があることが証明されている（森本・阿岸 2019）。さらに，月に1回森林浴を行えば，高い持続力が得られるという。免疫機能の点では，①フィトンチッド（森林の香りの成分）が呼吸を通して体内に吸収，血液に入り，直接的にNK細胞（natural killer，抗がんたんぱく質を放出してがん細胞を攻撃）に作用し，②フィトンチッドが嗅覚神経を通して脳の鎮静化，自律神経のバランスをコントロールすることによりストレス・ホルモンの分泌を抑え，NK細胞の活性化に間接的に作用することも解明されている。都会の公園と地方の森林への往来を継続することによる森林浴は，健康向上をもたらし，地域経済にも貢献してくれるのである。

こうした健康を柱とするツーリズムは，高齢化の進む我が国の観光市場において有望であることは明らかであるが，では実際に，障がいのある人が容易に観光に出かけることができるのだろうか。日本では，たとえば鉄道やバスに車いすで乗車するには，駅員や運転手の助けが必要となる。しかし，昨今の鉄道会社の経営の厳しさから無人駅は増えるばかりであり，こうした駅の利用にあたっては事前の申請が必要になる。

つまり，**アクセシブル・ツーリズム**について早急な対応を進めない限り，地域でヘルス・ツーリズムの取り組みを導入したとしても，その地域まで人が足を運んでくれないということになりかねないのである。

（2）観光市場の変化

新型コロナウィルスの蔓延により，観光市場はインバウンド客が消滅し，度重なる非常事態宣言の結果，国内の移動者数も減少した。2021年7月以降は，東京オリンピックの開催によって，一部の国民の間で「オリンピックが開催できるのであれば，移動は心配ない」との誤認が生じたことにより人流が増加してしまい，コントロール不能に陥ってしまった。さらに，コロナの感染力が高くなった変異株の影響もあって，若い世代の陽性者が急増している。

図表13-4　将来の総人口と70歳以上の構成比

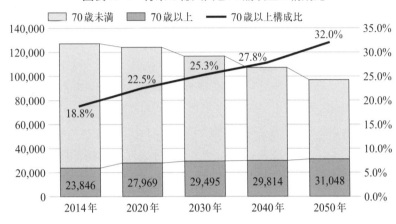

（出所）掛江ら（2016）

　一方で，65歳以上を中心に，ワクチン接種が進んでいる。2021年8月8日現在で，2回接種が完了した人の総人口に占める接種率は32.77％だが，65歳以上では81.4％と8割を超えている（日本経済新聞2021年8月7日）。

　また，近年の経済情勢の変化から，若年層の可処分所得が伸び悩み，旅行に出かける余裕のある人の数も減少し始めている。さらに，若年・中年層は世代人口が減少することから大きな変化を期待することも難しい。

　一方，70歳以上のシニア層は，2048年頃までは世代人口が増加するため（2014年2,400万人→2048年3,100万人），シニアの旅行回数が増えれば，一人当たりの旅行回数の増加と世代人口の増加の相乗効果で市場の拡大を期待することができる（図表13-5）（掛江ら2016）。

　人口が増加するのは観光市場にとっては好機ではあるが，実際には，この世代では要支援・要介護認定者数の増加も予想される。掛江ら（2016）によれば，要支援者は，2014年の568万人から2050年には7割増の約1,000万人になる見込みである。つまり，健常者が旅行に出かける状況とは一致しないのである。逆に，要支援・要介護の高齢者が旅行する場合，同行者が必要となる分，交通機関や宿泊や食費などの支出は増えるが，その時に現状のバリアフ

リーや鉄道，バス，地方のタクシーなどの交通インフラのままで対応が可能なのだろうか。これが，アクセシブル・ツーリズムの課題である。

　観光庁は，「発地，受地ともに条件が整った際の最善のシナリオとして，旅行に積極的な高齢者が希望するだけ旅行に行け，かつ今後旅行意向のある要介護の方々の旅行希望が叶うと仮定した場合の高齢者の延べ国内宿泊旅行の市場規模の試算として約2兆8600億円」のシナリオを描いている（掛江ら2016）。しかし，高齢者の意欲に添えるだけの環境は整っていると言えるのだろうか。水野（2013）によると，要介護者との旅行に対する不安，旅行時の困難な要素として図表13-5の内容が指摘されている。旅行前の情報収集においても，旅行に必要なインフラに対する不安要素が大きいことがわかり，旅行経験者にも旅行非経験者にも当てはまる課題となっている。

　観光庁のまとめによる「バリアフリー旅行サポート体制の強化に係る実証事業」報告書には，全国各地の取り組みが示されており（観光庁2021），こうした取り組みが精力的に展開されるようになってきていることは，我が国の将来の観光市場の発展を考える時に大変心強い。

　しかし，観光は，旅行者にとって計画を立てる段階から実際に現地に赴き帰宅するまでが対象となることを考えると，公共交通機関や未だにインフラが未整備な多くの観光地の現状では，高齢者や障がい者自身が希望するデスティネーションを自由に選択できる状況にあるとは言いがたい。その意味では，地域の再生や活性化は，もはや単独の地域で達成できるものではなく，地域間の連携による総合的な取り組みが求められていると言えよう。

　現代の地域社会を取り巻く課題には，人とのつながりの希薄さ，孤食，空き家問題，さまざまなケアの課題（ダブルケアや介護共倒れ，介護難民，等），買い物難民，待機児童問題，孤立や引きこもり，8050問題（80歳の高齢の親と50歳の引きこもりの子供が同居し，経済面も含め支援している状態），等々枚挙にいとまがない（飯島2019）。行政，専門職能，民間事業者，住民など地域を構成するステークホルダーは，行動原理も価値観も異なっており，地域社会の課題に対して一律な対応は難しい。これらのステークホルダーが違いを乗

図表13-5　要介護者との旅行に対する不安，旅行時の困難

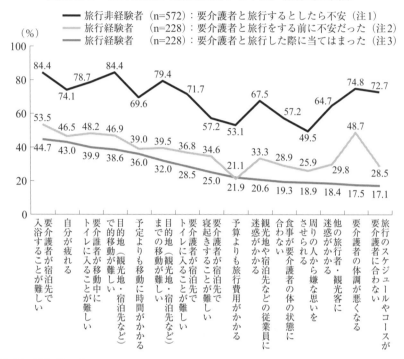

（出典）水野（2013）

り越え，地域課題を解決していける関係性を構築するアプローチが必要とされている。

　そこで注目したいのが先述したフレイル予防ツーリズムである。フレイル予防ツーリズムの目標は，加齢により要介護状態に向かってフレイルになるのを予防したり，フレイルの進行を遅らせたり戻したりすることであり，自立したシニア・ライフの継続充実である。コンセプトは，生涯元気に活動し，旅行のできる健康状態を維持し続けることである。米国の最大のNPOの1つであるAARP（2019）では，高齢者のフレイル予防に遊びや観光を推奨している。彼らは，高齢者が旅行や遊び（スポーツ，趣味，ウォーキングなど）を通じて老化を遅らせるサポートを行っている。遊びは人が本来持っている行動を起こ

させる動機付け要因である。遊びながらでなければ維持することが難しい運動能力など，通常の行動をサポートするために遊びや旅行は効果的である。遊びと旅行は，人にインスピレーションを与え，文化的意識を高め，中高年期に引退するのではなく新しいキャリアのために再訓練する機会も提供してくれる。日本におけるフレイル予防において，学術的なエビデンスにより「食」や「運動」に加えて「社会参加」，つまり社会性（人とのかかわりや生活の広がり）の重要性が強調されており，まさしく遊びと旅行こそは，豊かな食や運動を楽しみ社会性を増し，フレイル予防を促進するものであるといえる。

　我が国においても，シニアがどの地域に出かけてもこうしたフレイル予防ツーリズムに親しむことのできる整備が必要になってきている。今後は，より科学的な検証を経ながら，さまざまな世代の人たちにフレイル予防を意識した取り組みが増えることで，自身の健康と地域の活力を同時に取り戻せるような観光が発展することが期待されるところである。

（注）
　本節におけるフレイル予防ツーリズムについては，元東京大学高齢社会総合研究機構教授（現客員研究員）・辻哲夫氏の意見を参考としている。

4. 地域における事業承継の課題と解決

（1）我が国における企業数の減少と経営者の高齢化

　我が国では，1986年には企業数が約533万社存在した。しかし，2016年には約359万社にまで減少した。とくに2009年からの7年間では約62万社も減少した（中小企業庁 2020）。近年，我が国の倒産件数は，1万件程度で推移していることから，休廃業した企業数が圧倒的に多いことがわかる。これらの数字は単純に減少数を示すものであるが，この間に起業した企業も少なからず存在することを考えると，減少した企業数の多さに改めて驚かされる。またわれわれが生活している周辺を見まわすと，商店街にはシャッターを下ろした店舗が増え，以前は操業していた町工場がその活動をやめてしまっていることにも

気付くだろう。

　近年は企業数の減少だけではなく，経営者の年齢が60歳を超える企業が全体の約6割弱となった。その背景には，極端な経営者の交代率の低下がある。我が国では，1990年代前半には経営者の平均年齢は約54歳であったが，2020年には60歳を超えた。とくに中小企業では，半数以上の企業において経営者の平均年齢が60歳を超え，事業承継をする平均年齢が70歳を超えるようになった。まだ経営者が70歳を超えても，事業承継ができることは幸運かもしれない。それは今後10年間で**事業承継問題**（跡継ぎ問題）に直面する企業が，約200万社になるとの予測もあるためである。これらの企業の半数は，後継者が未決定であるため，事業承継を行うための準備さえ整っていない状況にあることが問題である。

（2）事業承継停滞の背景

　これまで中小企業や小規模事業者の場合，事業承継は自らの子どもやきょうだいなどほぼ親族内において行われてきた。とくに小規模事業者の場合には，事業資産と個人資産が未分離であることが多かったため，経営者と血縁関係にはない第三者に承継する場合には障害となってきた。そのため小規模事業者においては，第三者への譲渡希望者はごくわずかであった（中小機構 2017）。企業の大小を問わず，事業承継は，重要な経営課題である。しかし，中小企業や小規模事業者は，日々の事業活動が忙しく，長期的な経営戦略を含め，喫緊の課題として処理しなければならない事象以外は後回しにされてきた面がある。事業承継に対する準備はまさにその典型例といえよう。

　他方，我が国では第二次世界大戦後から平均寿命が伸張し，第二次世界大戦直後のそれと現在を比較すると約30年の伸張が達成された。この状況を考えると，しばしば聞かれるように「今の**歳は昔の**歳とは違う」ということになる。実際，健康を維持し活躍している高齢者は一昔前に比べて非常に多い。こうした面も後継者への事業のバトンタッチを遅滞させている一因であろう。こうした健康な経営者が増加することは悪いことではなく，むしろ好まし

図表13-6　事業の将来

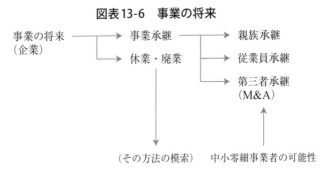

（出所）筆者作成

いことである。しかし，経営者が自らの健康を過信している面もあり，事業承継についての準備を後回しにしている事例も多々ある。

　後継候補者は，これまで親が経営していた企業に入り，仕事を覚え，いつしか経営者に成長していくのが当然とされてきた。しかしこうしたライフコースを辿ることについて，経営者の子どもの意識にも変化がある。かつては親が企業を経営していたり，何らかの事業をしていたりする場合，当事者自身も周囲からも事業を承継（跡継ぎを）することが期待されていた。期待というよりも暗黙の了解のようなものがあった。しかし，社会の変化もあり，親の仕事を承継すること自体，経営者や事業者である親自身，また後継候補者である子ども自身も第一に考えなくなったこともある。これは親にとっては子どもの自由にさせてやりたいという気持ち，子どもにはさまざまな選択肢を持たせたいという気持ちがあるのかもしれない。そのため，かつては親が企業を営んだり，事業をしていたりする場合，その子どもの誰か，場合によっては複数の場合もあったが，親族による事業承継が既定路線ではなくなったことが大きい。

　図表13-6は，企業（事業）の将来を考える上で，それぞれを選択する場合の流れ図である。まず現経営者は事業承継を行うのか行わないかの選択がある。そして承継をする場合には，親族，従業員，第三者の選択肢がある。これまで事業承継は，その規模が小さくなればなるほど親族承継が中心であった。しかし，その期待が薄くなった現在，それ以外の選択肢を真剣に考慮すること

が必要である。

（3）地域問題としての企業の休廃業

　企業や事業の存在について，異なった角度から考えてみる。世の中に「仕事」の種類は，その区分の仕方にもよるが，数万あるといわれている。これらの仕事の多くは，顧客の課題を解決するものである。したがって，時代によりその課題の増加や減少があるのは当然である。この課題という言葉は，「ニーズ」という言葉に置き換えるとわかりやすい。ニーズの増加でそれを提供する企業や事業者が増えたり，その減退によりそれらが減少したりすることがある。そのため経済の新陳代謝が起こり，市場から退出する企業や事業者が存在することも当然である。それゆえ一定数の廃業や休業が発生することは当然のことである。

　しかし近年では，「黒字廃業」という言葉が頻りにいわれる。企業経営における黒字は，当該企業やそのサービスに期待する顧客が存在することを意味する。つまり，当該企業に期待する顧客が存在しながら，廃業を選択する企業が廃業全体の4割以上も存在している。これら企業の廃業選択理由が「**後継者不在**」である。われわれの周辺でもこうしたことは観察可能である。日常利用している小売店が突如として閉店することがある。そして閉店した店舗には，閉店理由に「店主高齢のため」と記されていることがある。この状況をさらに考えると，店主（事業主）の高齢化は当然起こるが，その高齢の事業主に代わり，店舗を運営していく後継者が存在しないことが意味されている。

　さらにわれわれの身近で起こる，日常利用している小売店やサービス業の店舗における経営の継続断念は，どのように捉えればよいだろうか。これはまさに地域の問題である。とくに人口減少が抑止できず，都市部よりも高齢化がより進んでいる地域では，以前のように事業を維持できず，経営者自らの高齢化により廃業を選択することが増えている。このように地域における企業や事業者の休廃業は，個別の経営者や事業者固有の問題から地域の住民生活の問題へとつながることもある（帝国データ新潟 2017）。

（4）地域における事業承継課題の解決

　小売やサービス業の休廃業だけでなく，地域においては直接住民の生活には関わらなくても，さまざまな企業が存在している。それは住民が顧客の場合，雇用先の場合など多様である。こうした地域においてさまざまに関係している企業や事業者がなくなった場合，住民によってその影響はやはり多様であるが，何らかの支障を来すことは明らかである。したがって，地域においての事業承継は，住民にとって直接・間接を問わず，やはり大きな課題である。

　先にも取り上げたように，経営者の高齢化が進む中，以前であれば親族による事業の承継が途絶えてしまうことが増えた。また本来であれば，承継すべき子どもや従業員による承継も進捗しなくなった。そのため，我が国では休廃業件数が企業件数を上回る状態が30年以上継続している。こうした状況では考え方をドラスティックに変更する必要があろう。それが以前であれば考慮しなかった**第三者承継**を視野に入れることである。この状況を支援するため，国による事業承継政策も第三者承継を視野に入れた政策へと大きく変化している。2011年以降，都道府県ごとに事業引継ぎ支援センターが設置され，譲渡希望，譲受希望企業の情報を収集し，さらにそれをデータベース化することにより，マッチングを試みるサービスも開始している。

　他方，これまで親の企業や事業を承継することにあまり関心を示さなかった子どもに対しての啓発活動も行われるようになった。関西地区の大学では，「事業承継」をタイトルとした授業科目が設置され，将来の選択肢として，視野に入れる活動も始まっている。さらに以前から組織されていた地域における業界団体や企業者・事業者の集まりにおいては，事業承継をテーマとする講演会やセミナーも多数開催されるようになってきた。こうした地域におけるさまざまなプレーヤーが，それぞれの立場から事業承継を意識し，動き始めているといえる。ただ最初に取り上げたように，経営者の年齢が毎年上昇する現在では，事業承継は「少し先」の問題ではなく，「喫緊の経営課題」として取り組んでいく必要がある。

5. アートによるまちづくり

　アートは近年，地域活性化の手段として注目されている。「アートによるま
ちづくり」と一口に言っても，新しい美術館を観光の目玉として設置したり，
地域の廃校や古民家などをギャラリーにしたり，アーティストと地元の人々が
共同で作品制作をする，などその内容は多彩である。本節では，こうしたさま
ざまな動きの中でも，近年地域の観光振興に活用する事例が多く見られる
「アート・プロジェクト」に着目したい。

(1)「アート・プロジェクト」とは

　アート・プロジェクトとは，美術館やギャラリーなどの施設の外部で開催さ
れるアート活動である。「作品展示にとどまらず，同時代の社会の中に入り込
んで，個別の社会的事象と関わりながら展開される」もので「既存の回路とは
異なる接続/接触のきっかけとなることで，新たな芸術的/社会的文脈を創出
する活動」（熊倉 2014）と定義されている。アート・プロジェクトはどこでも
実施することができ，作品展示だけでなく，そのプロセスやさまざまな人々と
の関わりを重視する点が特色である。たとえば，野外で展示や公演を行うイベ
ント，廃屋や病院，福祉施設などで行う展示，地域のコミュニティーで行う活
動などが挙げられる。また，もう一つの特徴として担い手の多様性がある。
アーティストだけでなく，地域住民，地域外からのボランティアなどの協力に
よって実施され，外部から多くの人を呼び寄せることができる。アート・プロ
ジェクトの開催により観光客の宿泊，飲食，交通機関利用，地元の雇用創出な
どによる地域経済の活性化が期待でき，さらに企画が継続すれば観光地として
の新たなイメージが形成され，ブランドが高まりさらなる観光振興をもたらす
可能性がある。そこでしか鑑賞・体験できない非日常を求める観光行為とアー
ト・プロジェクトは高い親和性を持っており，とりわけ観光資源が乏しい地域
で注目されている。

　アート・プロジェクトに関しては，観光産業の振興だけでなく，地域住民と

来訪者との交流や地域貢献が高齢者の福祉や生活の質の向上などにもつながるという研究がある。アートによる地域活性化には多面的効果があり，地域住民の自信回復，郷土愛的連帯感の確認など精神的な面での活性化が認められた（平野 2011）。

　日本国内においては，1990年代より文化芸術活動を地域活性化に結びつけるプロジェクトが各地で実施されてきた。国が創設した「芸術文化振興基金」により，美術館など文化の専門機関でなくても助成金を受けられるようになったことが拡大の要因の一つである。また，80年代後半のバブル景気で文化支援活動に乗り出す企業が増え，「公益社団法人　企業メセナ協議会」が1990年に設立され，若手アーティストに支援の目が向けられた影響も大きい。

　日本型のアート・プロジェクトの特徴は，夥しい数のアートフェスティバルが街や村，より広い地方で開催され，地元のアマチュアからプロのアーティストまでが参画して形成するアートシーンの在り方も多様である点にある。（熊倉 2014）ここでは，多岐にわたるこれらのアート・プロジェクトの中から「芸術祭」と「地方型アート・プロジェクト」を取り上げて考察する。

（注）
　藤田（2014）において「アート・プロジェクト」に代わり「地域アート」という言葉が提示され，アートによる地域活性化が強調されることで芸術の自立性が損なわれているのではないか，という議論が起こった。本節では民間レベルで地元に根差した形で行われるアート・プロジェクトを「地方型アート・プロジェクト」と表記する。

（2）芸術祭と地域活性

　一定の期間を定めて，イベント的にアート作品の展示を行うのが「芸術祭」である。**芸術祭**とは，①数か年の周期で②現代美術を内容とし③事業費が1億円以上で開催されるもので（吉田 2019），小規模なまち単位や単発で開催されるプロジェクトとは目的や内容に違いがある。3年に一度開催される国際展であるトリエンナーレ，2年に一回のビエンナーレがあり，大都市・広域中心都

市型（「横浜トリエンナーレ」「あいちトリエンナーレ」など）と，地方型（「瀬戸内国際芸術祭」「奥能登国際芸術祭」など）に分類することができる。都市を会場とする場合は都市間競争での存在感の向上に重きが置かれ，美術館を中心とした作品展示が多い反面，地方型は，高齢化・少子化が深刻なエリアでの地域活性化を目的として開催される場合が多く，アーティストたちはその土地の歴史や社会の文脈を読み解く作品制作を行うことが多い。

　芸術祭による地方活性化が社会的関心を呼んでいるものの，現状では，観光関連産業などの経済効果に注目が行き，居住人口増，地場産業の振興など地域課題の解決にはなかなかつながらない場合が多い。このような中で人口増加と不動産価格の高騰で成功を収めている芸術祭の一つが，香川県直島を拠点に2010年から3年に一回開催されている「瀬戸内国際芸術祭」である。ベネッセホールディングスがいち早く「アートの島」として開発した直島は面積わずか約14平方キロという小さな島だが，最大で年間70万人超が訪れる観光スポットとなった。観光客の増加に伴う簡易宿所や飲食店に加え，島の魅力に引き寄せられた移住者による住宅探しも増加している。地価上昇の背景の一つが，「アートによる地域振興」と考えられる。直島町観光協会によると，主要施設の合計で1990年に約1万人だった観光客数は，安藤忠雄氏が設計した地中美術館の開館や瀬戸内国際芸術祭の開催などにより，2018年には50万人を超す観光地となった（日本経済新聞 2019年9月19日）。直島は日本を代表する「アートの島」としてのブランドを獲得したのである。

　また，日本において最も早い2000年から過疎地で数億円以上の規模で開催されている「大地の芸術祭　越後妻有アートトリエンナーレ」（新潟県十日町市津南町）は，芸術祭による地域づくりの先駆的事例であり，また成功事例の雛形として知られている。大地の芸術祭は，自動車に乗って新潟の広大なエリアに点在する膨大な作品を見てまわるという世界で最も移動距離が多い芸術祭である。作品を鑑賞する途中，必然的に里山の風景を楽しむ体験も付加される。もともと美術館があるようなエリアではなく，空き家や廃校，そして田園などが作品を設置するためのサイトになる。世界的には珍しいタイプの国際展であ

る大地の芸術祭が大ヒットし，多くの日本人はこれが典型的な芸術祭と現代アートだと認識するようになった。

　大地の芸術祭の特徴は，国や県の行政ではなく地元出身の北川フラムとアートフロントギャラリーが芸術家の選択から作品の展示場所などの運営を行っていることである。また，通常の芸術祭の場合，ディレクターは毎回変わるのに対し，これまで全て北川フラムに固定されている。さらに，ボランティアの支援体制も特徴的だ。芸術祭において最も重要なのは，ボランティア，サポーターや地域住民との連携だが，大地の芸術祭では，都心部の学生を中心としたボランティア「こへび隊」が形成され，芸術祭期間だけでなく，通期で農作業の手伝いや恒久作品の管理などを継続的に行い，地域住民との交流が生まれた。人と人の交流があって初めて地域コミュニティーが形成され，文化への「想い」が生まれる。初めは無関心な住民も多かったが，第四回以降は空き家や廃校の作品管理に多くの地域住民が携わっている。総合ディレクターの北川フラムは，「地域づくり，あるいは地域おこしや地域活性化の何よりの意義は，「誇りをもつこと」にあります」（北川 2018）と語っている。豊かな自然に包まれた越後妻有の里山は，地球環境と人間のあり方を見つめ直すきっかけとなる。"人間は自然に内包される"という基本理念は芸術祭全体に貫かれており，人間と自然の関わりかたへの指針を示すモデル地域となることを目指し，地域づくりが進められている（大門 2017）。

（3）地方型アート・プロジェクトと地域活性

　そもそも現代アートを紹介する目的で開催されてきた芸術祭と違い，地方型アート・プロジェクトは地域の過疎化，福祉や教育問題などさまざまな課題に対してアートによるアプローチを目的としている。また，社会的課題や地域の歴史文化などをテーマとし，作家と住民が共同で作品制作を行い，作品そのものよりも制作過程が重視され，美術館以外の廃校や産業遺産など**サイト・スペシフィック**（土地や場所の特性を生かして制作される芸術作品やプロジェクト）な場所に設置される，という特徴がある（野田 2014）。

　衰退した地域への地域活性化に貢献した一例としては，「BEPPU PROJ-ECT」が挙げられる。大分県別府市は戦後，温泉観光地として栄えてきたが，バブル崩壊後の1990年代以降は一転して衰退し多くの宿泊施設が廃業した。その結果，古い温泉街には廃墟が目立つようになった。アーティストの山出淳也は中心市街地の空き店舗を低予算でリノベーションし「プラットフォーム事業」を始めた。地元の伝統工芸である竹細工の再興拠点を作ったり，築100年以上の長屋をアート作品にした宿泊施設を開いたり（浜脇の長屋，2013年9月5日），町の共同浴場でワークショップを行う，など新しい活動を誘発する事業を次々と開発した。BEPPU PROJECTは発足後10年で急激な成長を見せ，現在では国際芸術祭から市民文化活動の発表の場づくり，地域情報の発信や商品開発などを幅広く行い，アートを活用した魅力ある地域づくりに取り組んでいる。

　地域住民に寄り添った地方型アート・プロジェクトは，アートを媒介とした新たなソーシャル・キャピタル（社会的資本）の形成にもつながる。アートという極めて異質な刺激を外部から投入することで，地域コミュニティーの新たな価値創造が行われている。

（4）まとめ

　まちおこしの一環として芸術祭を開催したり，観光PRのためにアート・プロジェクトを企画する自治体は近年増えてきているが，単純に作品を展示したり，イベントを企画するだけでは地域活性化に結びつかない。地域を盛り上げる一助としてアートを活用し，観光産業に役立てるには，地元の人たちの協力と「想い」が不可欠である。また，アートには，通常の産業振興による経済活性化策とは違い，地域住民の精神面での活性化に効果がある。アートとはその時代や地域における課題や矛盾を，自然と文明・人間の関係性において表現する「技術」（北川 2018）であり，人間の感性に訴えるものである。アートによるまちづくりは，従来型の経済活性化にとどまらず，21世紀における都市の新たなサスティナブル型発展の理想型として期待されている。

6. 地域課題の解決に向けたDXの推進

　日本においては人口減少と高齢化が進み，実質労働人口（生産年齢人口）は2017年7423万人であり2030年には6,650万人となり767万人減少する（労働市場の未来推計2020より）。特に地方（地域）における人口減少率は高く産業構造の転換期を迎えている。また，公共インフラ（水道管，道路等々）も経年劣化が激しくなり最近増加している自然災害（地震，大雨等）に脆弱な社会インフラとなっている。

　日本政府は**Society5.0**を打ち出し，「IoT（Internet of Things）で全ての人とモノがつながり，さまざまな知識や情報が共有され，今までにない新たな価値を生み出すことで，これらの課題や困難を克服します。また，人工知能（AI）

図表13-7　「Society5.0時代の地方」の実現

（出所）総務省『平成31年版 地方財政白書』第3部

により，必要な情報が必要な時に提供されるようになり，ロボットや自動走行車などの技術で，少子高齢化，地方の過疎化，貧富の格差などの課題が克服されます。社会の変革（イノベーション）を通じて，これまでの閉塞感を打破し，希望の持てる社会，世代を超えて互いに尊重し合あえる社会，一人一人が快適で活躍できる社会となります。」としている（内閣府HPより）。

しかし，さまざまな視点で地域課題を捉え，解決に向けた対策を打ち出し実行していかないと日本社会全体が経済的に縮小傾向（すでにコロナ禍でGDPは縮小）となり国際競争力の低下につながる。

本節では，地域課題に対しすでに取り組まれている事例の紹介，および今後の方向性を考察する。

（1）地域課題とは

総務省自治体CIO育成地域研修教材（平成29年）によると地域課題は①防災・防犯対策（安全・安心対策），②子育て支援，③福祉・保険衛生，④環境対策，⑤地域活性化・文化振興，⑥都市基盤整備，⑦教育（就職以前）の7つに分類される。

背景には「人口減少」「東京への一極集中」「地方の疲弊（財政力）」が起因とされている。

特に，コロナ禍，近年の自然災害等①防災，③保険衛生については早急に対応すべきであり，制度，仕組みを変える（DX）することで解決することも多々あると考える。

① 地方の人口減少

2020年度国勢調査では都市集中，地方減少がより鮮明になっている。15年前の国勢調査から人口が増えたのは，伸び率が高い順に東京，沖縄，神奈川，埼玉，千葉，愛知，福岡，滋賀，大阪の9都府県。人口が減ったのは38道府県。このうち福島，茨城，群馬，山梨，長野を除く33道府県でマイナス幅が広がり，減少率が6.2％で最大であった秋田は100万人を切った。100万人に

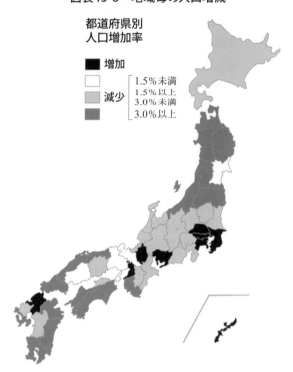

図表13-8　地域毎の人口増減

都道府県別
人口増加率

増加　■

減少
□ 1.5%未満
■ 1.5%以上
3.0%未満
■ 3.0%以上

（出所）時事ドットコムHP。https://www.jiji.com/jc/article?k=2021062500299&g=pol

満たない県は10県に上る。

　また，「お一人様」世帯も拡大しており東京の一世帯当たりの平均人数は全国最低の1.95。お一人様は過疎地などを抱える地方でも広がっており北海道は2.12。鹿児島も2.19で全国5番目の低さである。

　世帯人数の減少と少子化が相まって，一人暮らしの高齢者が増えており家族が介護を担えない高齢者をどう支えるかなど課題が山積する。

② 地方の財政力

　人口減少は地方財政にも大きな影響を及ぼす。人口減少とそれに伴う経済・

産業活動の縮小によって，地方公共団体の税収入は減少するが，その一方で，高齢化の進行から社会保障費の増加が見込まれており，地方財政はますます厳しさを増していくことが予想される。こうした状況が続いた場合，それまで受けられていた行政サービスが廃止又は有料化されるといった場合が生じることも考えられ，結果として生活利便性が低下することになる。こうした厳しい地方財政状況のなかで，高度経済成長期に建設された公共施設や道路・橋・上下水道といったインフラの老朽化問題への対応も必要となる。

③ 地域公共交通の撤退・縮小

　これまで，地域公共交通は主として民間の事業者によって支えられてきた。しかし，人口減少による児童・生徒や生産年齢人口の減少が進めば，通勤通学者が減少し，民間事業者による採算ベースでの輸送サービスの提供が困難となり，地方の鉄道や路線バスにおいて，不採算路線からの撤退や運行回数の減少が予想される。他方では，高齢化の進行に伴い，自家用車を運転できない高齢者等の移動手段として公共交通の重要性が増大しており，地域公共交通の衰退が地域の生活に与える影響は従前より大きいものとなっている。

④ 地域コミュニティの機能低下

　人口減少は，地域コミュニティの機能の低下に与える影響も大きい。町内会や自治会といった住民組織の担い手が不足し共助機能が低下するほか，地域住民によって構成される消防団の団員数の減少は，地域の防災力を低下させる懸念がある。

　また，児童・生徒数の減少が進み，学級数の減少，クラスの少人数化が予想され，いずれは学校の統廃合という事態も起こり得る。こうした若年層の減少は，地域の歴史や伝統文化の継承を困難にし，地域の祭りのような伝統行事が継続できなくなるおそれがある。

　このように，住民の地域活動が縮小することによって，住民同士の交流の機会が減少し，地域のにぎわいや地域への愛着が失われていく。

（2）デジタルトランスフォーメーション（DX）とは

DX（Digital Transformation/デジタルトランスフォーメーション）とは，2004年にスウェーデンのウメオ大学教授であるエリック・ストルターマン氏が提唱した「進化したIT技術を浸透させることで，人々の生活をより良いものへと変革させる」という概念である。

2018年に経済産業省が公表した定義には，「企業がビジネス環境の激しい変化に対応し，データとデジタル技術を活用して，顧客や社会のニーズを基に，製品やサービス，ビジネスモデルを変革するとともに，業務そのものや，組織，プロセス，企業文化・風土を変革し，競争上の優位性を確立すること」と具体的に提唱されている。

DXと聞くと難しそうに感じるが，2020年初頭からの新型コロナウィルスの世界的な拡大により，「新しい生活様式」への対応が迫られた。たとえば企業内においては在宅ワークが普及することで押印を前提とする商習慣，お客様先を常駐とするビジネスモデル，在宅ワークのインフラやセキュリティ対策等々の見直しが急速に進んだ。まさに，課題に対応するために既存の業務プロセスを見直しITを活用し新たなプロセスで課題を解決していくことがDXである。

① コロナ禍でDXが加速

コロナ禍の影響を受け日本全体でDXを推進する機運が高まっている。感染をしないために人と人との接触をなくす「ゼロコンタクト」が進み，職場におけるテレワークの加速によるZOOM等のビデオ会議の急速な普及。買い物シーンにおいて現金を使わないキャッシュレス化の拡大。EC利用者拡大による物流現場でのIT化の加速等，さまざまな制度，業務が見直しされITを活用して利便性が向上している。

② デジタルデバイドの減少

IT活用においては，スマートフォンは不可欠であり，特にデジタルデバイ

ドと言われるシニア層への普及が課題となっていた。

MMD研究所による60〜79歳のシニア層10,000人に対するモバイル端末利用に関わる調査によるとスマートフォン使用率は77％，フューチャーフォン17.3％となりコロナ禍前の2019年度に比較し8.5ポイントの増加となっている。

この普及率の向上によりさまざまなITサービスが可能となる。

③ ITの進化

DXを進める道具としてITは必要不可欠である。日々新たなテクノロジーが発表されており，特に5G，AI，IoT，ドローンはさまざまなDXのユースケースに活用され社会実装が進むと考える。

(3) 地域課題解決に向けての国，地方自治体の取り組み

Society5.0の実現に向けて，政府では地域におけるICT等の新技術を活用したマネジメント（計画，整備，管理・運営等）の高度化により，都市や地域の抱える諸課題の解決を行い，また新たな価値を創出し続ける，持続可能な都市や地域，すなわち「**スマートシティ**」を推進している。

都市の中では，さまざまな個性，生活背景を持つ住民が暮らし，また，さまざまな業界・業種の企業や団体が都市機能を構成している。スマートシティでは，ICTの利活用によって，住民一人ひとりの活動，さらには各企業・団体の活動のベクトルを揃え，効果的かつ効率的な産業の創出・育成やエネルギー利用，治安維持，子どもや高齢者の見守り，交通渋滞の解消，災害対策などを実現する。

海外においては，中国・雄安地区（アリババ，バイドゥ），カナダ・トロント（グーグル等），UAE・ドバイ，エストニア等が産官学で進め先行している。

① 会津若松の取り組み

会津若松市ではさまざまな地域課題に対応すべく2013年2月に「スマート

シティ会津若松」を掲げ，ICTを地域産業の一つの柱として位置づけ，さまざまな分野でICT活用する取り組みを推進し市民生活の利便性を向上させ，産業施策としてICT関連企業の誘致等を実施し成果を上げている。

　現在，10年間のスマートシティ取組の経験と実績を生かし，スーパーシティを通じて「オプトインによる共助型分散社会」を実現するとともに，デジタル時代における地方創生のモデル都市を目指している（会津若松市のHPより）。

　地域情報ポータル「会津若松＋」は，市民情報ポータルとして，20％の加入率を目標しアクセスする住民に合わせた情報を届けることで市民生活を支えている。

② 富山市の取り組み

　富山市は人口減少，高齢化社会に向け2007年に「コンパクトシティ」を掲げ，①公共機関の活性化，②公共機関終焉への居住促進，③中心市街地の活性化を進め住居推奨エリアの人口構成は当初28％から38.7％に向上（2019年9月時点）。コンパクトシティで実績をつくり，2018年からスマートシティ実現に向けた取り組みを開始している。

　IoT向け省電力・長距離通信が可能な「LoRaWAN™（ローラワン）」（LoRA allianceで規格化が進められている低消費電力の広域ネットワークプロトコル）を居住地域に張り巡らせ，取得した個人情報以外のデータをIoTプラットフォームに載せて分析し地域の新たな価値創出を行っている。また，富山市は全国でも例のない「ライフライン共通プラットフォーム」を構築し，電気やガス，交通，通信など事業者が異なる情報や，道路工事情報，損傷情報といった行政だから把握しているライフラインに関する情報を一元化し，生活の質の向上を行っている。

③ トヨタ・Woven City（ウーブン・シティ）

　トヨタは，2020年末に閉鎖した静岡県裾野市の東富士工場の跡地を利用して，将来的に約70.8万m²の範囲において，自動運転などの次世代技術を実証

する未来都市「Woven City（ウーブン・シティ）」を整備する。

　このプロジェクトは，人々が生活を送るリアルな環境のもと，自動運転，モビリティ・アズ・ア・サービス（MaaS），パーソナルモビリティ，ロボット，スマートホーム技術，人工知能（AI）技術などを導入・検証できる実証都市となる。

　企業がスポンサーとなるスマートシティは国内初であり，今後の都市作りのモデルになると考える。

（4）地域課題解決に向けた取り組み

　令和3年4月現在「**スマートシティ型国家戦略特別区域の指定に関わる公募**」に応募した自治体は31あり，地域課題をIoT活用しDXする仕組み作りが加速される。しかし，これらの社会インフラに投資する原資は地方財政であり地方の税収を増やす根本的な対策が今後必要となる。

　そのたには，地方に企業を誘致，地方都市の魅力の発信を積極的に行い人口流入増，東京一極集中の経済環境を大きく変革させる必要がある。

① 地域ブランド（魅力）の向上

　地域ブランド化とは「地域の価値」を高めることと，その価値の交換性が高くすることである。地域の価値には，その地域の立地，特産品，自治体の政策等があるが特産品を活用した取り組みは「ふるさと納税」であり，2020年度で400万人，5000億の寄付がされている。

　2016年より企業版ふるさと納税が開始され，企業（産）と自治体（官）の産官連携によりとSDGsの潮流にものり地域課題解決に向けた取り組みが多数実施されている。

② 産官学一体での活動

　企業と自治体，地域大学との連携藤沢市と慶應義塾大学，会津若松市と会津若松大学等で官学での地方取り組みが始まっており，各々のプロジェクトに民

間企業も多数関わっている。地方大学との共創による産業イノベーション，また，学生が地方企業に就職することで企業活力を向上させ企業収益を伸ばすことが可能となる。

③ 地域の情報化

さまざまな形でITが地方の公共インフラに採用され，個人のスマートフォン等のIoTデバイスと連携が始まる。しかし，個人との紐付けがセキュリティ対策含めた制度設計で遅れている。

住民がスマホのボタンひとつでさまざまな自治体が提供するサービス，また民間が提供するサービスにアクセスし利用。その結果を分析することで新たな住民サービス，産業創出が可能となる。

7. 被災地における地域ブランドの形成に向けた取り組み

(1) 東日本大震災後の被災地「宮城県石巻市」の状況

2011年3月に発生した東日本大震災では，震災後に発生した大津波によって沿岸部に立地していた地域が浸水した。震源地に近い宮城県石巻市では，強い揺れによる地盤沈下も生じたため，津波と地盤沈下の双方によって被災した地域の事業者は，盛り土による嵩上げ工事を行ってから建物や生産施設等を再建することになった。

東日本大震災で被災した企業は，政府が創設した「**中小企業等グループ施設等復旧整備補助金**」（**グループ化補助金**）を受給して被災した建物や生産設備等の復旧にあたった。被災事業者に対する補助制度の創設は，震災直後に再建を断念していた経営者に対して事業再建させる上で有益な機会となった。しかしながら，石巻市のように事業拠点のすべてを喪失した地域の事業者は，嵩上げ工事を経てから自社設備等の復旧にあたることになったため，事業再開までに長期の時間を要することになった。

被災した企業が事業の停止に追い込まれ，再開するまでに時間が空くと，他

地域に製造拠点を持たない限り，競合他社に販路を奪われてしまうことになる。実際に，石巻市では特定第三種漁港（日本の水産業の振興上，漁港漁場整備法でとくに重要であると定められた漁港）として指定されている石巻漁港の付近に立地していた水産加工会社が被災し，事業再開までに年単位の時間を要した企業が多かったが，多くの企業は小零細規模であるとともに，市内に複数の事業所を有していたとしてもそのほとんどが被災したため，事業の停止に追い込まれた。

　筆者（石原）は，被災企業が自社の設備を復旧させ，事業を再開した2013年より石巻市で被災した水産業ならびに関連する業種を営む企業に対して調査活動を継続的に実施してきたが，設備面の復旧は順調に進んだものの，販路の喪失により売上が回復していない企業が多い状況を確認した。また，人手不足に悩む企業も多く，震災以前の事業の再開を試みても製造の体制を整えることができないという企業も見られた。

　また，震災後の復旧の過程においては，震災以前まで取り組んでいた事業の再開を断念する企業も散見された。とくに，練り物製品を製造していたメーカーは，揚げ蒲鉾や焼ちくわなどの生産を取り止めるようになり，生産額が減少する状況は市が発表している統計でも確認することができた。石巻市は，明治27年に蒲鉾の生産が始まったとされ，第二次世界大戦後に北洋海域でスケトウダラを漁獲していた北転船の拠点として栄えたことから練り物会社が集積した。大量生産するための機器の開発や技術の導入も積極的に行われ，国内屈指の生産地となった。また，煮物やおでんなどに用いられる「ぼたん焼ちくわ」の発祥の地とされており，東日本大震災以前までは焼ちくわメーカーが加入する「石巻焼竹輪工業協同組合」が存在していた。

　だが，昭和30年代半ば頃に加工をはかる上で利便性が高い冷凍すり身が開発され，さらに海外諸国で漁獲された魚を使用したすり身の流通が台頭すると，練り物製品の生産は水揚げ地との関係性という要件を満たさなくなった。さらに，大手メーカー製品やPB商品の台頭に加え，国内市場の成熟化も関係し，石巻市の練り物製品の生産高は，数量・金額ともに1999年以降減少しつ

づけていた。

　震災発生の当時，石巻市の大学に勤務していた筆者（石原）は石巻市の経済団体の関係者ならびに買受人組合の幹部の方から「練り物業界が衰退しているので何らかの対策を検討して欲しい」との要請を受け，石巻市の練り物の特徴に関する調査活動を実施した。そして，調査の結果，石巻市の練り物メーカーの多くが業務用製品を製造しているという実態がわかった。また，NB商品を製造しているメーカーについても，一部の著名なメーカーを除き，廉価商品の製造を行っている企業が多いこともわかった。練り物メーカーの経営者に震災後の経営状況について伺うと，「グループ化補助金を受給して設備の再整備を行っても，震災前の設備を復旧させたまでに過ぎず，経営を改善する上で必要な設備は導入することができなかった」，「復旧させた機器類は量的優位性を創出するためのスケールであり，現在の市場に適応すべく少量多品種の生産には向かない」，「営業力を増強したくても，人員を確保することができない」といった回答が寄せられた。被災企業の多くは，5年の返済猶予期間が設けられていたものの，グループ化補助金の自己資金分の返済が迫られるとともに，震災以前の借り入れを抱えている企業も多いため，新たな設備投資をすることは困難である。

（2）地域性を生かした「おでん」の開発

　このような状況に鑑み，筆者（石原）は石巻市の水産加工業を含む食品製造事業者や経済団体に対して「練り物の文化」を生かしたブランディング事業を提案することにした。そして，2016年に産学・異業種連携体制で設立した「石巻フードツーリズム研究会」（事務局：石巻商工会議所）内に部会を設置し，「石巻おでんプロジェクト」を推進することにした。プロジェクトの推進に際しては，地場メーカーが生産する練り物製品のブランディングに加え，「食」をテーマとした産業観光事業を展開することも計画に盛り込んだ。

　しかしながら，石巻市は，練り物生産の歴史を有するものの，食文化として「おでん」は存在しない。また，練り物についても，その多くが地域外に出荷

されており，小売についても大手メーカー製品を取り扱うチェーン店が増加したことも関係し，地域の消費者が地域の製品を購入することができない状況にあることがわかった。

　そこで，プロジェクトでは「地の食材のものを，季節に応じて，地のだしで煮込むおでん」というシンプルな定義を設け，地域内の合意形成に向けて参加事業者を募集することにした。また，募集に際しては，幅広い業種間で合意形成をはかる必要性を重視し，食材を製造する食品製造業に加え，飲食業，卸売業，小売業を営む事業者に対しても参画を働きかけることにした。

　「おでんプロジェクト」には，本稿執筆時点までに90を超える事業者が参加している。毎年，9月に入るとシーズンの到来を宣言する「石巻おでん鍋開き」という催事を開催するとともに，毎月第3土曜日を「石巻おでんの日」と制定し，水産加工会社の経営者が連携して地元の消費者向けに直売会を開催している。直売会の開催は，リピーターや石巻おでんのサポーターの獲得につながっており，時期によって差異があるものの毎回2時間の開催で10〜15万円程度の売上を記録している。「石巻おでん」を提供する飲食店が増加する傾向も見られ，地元飲食店へ食材を提供するために新規に流通体制を構築したメーカーも存在する。**産業観光**事業についても，「知る・学ぶ・味わう」というコンセプトを持つ企画を立案し，JR東日本石巻駅と連携しながら今までに12回のツアーを開催している。

　「石巻おでんプロジェクト」の着手によって最も変化したことは，企業同士が相互に連携し，それぞれが持つ技術や知見を組み合わせながら事業を展開しようと考える経営者が増えたことである。また，同時に自社の事業方針を見直し，量的な優位性から質的な優位性への転換を目指す事業者が見られるようになった。

　練り物メーカーである水野水産株式会社（石巻市魚町）は，プロジェクトに参加する以前までは取引先の要請に基づき廉価製品を中心に製造していたが，プロジェクトの参加を機に事業方針を大幅に見直した。かつては，製造原価を抑えるために海外産のすり身や副原料を使用するとともに，製造時に化学調味

図表13-9　石巻おでんブランドのロゴ

（出所）石巻フードツーリズム研究会（許諾を得て掲載）

図表13-10　石巻フードツーリズム研究会による「石巻おでん鍋開き」（左）と
　　　　　　毎月開催している直売会（右）

（出所）筆者撮影

料や食品添加物を用いていたが，「石巻おでん」のブランディングを進める上
で自社事業を客観的に見直す必要があると判断し，地方の小零細メーカーでし
かできない製品を開発するという事業方針に転換した。具体的な対応として
は，「魚町シリーズ」と呼ばれる地域性を生かした製品ラインナップを設定し，

国産魚のすり身のみを限定的に使用するとともに，製造法についても「昔ながらの練り物製品を再現する」という考えの下，天然由来の調味料や戦後の時代に適用されていたサメのすり身などを使用することにした。また，同社は石巻市内に加え，宮城県内や東北地方の多様な同・異業種との連携体制を構築し，副原料となる食材を調達する取り組みを進めた。石巻市内の事業者とは，自社で有していない設備や技術を持つ企業と連携し，石巻漁港で水揚げされる「金華さば」のすり身などを調達し，「鯖天」や「鯖ちくわ」といった製品を開発した。「鯖ちくわ」は，農林水産省「フード・アクション・ニッポンアワード2019」において受賞産品に選出された影響もあり，全国に販売網を拡げることができた。また，宮城県栗原市の農業生産者「愛宕産土農場」との連携では「枝豆」を使用した「ずんだ笹」を，岩手県洋野町の豆腐店「舘豆富店」との連携ではかつて南部八戸藩の地域に伝わる豆腐を使用した「南部の堅豆腐『豆富天』」を開発した。このほか，調味料の使用に際しても連携体制を構築しており，石巻市の老舗味噌蔵「山形屋商店」との連携では「仙台味噌」の供給を，岩手県宮古市で天然塩を製造している大坂建設株式会社との連携では「三陸・宮古の塩」の供給を受けている。

　このように同・異業種による連携体制の構築を進めた水野水産株式会社は，震災以前の水準まで売上が回復していないものの，競合メーカーとの差異化をはかることにより「減収増益」を実現している。練り物メーカーとして行った震災後の対応について，同社の専務取締役を務める水野武仁氏は「震災後に取り組んだ事業方針の見直しは，地方の零細メーカーとして取り組むべき方向性を見出すことができた。今後も，地方ならではの製品を開発するとともに，多様な連携体制を構築しながら『石巻おでん』ブランドの確立を目指していきたい」と述べている。

　東日本大震災で被災した地域では，10年の歳月が経過した状況においても売上が回復していない企業が存在しており，人口の減少も相まって徐々に地域産業の規模が縮小しているものの，多様な事業者が相互に連携する機運は高まっており，同時に自社事業の転換をはかったり，新たなビジネスモデルの創

図表13-11　水野水産株式会社が岩手県の豆腐店と連携して開発した「南部の堅豆腐『豆富天』」（左）と石巻フードツーリズム研究会の参加企業が連携して開発した「石巻おでん」（右）

（出所）筆者撮影

出を試みたりする企業が増えている。石巻フードツーリズム研究会でも，参加企業の6社が連携し，地場や国産原料にこだわったレトルトタイプのおでん製品を発売した。地域ブランドの形成に向けた被災地の取り組みは，地域の事業者が有機的に連携し，新しいビジネスの開発に挑む機会となった。

（3）産業復興におけるソフト事業の重要性

東日本大震災の発生後も，地震や気候の変動による自然災害が頻発しており，災害が発生するたびに被災地の産業はダメージを被っている。被災地の産業を復興させるためには，相当の時間と労力を要することになるが，被災地の産業規模は往々にして復旧・復興の過程で衰退している。被災地を持続的な組織体にするためには，人が居住しつづける仕組みを確立することが求められるが，そのためには「生活の糧」となる地域産業の復興は不可欠である。

東日本大震災後の復興過程において，石巻市の水産加工業界では「量的な優位性」よりも「質的な優位性」を確立しようとする動きが見られた。また，小零細規模の事業者が相互に連携し，共同体制で新しいビジネスの確立を目指す動きも散見された。自然災害の発生によって事業が停止すると，震災後の石巻市でも見られたように販路を喪失することは明らかである。しかし，地域ブラ

ンドという地域共有の資産を有していれば，たとえ災害等によって事業が休止に追い込まれたとしても，販路を回復させる上で有効なツールになることが期待される。また，震災後において被災企業が相互に連携しながら地域ブランドの形成に向けて行動することについても，従前とは異なる産業を創造する上で有益な取り組みになると考えられる。

　東日本大震災では，政府が創設した補助金によって多くの被災企業が救済された。しかし，補助の対象はハード事業の復旧を主とするものであったため，製造業務を再開しても販路を回復させることに困窮した企業が多く見られた。相次ぐ自然災害の発生を背景に，**BCP（Business Continuity Plan：事業継続計画）** を策定する必要性が叫ばれているが，被災後の事業再開に向けた取り組みについては，生産機器等のハードウェアの復旧に加え，産品価値の向上に向けた事業や営業機能の強化をはかるための対応についても被災地の産業の持続性を確立するために重要なものとなる。被災企業に対する補助事業のあり方については，ハード事業に加え，ソフト事業の充実もはかっていくべきであろう。また，被災企業においても，地域産業の復興に向けて連携体制を構築し，地域ブランドの構築を含めてソフト事業を重視していくべきであろう。

ディスカッション・トピックス

① 本章で取り上げたSDGsについて，地方自治体の視点から取り組めるテーマを1つ取り上げ，地域の人々を巻き込んだ活動を考えてみよう。

② ヘルス・ツーリズムを導入して活性化している地域を調べ，他の地域にも活用できる特徴についてまとめなさい。

③ 自然災害の発生によって地域の産業が被災すると事業再開までの間に長期の期間を要することになるが，復興が遅れてしまうと結果的に地域産業の衰退につながる恐れがある。近年，地震や台風などの自然災害が頻発しているが，このような災害に備えるため，地域産業はどのような対策や対応を講じていくべきであろうか。

【参考文献】

Florida, R.L. (2002) The Rise of the Creative Class: and how it's transforming work, leisure,community and everyday life, Basic Books.（井口典夫訳『クリエイティブ資本論―新たな経済階級（クリエイティブ・クラス）の台頭』ダイヤモンド社，2008年）

Florida, R.L. (2005) Cities and the creative class, Routledge.（小長谷一之訳『クリエイティブ都市経済論―地域活性化の条件』日本評論社，2010年）

Food and Agriculture Organization of the United Nations (FAO) (2015) "Global Forest Resources Assessment 2015", p.13

Hall, C.M. (2011) "Health and medical tourism: a kill or cure for global public health?" TOURISM REVIEW, VOL.66, No.1/2, pp.4-15

Kotler, P. and N. Lee (2004) Corporate Social Responsibility: Doing the Most Good for Your Company and Your Cause, John Wiley & Sons, Inc（恩蔵直人監訳，早稲田大学大学院恩蔵研究室訳『社会的責任のマーケティング』東洋経済新報社，2007年）

Tan, E.J. (2019) AARP International The Journal, vol.12, pp.42-43

World Economic Forum (2019) "The Global Gender Gap Report 2017"

飯島勝矢（2019）「東京大学高齢社会総合研究機構」『日老医誌』56：pp.532-536

石川和男（2017）「ラオスにおけるフェアトレードの取り組み―フェアトレード・コーヒーを中心として」『専修大学社会科学月報』専修大学社会科学研究所 No.642.643，pp.66-81

掛江浩一郎・坂井志保・武田紘輔・平田篤郎（2016）「車いす，足腰が不安なシニア層の国内宿泊旅行拡大に関する調査研究」『国土交通政策研究』第130号

観光庁観光産業課（2021）「バリアフリー旅行サポート体制の強化に係る実証事業報告書」．

北川フラム（2014）『美術は地域をひらく　大地の芸術祭10の思想』現代企画室

北川フラム・大地の芸術祭実行委員会監修（2015）『大地の芸術祭 越後妻有アートトリエンナーレ2015 公式ガイドブック』現代企画室

熊倉純子監修（2014）『アート・プロジェクト―芸術と共創する社会』水曜社

熊倉純子・長津結一郎・アートプロジェクト研究会編著（2015）『日本型アートプロジェクトの歴史と現在1990年−2012年補遺』アーツカウンシル東京

小出淳也（2018）『BEPPU PROJECT 2005-2018』NPO法人BEPPU PROJECT

瀬戸内国際芸術祭実行委員会・北川フラム監修（2019）『瀬戸内国際芸術祭公式ガイ

ドブック2019』美術出版社

高山啓子（2017）「アートイベントと観光まちづくり―瀬戸内国際芸術祭と地域社会」
　　川村学園女子大学研究紀要第28巻第3号，pp.1-12

中小企業基盤整備機構（2017）『中小企業振興』2017年5月15日号

中小企業庁（2020）『中小企業白書2020年度版』日経印刷

チョチョウィン・加藤里美（2020）「経済産業省「新・ダイバーシティ経営企業100
　　選」にみるダイバーシティ経営の特徴」『日本経営診断学会第53回全国大会予稿
　　集』日本経営診断学会，pp.53-56

帝国データバンク新潟支店（2017）「事業承継に関する企業の意識調査（新潟県）」
　　『TDB』2017.11.29，pp.1-5

永井祐二・岡田久典・勝田正文「産学民連携プログラムW-BRIDGEにおけるCo-
　　designの手法の試行について」『Journal of International Association of P2M』
　　Vol.13 No.1，pp.206-228

長澤康弘・錦澤滋雄・村山武彦・長岡篤（2020）「農山漁村再生可能エネルギー法に
　　基づく基本計画策定時の協議会における合意形成プロセス」『環境情報科学 学術
　　研究論文集』一般社団法人環境情報科学センター，Vol.34，pp.25-30

野田邦弘（2014）『文化政策の展開―アーツ・マネジメントと創造都市』学芸出版社

藤田直哉（2014）「前衛のゾンビたち―地域アートの諸問題」『すばる』10月号

水野映子（2012）「要介護者の旅行を阻害する要因―介護者を対象とする意識調査か
　　ら」『ライフデザインレポート』2012，Summer.

森本兼曩・阿岸祐幸編（2019）『温泉・森林浴と健康―自然の癒しから未病予防医学
　　へ』大修館書店.

吉田隆之（2019）『芸術祭と地域づくり』水曜社

　　外務省ウェブサイト：https://www.mofa.go.jp/mofaj/gaiko/oda/sdgs/index.html
　　（2021.8.30アクセス）

北川フラム（2018）「世界は今『美術と観光』を求めている」Forbes JAPAN（2018
　　年5月6日）

　　https://forbesjapan.com/articles/detail/20922/1/1/1（2021.07.30アクセス）

大門忠志（2017）「"里山"―アートが呼ぶ交流の輪」和歌山社会経済研究所

　　http://www.wsk.or.jp/report/daimon/06.html（2020.08.10アクセス）

ニッセイ基礎研究所ウェブサイト

　　https://www.nli-research.co.jp/report/detail/id=67386?pno=2&site=nli（2021.9.5
　　アクセス）

日本経済新聞2019年9月19日「アートで誘客，移住者も増加　直島で2年連続地価
　　上昇」
　　https://www.nikkei.com/article/DGXMZO49985220Z10C19A9LA0000/
　　（2021.7.5アクセス）
日本経済新聞
　　https://vdata.nikkei.com/newsgraphics/coronavirus-japan-vaccine-status/
日本老年医学会
　　https://jpn-geriat-soc.or.jp/info/topics/pdf/20140513_01_01.pdf
農林水産省（2020）農林水産省．農山漁村再生可能エネルギー法
　　https://www.maff.go.jp/j/shokusan/renewable/energy/houritu.html（2021.8.25ア
　　クセス）
BEPPU PROJECTホームページ
　　http://www.beppuproject.com（2021.07.25アクセス）
平野真（2011）「アートによる地域活性化〜新たな地域経済創出への方法論として〜」
　　四国の大学と四経連との連携による四国学，四国経済連合会
　　http://www3.keizaireport.com/report.php/RID/161678/（2021.7.15アクセス）

おわりに

　本書では，地域ブランドの捉え方を，その最も関連したマーケティングの視点で考察するだけではなく，広く社会科学から自然科学にまで拡げて，検討してきた。

　すでに繰り返し指摘したように，地域ブランドは，われわれの日常生活の知恵や自然環境の営みの中から，ときに時間をかけ，あるいは，人々の出会いの中から，そして，地域外との交流の中からの気づきによってもたらされるなどして，今日の市場の地位を築き上げてきていると言ってよいだろう。これは，商品ブランドに限らず，地域そのものにも当てはまるのである。その中には，市町村合併や人口の減少などの諸要因によって経済的な変化が生じたことに対抗して，意図的に構築されようとしているものもある。

　地域の課題は尽きることがない。1つの課題に取り組みはじめると，次の課題が出現し，それが繰り返されることも多い。課題に対する取り組み主体も，市民，NPO，大学，商工会議所，自治体など多種多様である。

　こうした多様な主体が，多くの課題を乗り越えるための1つの方策として，本書では，地域マーケティングの中核的戦略として，地域ブランドを考察した。本書が取り上げた様々なアプローチやケースが，少しでも，地域の課題解決の糸口となることを願う次第である。

索　引

さ行

【執筆者紹介】（執筆順）

坪井 明彦（つぼい あきひこ）：第2章5・6・7節，第5章6節　執筆
高崎経済大学地域政策学部教授

李　東勲（い どんふん）：第3章　執筆
石巻専修大学経営学部教授　博士（経営学）

佐藤 敏久（さとう としひさ）：第10章5節　執筆
高崎経済大学経済学部教授　博士（商学）

姜　徳洙（かん とくす）：第11章3節　執筆
元嘉悦大学ビジネス創造学部准教授　博士（商学）

鈴木 英勝（すずき ひでかつ）：第11章 ケースに学ぶ　執筆
石巻専修大学理工学部准教授　博士（理学）

今村 哲也（いまむら てつや）：第11章5節　執筆
明治大学情報コミュニケーション学部教授　博士（法学）

佐々木純一郎（ささき じゅんいちろう）：第11章5・6節　執筆
弘前大学大学院地域社会研究科教授　博士（商学）

増子 美穂（ますこ みほ）：第13章5節　執筆
東洋大学国際観光学部准教授

飯沼 正満（いいぬま まさみつ）：第13章6節　執筆
株式会社インテック常務執行役員，情報流通基盤サービス事業本部長

【編著者紹介】

佐々木 茂（ささき しげる）：はじめに，序章，第4章 ケースに学ぶ，第6章，第7章 ケースに学ぶ，第8章，第9章，第12章，第13章3節，おわりに執筆

東洋大学国際観光学部教授　博士（商学）。

明治大学大学院商学研究科博士後期課程 単位取得満期退学。

［主要業績］『流通システム論の新視点—トータル流通システム構築に関する研究』（単著）ぎょうせい，2003年。『イノベーションによる地域活性化』（共著）日本経済評論社，2013年。『入門　マーケティングの核心』（共編著），同友館，2021年。『ホスピタリティ産業論』（共著）創成社，2021年。

石川 和男（いしかわ かずお）：第1章，第2章1・2・3・4節，第10章，第13章1・2・4節　執筆

専修大学商学部教授　博士（経営学）。

東北大学大学院経済学研究科博士課程後期修了。

［主要業績］『わが国自動車流通のダイナミクス』（単著）専修大学出版局，2011年。『商学入門』（単著）中央経済社，2021年。『入門　マーケティングの核心』（共編著），同友館，2021年。

石原 慎士（いしはら しんじ）：第4章，第5章，第7章，第11章1節・3節，第13章7節　執筆

宮城学院女子大学現代ビジネス学部教授　博士（学術）。

弘前大学大学院地域社会研究科博士後期課程修了。

［主要業績］『新版　地域ブランドと地域経済—ブランド構築から地域産業連関分析まで』（共編著），同友館，2009年。『地域経営の課題解決—震災復興，地域ブランドそして地域産業連関表』（共著），同友館，2013年。『産業復興の経営学—大震災の経験を踏まえて』（共編著），同友館，2017年。『入門　マーケティングの核心』（共編著），同友館，2021年。

2022年1月30日　第1刷発行

新・地域マーケティングの核心
─地域ブランドの構築と支持される地域づくり─

	佐々木　茂
©編著者	石川和男
	石原慎士

発行者　脇坂康弘

発行所　株式会社 同友館

〒113-0033 東京都文京区本郷 3-38-1
TEL.03(3813)3966
FAX.03(3818)2774
https://www.doyukan.co.jp/

落丁・乱丁本はお取り替えいたします。　　三美印刷／松村製本

ISBN 978-4-496-05578-2　　Printed in Japan